FRANCISCO STIGLICH

MANUAL DE ALTA MAGIA

Manual de alta magia
es editado por
EDICIONES LEA S.A.
Av. Dorrego 330 C1414CJQ
Ciudad de Buenos Aires, Argentina.
E-mail: info@edicioneslea.com
Web: www.edicioneslea.com

ISBN: 978-987-718-655-0

Queda hecho el depósito que establece la Ley 11.723.
Prohibida su reproducción total o parcial, así como
su almacenamiento electrónico o mecánico.
Todos los derechos reservados.
© 2013 Ediciones Lea S.A.

Segunda edición. Impreso en Argentina.
Septiembre de 2020. Arcángel Maggio – División libros

Stiglich, Francisco
    Manual de alta magia / Francisco Stiglich. - 2a ed . - Ciudad
Autónoma de Buenos Aires : Ediciones Lea, 2020.
    416 p. ; 23 x 15 cm. - (Armonía)

    ISBN 978-987-718-655-0

    1. Magia . 2. Esoterismo. 3. Ocultismo. I. Título.
    CDD 133.43

A Miriam, a quien le debo todo
aquello que no se puede comprar.

Prólogo

Querido y estimado lector: antes de que te adelantes y entres en las páginas de este libro, te pido que pierdas el miedo y el resquemor que la palabra *"magia"* te pudiera causar. Este **no es un libro de brujería.** Es hora de que la palabra *magia* pierda el halo de oscuridad y tenebrosidad del que parece estar embebida y recobre la dignidad que los antiguos le otorgaban al considerarla la más alta y clara ciencia que pudiéramos practicar. **Un mago no es un brujo** y está lejos de serlo. Por lo tanto, en este libro no encontrarás fórmulas, herramientas o ninguna otra cosa con la cual hacer el mal; por el contrario, este libro es un intento de aportarte los instrumentos propios de la magia con los que puedas, de algún modo, hacer el bien a tus hermanos y a ti mismo. Si te sientes llamado a hacer el bien, este libro es para ti. Como ha dicho el célebre mago español Papus: *"La acción social del mago se condensa en estas tres palabras: CURAR, SEMBRAR, CONSOLAR. Tal es la triple misión del verdadero adepto de la ciencia de los Magos"*[1].

---

1   Papus: *Tratado elemental de magia práctica*: p 309.

El presente libro es el fruto de largos años dedicados al estudio y la práctica de esta hermosa y antiquísima ciencia que es la magia. La forma de entender la magia expresada aquí no es la única, sino que es aquella que se encuentra cercana a los magos del Medioevo y el Renacimiento, así como a sus herederos más cercanos a nosotros, en especial los grandes magos del siglo XIX.

Francisco Stiglich

CAPÍTULO I

Magia y Religión

La realidad de que magia y religión han convivido desde siempre está avalada por la misma Biblia. Incluso en el Nuevo Testamento la magia (junto a su ciencia hermana, la astrología) adquiere un rango de dignidad indiscutible que suele ser ignorado por los comentaristas religiosos. El segundo capítulo del Evangelio de Mateo comienza con una referencia a la magia y la astrología; referencia tan clara y contundente que puede ser tomada por quienes practican estas ciencias como una apología. En el pasaje de la *adoración de los magos* dice: "Nacido Jesús en Belén de Judea, en tiempo del rey Herodes, unos **magos** que venían del Oriente se presentaron en Jerusalén, diciendo: ¿Dónde está el Rey de los judíos que ha nacido? Pues vimos su estrella en el Oriente y hemos venido a adorarle. (Mateo 2: 1-2).

El prejuicio que la religiosidad actual sostiene hacia la magia no le permite observar el hecho de que, por un misterioso designio de la Providencia, los primeros adoradores de Jesús no fueron los judíos religiosos de su época ni los sacerdotes hebreos, sino unos misteriosos magos paganos. En esto el Evangelio es claro: los primeros en adorar a Jesús en Belén fueron **unos magos que venían de Oriente...** los cuales –se entiende al leer el texto– eran también astrólogos, ya que vieron e identificaron la estrella que representaba la jerarquía de Aquel que iba a nacer.

El desprecio actual hacia la magia no siempre estuvo presente en el cristianismo. Hubo un tiempo en que los grandes pensadores de esta tradición religiosa eran adeptos e iniciados en la ciencia mágica. Según el cabalista cristiano Pico Della Mirandola, la palabra "mago" significa "intérprete y cultor de las cosas divinas". Esto y no otra cosa, es lo que eran los magos de Oriente.

Blaíse de Vigenére, cabalista y alquimista cristiano del siglo XVI, define a la magia como una "medicina del alma". El prestigio atribuido a esta ciencia sagrada hace decir al mismo que la magia *era ya antiguamente una ciencia santa y venerable,* definiéndola como *un casamiento entre el cielo y la tierra.*

Se ha acusado también a la magia de ser una práctica ligada al contacto con entidades oscuras. Tengamos presente que la práctica de la magia implica necesariamente el no tener trato con este tipo de seres. Podemos decir a favor de la actitud de la magia con respecto a esto –siguiendo aquí también a B. de Vigenére– que la misma opera *"sin la colaboración de demonios, la mayor parte de los cuales son malignos, falsos y decepcionantes, unos más que otros, con los cuales no es lógico creer que estos tres Reyes y Magos, que vinieron de tan lejos a adorar a Jesucristo, hubieran querido tener ningún trato ni comercio".* El muy afamado Francis Barreth, mago y divulgador inglés del siglo XIX, dice al respecto que el mago **no debe desear tener con los espíritus de oscuridad contacto o comunicación alguna.**

Con todo, las puntuales referencias evangélicas a la magia y a la astrología, sumadas a las opiniones de grandes maestros de la tradición con respecto al valor espiritual de estas ciencias, no lograron hacer retroceder ni desaparecer el inmenso prejuicio que aún hoy existe sobre estas dos ciencias sagradas dentro del ámbito religioso cristiano. El prejuicio es el cristal con que se mira en el mundo religioso a las ciencias sagradas tradicionales; tildándolas a estas de oscuras y peligrosas. Es desde este mismo prejuicio que se intenta muchas veces desacreditarlas apoyándose en las Escrituras.

En descrédito de la magia y la astrología suelen citarse determinados pasajes de las Escrituras en las que estas ciencias son criticadas por la Divinidad, como una forma de demostrar que son prácticas que están en contra de Dios, o que Dios está en contra de ellas; pero no se ponen en la balanza, para acreditarlas, aquellos pasajes en los cuales estas ciencias son avaladas dentro de los mismos Escritos Sagrados, como ocurre con el texto ya citado del Evangelio de Mateo sobre *la adoración de los magos*.

La pregunta obligada a formularse entonces es: si fueran la magia y la astrología ciencias tan oscuras y perversas como se suele creer, ¿cómo Jesús pudo haber aceptado los dones que unos magos y astrólogos misteriosos le ofrecieran al nacer? ¿Cómo es posible sostener a ultranza una actitud negativa hacia la magia y la astrología teniendo en cuenta el peso que posee este relato, entre otros muchos de la Biblia?

Suele decirse que Dios reprueba en las Escrituras a la magia, sin pensar en el hecho de que Jesús, en las mismas Escrituras, acepta de manos de los magos los dones que estos le ofrecen, y aún más: acepta la adoración que ellos le dedican, pues, según el relato del mismo Evangelio ya citado, una vez llegados los magos al portal de Belén, doblan ante el recién nacido la rodilla en señal de adoración, y según lo da a entender el texto de Mateo, esta era la función principal de su viaje: *adorar al niño al que reconocen como la encarnación de un **dios**.* De esto nos surge una pregunta obligada. ¿Cómo permitiría el Niño Dios ser adorado por estos seres, si estos no fueran seres de Luz? Y también, ¿cómo podrían ser seres oscuros aquellos que adoran y reconocen a la misma Luz? Es cierto que en las Escrituras se encuentran pasajes en los cuales se puede hallar una crítica a la magia y la astrología. Pero, las condenas bíblicas a estas ciencias sagradas están acompañadas de otros pasajes de las Escrituras en los cuales —por ejemplo— se encuentran alusiones críticas a la piedad religiosa o al sacerdocio, entre muchas otras.

Quienes asumen una crítica a la magia utilizando como autoridad a la Biblia, deberían también, según la misma Biblia, hacer una crítica, por ejemplo, al sacerdocio, ya que este es infinidad de veces juzgado en las Santas Escrituras con tremenda severidad. Nadie osaría, en los ámbitos en los que la magia es denostada, decir que el sacerdocio debe ser abolido, por más que Jesús dijera de los sacerdotes de su época, que estos serían quienes lo negarían y entregarían a la muerte, y al sufrimiento de la cruz[2].

En los Textos Sagrados nos encontramos con inexorables y poderosas críticas no sólo hacia las prácticas mágicas, o hacia el sacerdocio, sino incluso a la piedad religiosa. Podemos notar en los Evangelios, las severísimas palabras que Jesús dirige a los fariseos, quienes eran personas que estaban focalizadas en el cumplimiento estricto de las leyes religiosas y a los cuales trata con tremenda dureza. Esta actitud de Jesús hacia los judíos religiosos de su época, no nos lleva a condenar las prácticas de un culto o la piedad religiosa, sino *a una forma de practicar esta piedad*[3]. Esta forma de religiosidad es la que Jesús llama en los Evangelios: "fariseísmo". Los fariseos, a los cuales Jesús compara con los sepulcros limpios por fuera e inmundos por dentro[4], son también interpelados severamente por Juan el Bautista, llamándolos: "raza de víboras[5]". Estos, a su vez, tratan a Jesús de "brujo" diciéndole que por mandato del príncipe de los demonios expulsaba a los mismos[6]. No se sobreentiende, por el hecho de que Jesús dijera a los sacerdotes de su época que *les sería quitado el Reino de Dios*, que estos deban ser condenados;

---

2   *Desde entonces comenzó Jesús a manifestar a sus discípulos que él debía ir a Jerusalén y sufrir mucho de parte de los ancianos, los sumos sacerdotes y los escribas, y ser muerto y resucitar al tercer día.* Mateo 16: 21.

3   Esta forma de piedad, puede incluirse en la actitud definida por la cabalista cristiana Annick de Souzenelle como "normosis" o "enfermedad de la norma".
Mateo. 9:34.

4   *¡Ay de vosotros, escribas y fariseos hipócritas, pues sois semejantes a sepulcros blanqueados, que por fuera parecen bonitos, pero por dentro están llenos de huesos de muertos y de toda inmundicia!* Mateo. 23: 27.

5   Mateo. 3:7.

6   Mateo. 9:34.

de hecho, sacerdotes y "fariseos" son quienes en el culto actual se adjudican –muchas veces– poseer las "llaves del reino"[7].

De igual manera que no es lícito condenar el sacerdocio y la piedad religiosa basándose en aquellos pasajes de la Biblia en que estos son criticados; comprendemos también que no es suficiente apoyarse en aquellos, en los que la magia y la astrología son tratadas con severidad para que estas ciencias sean reprobadas. Debemos comprender, si somos veraces, que las condenas bíblicas se dirigen no a la magia, sino a cierta forma de magia; no a la piedad religiosa o al sacerdocio, sino a determinados modos de sacerdocio y de piedad. La magia que el Evangelio condena es la magia "simoníaca", aquella que está al servicio del egoísmo, representada por el célebre personaje bíblico "Simón el mago"[8].

El hombre antiguo, el hombre bíblico, creía plenamente en los poderes de la magia. La magia formaba parte de la realidad de este. En el Antiguo Testamento, la magia se encuentra permanentemente presente, y nunca es puesta en tela de juicio su fuerza o su eficacia. La tradición bíblica sostiene la idea de que existe un verdadero poder en la magia. Incluso, cuando se la condena, se lo hace reconociendo su eficacia y su poder. Esta actitud de la Escritura hacia la magia –aun en los casos en que es condenada– es su propio aval en lo que hace a su poder real. Los antiguos hebreos, así como los antiguos cristianos no discutían el poder de estas artes, sino el modo en que eran utilizadas. Cuando en la Escritura se condena a la magia, siempre se hace en los casos en que está asociada a prácticas inmorales o al culto de otros dioses que no fueran Yahveh. Estas prácticas colocaban a las personas bajo la influencia de entidades y deidades consideradas oscuras como Astarté y Baal. Para el historiador francés Adolphe Lods, en su

---

7   *Por eso os digo: Se os quitará el Reino de Dios para dárselo a un pueblo que rinda sus frutos. Los sumos sacerdotes y los fariseos, al oír sus parábolas, comprendieron que estaba refiriéndose a ellos.* Mateo 21: 43, 45.

8   El personaje bíblico de Simón, el mago, es de algún modo, la sombra de los magos de Oriente, su contracara. Este, según el relato de los Hechos de los apóstoles 8:9, intenta comprar a Pedro el Espíritu Santo, viendo los milagros que este realizaba por su intermedio.

libro sobre la religión de Israel, los israelitas tenían la magia por perfectamente lícita y la practicaban. Según A. Lods los antiguos judíos practicaban la magia y condenaban la brujería, esto es: la utilización de la misma con fines moralmente indignos. Queda demostrado claramente en los textos de la misma Biblia, el lugar que ocupaban entre los hebreos prácticas como las predicciones sagradas, el uso ritual de las palabras de poder y muchas otras prácticas mágicas.

La magia no es patrimonio de una época histórica, ni de un territorio, ni de un pueblo, sino que está inserta en la humanidad como parte de esta. Dice A. Lops que la magia, *ligada como lo es, a una manera de pensar universal, se encuentra entre los modernos más civilizados al igual que entre los primitivos.*

La religión como magia sagrada

No es posible trazar una línea inquebrantable entre magia y religión, ya que "toda religiosidad es magia y sus rituales son mágicos". Esto debe decirse para todas las religiones entre las que está incluida la cristiana. Para comprender esto, estamos obligados a redefinir el término "magia" diciendo —en principio— que es *la ciencia sagrada que estudia las relaciones existentes entre lo visible y lo invisible.*

La magia es básicamente la ciencia que permite, operando sobre un plano, lograr modificaciones en otro plano, aplicando la **ley de las correspondencias,** uniendo y relacionando lo superior con lo inferior. Esta idea es la base de la magia y de todas las ritualidades en la religión. Esta es la ley universal de la analogía, aquella que Jesús enseña y expone en el Padrenuestro al decir: *"que se cumpla en la tierra, aquello que se está cumpliendo ya, plenamente, en el cielo";* que lo de arriba sea con lo de abajo.

La función de todos los rituales es precisamente la de unir los distintos planos de la realidad. Según lo antedicho, podemos afirmar que: **todos los ritos religiosos son mágicos.** Los ritos religiosos son rituales mágicos colectivos cuya implicancia es cósmica. Son obras u operaciones de magia sagrada obrando a escala universal.

Entender los ritos de las religiones como actos mágicos está dentro de la visión de muchos magos, tanto antiguos como contemporáneos. Entre estos últimos se encuentra el célebre Eliphas Levi, quien, refiriéndose por ejemplo al ritual de la Iglesia católica dice: *es una representación de la Alta Magia organizada y regulada por el simbolismo y la jerarquía. Es una combinación de ayudas que se ofrece a la flaqueza humana para fortalecer su voluntad en el bien.* Eliphas Levi –quien es considerado de algún modo el padre de la magia moderna– traza un puente unificador entre religión y magia en especial en lo que hace a sus ritos. Esta actitud del mago francés de considerar a los rituales religiosos como "magia sagrada", es la misma que sostienen todas las escuelas mágicas que podríamos llamar **tradicionales**.

Ver a los ritos religiosos como meras convenciones sociales y negarles su condición mágica implica dejar morir a la religión lentamente, atrapada por las garras de la racionalidad y la moralidad estrechas. Si no comprendemos el valor mágico-espiritual de los rituales, sus gestos se tornan huecos, quedando en el lugar de meras extravagancias. De igual modo, el énfasis excesivo puesto en la práctica de estas celebraciones, sin estar esto acompañado de un trabajo interno y personal, nos lleva a caer en el ya citado fariseísmo, el cual ha alejado a muchas personas de buena voluntad del ámbito de lo religioso, por encontrar en el rito sólo una cáscara, vacía de contenido. Los ritos religiosos y las ceremonias del culto son mágicos y cada uno de ellos posee un poder específico según su virtud mágica particular[9].

Es imposible que la magia se desligue de su raíz religiosa, así como es inentendible una religiosidad que no fuese mágica. Según la tradición, el hombre adquiere por medio de la religión aquel estado del alma que lo hace similar o incluso superior a los ángeles. Este estado se obtiene gracias a lo que C. Agrippa llama *las tres*

9   Ver capítulo II.

Guías que nos conducen hasta el sendero de la Verdad, que regulan toda la religión; estas son: la fe, la esperanza y el amor, las virtudes teologales. Por medio de estas tres guías, purificado internamente y externamente, y unido espiritualmente a la Divinidad es que se puede acceder al acto supremo de la magia religiosa: el milagro.

El milagro es la suprema operación mágica, es "la Gran Obra" de la Magia Sagrada o *teúrgia*[10]. Un milagro es el fruto del encuentro pleno entre Dios y la persona, entre Dios y el mago, quien en este caso, puede y debe ser llamado teúrgo.

El mago que asciende por medio de la fe, la esperanza y la caridad, la escala de Jacob de las virtudes, llegando así hasta la Divinidad, se transforma en teúrgo. En esta línea de pensamiento es que Papus llega a decir que *"la magia es la ciencia del amor"*, definición que le cabe en alguna medida a la teúrgia. Siguiendo el sentido de lo antedicho, se puede afirmar que aquellas personas que operan milagros por medio de su fe en la Divinidad, son magos sagrados, son teúrgos, conozcan o no sobre magia, sean o no iniciados. Las personas de fe, los santos milagrosos son en este sentido, teúrgos que ignoran su condición de magos.

Para la magia tradicional, como ocurre con C. Agrippa[11], un mago es siempre una persona religiosa. Así es que en la antigüedad el sacerdote se encontraba junto al mago o el mago era sacerdote[12]. C. Agrippa considera no solamente recomendable sino imprescindible que un mago participe de los ritos religiosos. Una de las razones de esto es la de la protección que se obtiene al hacerlo. La fuerza y las virtudes mágicas de las ceremonias religiosas son sumamente eficaces contra los ataques de los espíritus malignos. Dice el maestro alemán que *"los demonios malignos engañan muy a menudo a quienes descuidan la religión y sólo se apegan a la*

---

10   Teúrgia: Del griego *theos,* "dios", y *ergón,* "trabajo u obra".

11   Con C. Agrippa nos encontramos ante la doctrina tradicional más pura en lo que hace a los ritos religiosos y sus virtudes y de la implicancia de lo religioso en la práctica mágica.

12   Clara muestra de esto se encuentra en la tradición artúrica, en donde el Mago Merlín, arquetipo del mago por antonomasia, opera dentro del contexto de la religiosidad asociado al sacerdote y no enfrentado a este.

naturaleza; en el conocimiento de la religión se halla menosprecio y remedio contra los vicios y protección contra los demonios del mal".

Para C. Agrippa, la religión juega en el humano un papel similar al del "abono" en la tierra, enriqueciendo y potenciando, incluso, nuestras fuerzas físicas. Así es que según él: *La religión llega incluso en auxilio de la naturaleza, fortifica sus fuerzas como la medicina fortalece la salud corporal, tal como el labrador aumenta la fertilidad de la tierra.*

Debemos tener presente que el mago, al estar en contacto asiduo con el mundo invisible, se encuentra más expuesto que otras personas a los ataques de espíritus oscuros. Asimismo, con más razón, debe protegerse quien opera por medio de la magia sagrada, ya que será objeto del ataque de fuerzas que desearán dañarlo a él, y a su trabajo. A mayor luz, mayor es la fuerza de oscuridad que se le opone.

Las prácticas religiosas no sólo nos preservan de energías y entidades maléficas, también nos elevan a un estado superior de dignidad. Agrippa considera que las personas espirituales que se dejan iluminar por los misterios de la religión *están tan por encima de los demás hombres como los dioses inmortales lo están por encima de él*[13]. Afirma también, en concordancia con la tradición, que no es la razón lo que distingue a la persona humana de las demás criaturas, sino la capacidad que esta tiene de rendir culto a Dios.

Ya más cerca de nuestro tiempo, la postura de los magos frente al hecho religioso ha pasado por diversos puntos de encaje. Entre los magos ocultistas del siglo XIX existía una fuerte disputa en torno al valor mágico de los rituales religiosos y al hecho de si un mago debía o no adherir a una determinada religión. Muchos de ellos se declaraban a favor de que un mago abrazara una religión específica; otros, por el contrario, se oponían a esta idea. Entre quienes se abrazan a la idea de que un mago debe ser una persona religiosa, adherir a una religión y practicar sus ritos, se encuentran, entre otros, Papus y E. Levi, magos y maestros de gran autori-

---

13   Joséphin Peladan, mago e iniciado del siglo XIX, ha dicho en este sentido que la magia es "el arte de la sublimación del hombre".

dad en el pensamiento esotérico de su época, quienes influyeron en todo el esoterismo occidental posterior y ligados a una mirada "tradicional" de la magia. A ellos se opusieron con fervor muchos esoteristas que consideraban que la fusión entre magia y religión es no solamente negativa, sino también imposible

Magia cristiana y cristianismo mágico

Hemos dicho que el ritual cristiano es mágico; debemos decir también que existe, a ciencia cierta, una magia cristiana. Los magos antiguos no dudaban en el poder de los rituales religiosos. Asimismo, entendían que se podía ser un "perfecto cristiano" y practicar la magia. La magia cristiana ha existido y existe. En la antigüedad como en la modernidad, se han manifestado exponentes de la misma con gran claridad.

El lugar que la figura de Cristo ocupa en la doctrina de la magia tradicional queda expresado en las afirmaciones de Agrippa. Él, al igual que muchos magos de su época, adhiere incluso a una clara "ortodoxia católica" con respecto a la fe en Jesucristo y en la Trinidad. Podemos ver aquí una referencia del autor alemán con respecto a la figura de Cristo, la cual es tomada del Credo. Y esto es lo que, según él, debe creer un mago:

Debemos pues creer que nuestro Señor Jesucristo, Hijo de Dios, es Dios y hombre, una persona, dos naturalezas: que es un Dios engendrado antes de todos los siglos, sin madre: que en el tiempo fue hecho hombre, sin Padre, de una Virgen, pura antes y después del alumbramiento: que sufrió en la cruz y allí murió, pero que restauró la vida en la cruz y destruyó la muerte con la muerte; que fue sepultado, descendió en los infiernos, pero liberó a las almas de los patriarcas y resucitó al tercer día por su propia virtud; que ascendió a los cielos y envió su Paráclito, y vendrá a juzgar a los vivos y a los muertos, y que en su venida todos los hombres resucitarán en su carne y rendirán cuentas de sus propios actos".

C. Agrippa se inserta dentro de la tradición de la magia que puede ser definida, también, como magia Judeocristiana. Esto entendido en el sentido de que Jesús no ha venido a negar el poder del antiguo culto hebreo, sino a cumplimentarlo. Es notable, aquí, la dignidad que el maestro alemán le adjudica al nombre de Jesús, luego de su pasión, muerte y resurrección, y siguiendo la tradición paulina con respecto al "Nombre que está por sobre todo Nombre". Al que ubica como nombre superior a todo nombre sagrado y del cual deriva el poder de todos estos, y (citando aquí a Pedro) considera Nombre de Salvación.

En la doctrina expuesta por C. Agrippa nos encontramos ante la teología cristiana tradicional aplicada a la magia.

Los cielos reciben pues de los ángeles sus influjos, y los ángeles los reciben del gran nombre de Dios y de IESV cuya virtud es primera en Dios, luego expandida en los diecinueve ángeles por cuyo ministerio se derrama sobre los doce signos y siete planetas, y de allí sobre todos los demás ministros e instrumentos de Dios, penetrando hasta lo ínfimo. Por ello el CRISTO dijo: "Todo lo que pidiéreis a mi Padre en Mi Nombre Él os lo dará". Y al resucitar dijo: "Por la virtud de mi Nombre alejarán los demonios del cuerpo de los poseídos". De manera que después de ello no es menester más, el nombre de cuatro letras cuya virtud total es transferida al nombre IESV por el cual se operan todos los milagros y no existen otros nombres, dice Pedro, dados a los hombres por los que necesariamente puedan ser salvados que no sea Aquel.

También es clara la práctica de una magia cristiana en el muy célebre Francis Barreth, quien en los albores del siglo XIX edita su libro *El Mago,* el cual es una recopilación de textos tradicionales de magia cristiana, tomadas de diversas fuentes entre las cuales se incluyen magos del renombre de C. Agrippa y P. de Abanno, entre otros. Barreth ya se veía en su momento impelido a limpiar la palabra magia de aquellos atributos negativos de los que estaba cargada. Barreth plantea con claridad la necesidad de retornar a la idea primordial de la magia como un camino espiritual, camino que, por otro lado, según su entender, era auténticamente cristiano. Dice Barreth que la palabra magia *es originariamente significativa y sin mal alguno, pala-*

bra de toda ciencia loable y positiva de la que un hombre puede sacar provecho para convertirse en un hombre tan sabio como feliz, y cuya práctica se encuentra tan lejos de ofender a Dios o a los hombres, porque la raíz de toda magia emerge de las sagradas escrituras que dicen: "El temor a Dios es el principio de toda sabiduría..." y la caridad su final: el principio de la Magia es el temor a Dios, porque la Magia es sabiduría, y es sobre esta premisa que los hombres sabios fueron llamados **Magis.** *Magos fueron los primeros cristianos que, gracias a sus altos conocimientos, supieron que el Salvador prometido se había encarnado en hombre, el Cristo, nuestro Redentor, nuestro abogado y mediador; ellos fueron los primeros en reconocer su majestad y su gloria; por tanto, nadie debe ofenderse ante el sagrado título de Mago..., un título que todo hombre sabio merece al seguir el camino trazado por Cristo; humildad, misericordia, ayuno, oración, etc.; porque el verdadero mago es el cristiano verdadero, un discípulo cercano a nuestro bendito Señor, quien sentó el ejemplo que debemos seguir...".*

Entre los magos y maestros contemporáneos, E. Levi y Papus son quizás quienes más se han definido siendo magos a favor del cristianismo.

Según Papus, la enseñanza de la tradición cristiana *"debe formar la base de toda iniciación occidental".* Este comentario del maestro español, no indica que se deban dejar de lado las enseñanzas orientales, sino que estas deben ser abordadas una vez conocida a fondo la propia tradición occidental.

Papus, al igual que otros maestros, considera el cristianismo como "la tradición de Occidente" sin por esto desacreditar las diversas tradiciones de Oriente. Papus dice asimismo que *"en cuanto a discutir sobre la primacía de una u otra tradición, eso es obra de la ignorancia y del sectarismo".*

Anterior en el tiempo a estos maestros, es interesante asimismo analizar la postura de una figura como el "teúrgo" Martínez de Pasqually, quien exigía a sus discípulos no sólo una actitud positiva frente a lo religioso sino la participación en los ritos de la Iglesia católica romana. Asimismo, los rituales utilizados por M. de Pasqually, se basan en adaptaciones de oraciones tradicionales del catolicismo.

Según lo entiende la tradición, tal como lo expresa E. Levi, existen dos iglesias, las cuales conforman una unidad, siendo una parte de la otra. La primera es la iglesia que podemos llamar "oficial" y la otra es la llamada "Juanista". Sobre esto dice E. Levi que *ha existido dentro del cristianismo una iglesia oculta o Juanista, la cual respetando la necesidad de la Iglesia oficial, conserva una interpretación del dogma muy distinta a aquella que presenta al vulgo... Lo que da un carácter distinto a esta escuela es el hecho de evitar toda publicidad y de no constituirse jamás en una secta disidente*[14].

Para comprender plenamente este misterio referido a las "dos iglesias", debemos remitirnos al relato evangélico según el cual Juan, el discípulo llamado el "amado", se recuesta sobre el pecho de Jesús en la última cena[15]. Este "recostarse sobre el pecho" implica una cercanía al corazón, al centro espiritual del Maestro, lo cual indica que la figura de Juan está ligada al conocimiento de lo íntimo, de lo más oculto y sagrado; de la experiencia en el propio plexo cardíaco de la manifestación de Cristo. Así es que dentro de una iglesia existe otra, la que configuran aquellos que han entrado al "Santo de los Santos", aquellos que han tocado el corazón del Maestro y que este a su vez los ha tocado a ellos. Para esto, no alcanza con la mera participación de los ritos y las iniciaciones religiosas, hace falta que el amor de Dios habite en nosotros.

Una de las características de aquellos que pertenecen a esta iglesia Juanista o interior, es el hecho de estar alejados de una actitud "farisea", de permanecer en lo oculto, de llevar el signo de la humildad. El sello identificatorio del iniciado no son los blasones y las medallas, así como no lo son los altos grados ni las ordenaciones, sino que lo son sus virtudes espirituales, las cuales manifiestan haber superado las pruebas que han forjado en él una persona de características especiales. Así se refiere E. Levi sobre esto:

"Un iniciado puede, dentro de la mayor sencillez y sinceridad, practicar la religión en la cual ha nacido, ya que todos los ritos son

---

14   Elementos de la kabala en diez lecciones (Presente en la cábala de Papus.)
15   Juan. 13: 25.

representativos de un dogma único. Pero él debe abrir el fondo de su conciencia solamente a Dios, y no dará a nadie cuenta de sus creencias más íntimas. El sacerdote no puede juzgar sobre aquello que ni el mismo Papa comprende. Los signos exteriores del iniciado son la ciencia plena de la modestia, la filantropía sin buscar la fama o el brillo, la equidad en el carácter y la más inalterable bondad".

Magia profana

Esta relación armónica entre religión cristiana y magia ya no es tan clara en los magos de la era moderna. A aquella magia que sostiene que entre religión y magia, así como entre cristianismo y magia, no debería haber conflicto porque se encuentran íntimamente ligados, podemos llamarla **tradicional**. Esta mirada sobre la magia se separa de aquella que podemos definir como "anti tradicional", para la cual los elementos antedichos –magia, religión, cristianismo–, deben permanecer separados; es decir, por contrapartida a aquellos maestros que consideran el hecho religioso como positivo y trascendente para el desarrollo espiritual del mago, importantes escuelas de ocultismo y más específicamente determinadas escuelas de magia del siglo XIX, se han alejado de toda ligazón a la religiosidad, y en especial de la tradición religiosa vinculada a la iglesia católico-romana. Las primeras son aquellas que consideran que la fuerza de la magia no reside en el poder de entidades o fuerzas espirituales como ángeles o dioses, sino que su virtud está ligada a la capacidad humana de generar fenómenos mágicos, sea esto por medio de la fuerza de la voluntad o el de la imaginación, entre otras. A esta línea de pensamiento mágico se la puede denominar como "magia impersonalista". Nos encontramos aquí, de algún modo ante una magia desacralizada. Estamos frente a una "magia sin dioses", una magia donde las fuerzas espirituales –a diferencia de lo que ocurre en la magia tradicional– están despersonalizadas. Todas estas corrientes de pensamiento mágico son ciertamente muy modernas. La idea de que los rituales mágicos no poseen otra virtud que la de alterar o favorecer la conciencia de quien opera es imperante en las escuelas mágicas más modernas. Dione Fortune – quien es quizás uno de los mayores referentes de la magia contemporánea– se expresa a favor de esta idea anti-tradicional diciendo que: *"El ritual es de valor simplemente por su efecto en la conciencia de los participantes. Nunca he visto evidencia que soporte la hipótesis de que el ritual es eficaz para otra cosa que para el trabajo mental al cual se encamina"*.

La magia moderna, a diferencia de la magia antigua, da un desmedido prestigio al lugar de la mente y la voluntad[16]. Esta es la magia que ha sido denominada también como "magia personal". Esta es la magia ante la cual los maestros tradicionales nos colocan en guardia frente a sus riesgos y de la que podemos decir –siguiendo a Papus– que es aquella en la cual *"la voluntad e inteligencia humanas son las únicas en ejercicio, sin el concurso de la divinidad"*. El mago moderno intenta operar con la sola fuerza de su propia energía personal sin percatarse de lo terriblemente peligroso que es esto.

El poder de las fuerzas ocultas de la mente y la voluntad no le eran desconocidas al mago antiguo, sólo que este, dado los peligros que esto conlleva, nunca hubiera osado realizar ningún tipo de actividad mágica contando con su sola fuerza, en demérito de la invocación de entidades espirituales. Los riesgos de una práctica mágica en la cual el operador sólo cuenta con el poder de su mente y de su voluntad son el agotamiento energético, la enfermedad y la locura. Amén de esto, el mismo mago queda expuesto y desprotegido frente a las fuerzas que puedan o quieran dañarlo.

Algunas escuelas de magia contemporáneas, adjudicándose un lugar de independencia frente a la religiosidad, utilizan los signos, sellos, plegarias y nombres sagrados tomados de esa misma religiosidad a la cual desprecian. Esto no es ciertamente sin riesgo, ya que la utilización de símbolos sagrados fuera de su marco ritual, puede movilizar fuerzas inmanejables para el operador. En

---

16   Es por esto, que los magos modernos ubican el centro de la persona humana en la cabeza, a diferencia de los magos tradicionales que lo ubican en el corazón.

torno a esto, no es recomendable, por ejemplo, poseer en nuestra casa elementos rituales que no pertenezcan a la propia religión o aquellos que solamente deberían estar en sitios sagrados o consagrados como ocurre con los sagrarios o cálices con los que algunas personas "adornan" sus hogares. Nos encontramos aquí ante una verdadera profanación, lo que indica hacer uso profano de algo que es sagrado o santo. Igualmente, debemos tener presente que no es sin riesgo utilizar plegarias de tradiciones religiosas a las que no se pertenece por iniciación ya que las fuerzas que se movilizan en estos casos no están al alcance de quien opera.

Todas las cosas santas o sagradas son custodiadas por entidades encomendadas de protegerlas, las cuales se encargan de evitar que las mismas puedan ser dañadas o profanadas. Estos seres son, en muchos casos, ángeles o elementales de fuego como es el caso de las gárgolas de las catedrales góticas. Quien no trata de manera respetuosa los elementos o cosas sagradas (sean estos objetos tangibles como lugares o elementos rituales, así como elementos más sutiles como símbolos o nombres sagrados) entra en contacto con la fuerza de estos seres, quienes, a modo de protectores, defenderán estas cosas siguiendo el cumplimiento de su misión. Las consecuencias de esto, no son normalmente tan obvias, pero siempre se manifiestan, de un modo u otro, en la persona[17].

Magia anticlerical

Dentro de la poderosa corriente espiritual que circuló por las venas del siglo XIX y también del XX, han surgido, también, aquellas escuelas de magia que podemos llamar "anticlericales". Para darnos una idea cabal de esto debemos tener presente el importantísimo desprestigio que la religiosidad ha

---

17   En el caso de ciertos cultos, la violación de las reglas rituales establecidas, conlleva claras y delimitadas maldiciones.

ganado frente a muchas personas, las cuales suelen expresar (por ejemplo) que ellas "creen en Dios pero no en la Iglesia". Esta idea también está inserta en el ámbito de la magia y del esoterismo en general[18].

La magia anti-clerical surge como una reacción a los abusos de una religiosidad cristiana que ha sido muchas veces represiva y cruel. Esta línea mágica, toma otras tradiciones religiosas para inspirarse, en especial la hebrea y la egipcia. Lo que vemos aquí, es que no es posible para la magia salir de un sistema religioso sin entrar en otro. Si observamos los sistemas mágicos actuales, ligados a escuelas que se postulan como independientes de toda religiosidad, veremos que en ellas, en sus prácticas, se utilizan igualmente elementos religiosos, los que pertenecen a diferentes culturas y tradiciones, las cuales, muchas veces, están caducas e incluso energéticamente muertas. A estas cuestiones nos referiremos más claramente al hablar de los "egrégores"[19].

Aunque se trate de evitarlo –como ya hemos dicho– el simbolismo religioso aparece en la magia que se postula como no religiosa en toda su estructura de trabajo. Esto lo podemos ver en la utilización de elementos propios de la religión y la magia ceremonial como son los "nombres divinos" (tomados de distintas religiones, en especial la hebrea). Asimismo la magia anti-religiosa utiliza términos y elementos como: "consagraciones", "ritos", "ceremonias", "plegarias", "sigilos", "invocaciones", "conjuras", "evocaciones", "fumigaciones", "exorcismos", etc., todos ellos tomados del ámbito de la magia ceremonial y del mundo propio de lo religioso. Estos elementos son así desacralizados y de algún modo ¿por qué no?, profanados.

Existe, entonces, en la actualidad, lo que podría llamarse "magia profana", que es aquella que toma lo sagrado y lo quita de contexto, lo saca del "templo" convirtiéndolo así en profano[20].

---

18   Este es el caso de la Escuela Teosófica cuyo fin, entre otros, era "desterrar el cristianismo de la faz de la tierra".

19   Ver capítulo 9.

20   Tomamos aquí la acepción de "profano" como: fuera del templo.

Es regla de la magia no utilizar elementos rituales de los que se desconoce su sentido y su valor. Asimismo, no es recomendable, por ejemplo, utilizar plegarias no traducidas si desconocemos su significado.

Esta regla nos preservará de correr riesgos indebidos.

Magia negra y magia blanca

Cerraremos este capítulo haciendo una necesaria distinción entre aquello que comúnmente es llamado magia negra y magia blanca. En la antigüedad, el término magia era reservado de manera exclusiva para la magia de luz, utilizando para aquella que hoy denominamos como magia negra el concepto de "goesia". Según Pico Della Mirándola, no deberíamos utilizar la palabra "magia" más que para las obras de la Luz:

*"… la magia es doble: una se funda exclusivamente en la obra y la autoridad de los demonios, cosa del todo execrable y monstruosa; la otra, por el contrario, si bien se la considera, no es sino la consumación absoluta de la filosofía natural. Los griegos atendiendo a la una y a la otra, indican la primera, no considerándola de ningún modo digna del nombre de magia, y la nombran con la palabra **goeteian,** en cambio, a la segunda la mencionan con el propio y peculiar nombre de **mágeian,** es decir, la perfecta y suprema sabiduría".*

Es a partir del siglo XIX que se utilizan los términos magia negra y magia blanca para distinguir a aquello que tradicionalmente es llamado "goesia" y "magia". Asimismo, podemos decir que la magia negra es una perversión de la magia blanca ya que en la primera, se utilizan los conocimientos de la segunda con fines negativos. Esta es una de las razones por las que en la magia es necesario el "secreto", a fin de que aquellos conocimientos que la magia atesora para el bien, no sean utilizados por personas inescrupulosas con fines negativos.

C. Agrippa se refiere al silencio o "sigilo" diciendo que: *"es, pues, pecar contra la decencia profanar haciendo públicos, mediante escritos, los secretos comunicados oralmente entre un reducido número de sabios"*. Esto lo refiere en su tercer libro de la filosofía oculta el cual trata sobre los misterios de la magia sagrada. Allí mismo, pide disculpas al lector sobre el silencio que mantiene en el libro sobre los misterios de la magia ceremonial.

Desde siempre, los verdaderos y profundos arcanos de la magia han sido enseñados de manera oral a aquellos que estuvieran en condiciones de aprenderlos. Este es el método y la forma de aquello que conocemos como saber "iniciático". Lamentablemente, *los secretos comunicados oralmente entre un número reducido de sabios,* han sido robados y utilizados de manera profana. Eso es precisamente la magia negra: la utilización de los secretos de la magia de luz para hacer el mal. Por esto E. Levi expresa que la brujería es *"el abuso más criminal que puede hacerse de las ciencias mágicas"*.

Asimismo, es provechoso el aplicar la denominación de **magia** solamente para la práctica ligada a las obras de luz, utilizando para las obras de oscuridad los términos "brujería", "hechicería" los cuales les son más exactos.

Definiciones de magia según Giordano Bruno

Profundizaremos en el término "magia" y sus acepciones, basándonos en la pluma del filósofo y mago italiano Giordano Bruno. En su libro titulado *De la magia* –el cual posee una fuerte influencia de la "Filosofía oculta" de C. Agrippa– expone diez modos de entender esta palabra. Estas formas se relacionan con diferentes tipos de práctica mágica. Al final de la lista explicita la necesidad de no caer en el error –ya común en su época– de definir con la palabra **magia** a la brujería.

Bruno toma en primer término la acepción clásica de **mago** como **sabio**. Dice el maestro italiano: *"**Mago** ha significado en primer lugar **sabio**: lo eran los **trismegistos** en Egipto, los **druidas*** *en Galia, los **gimnosofistas** en India, los **cabalistas** entre los hebreos, los **magos** en Persia, los **sofistas** entre los griegos y los **sabios** entre los romanos*[21].

En segundo lugar, Bruno se refiere al mago como *"el que cumple prodigios por la sola aplicación de los principios activos y pasivos, como vemos hacerlo en medicina y en química. Es lo que llamamos comúnmente **magia natural**"*.

La **magia natural** (a la cual C. Agrippa dedica el libro primero de su "Filosofía oculta") es de algún modo lo más similar a nuestras "medicinas o terapias energéticas actuales". En la magia natural se cuenta para operar con el poder que poseen los elementos de la naturaleza. En este sentido, una piedra o una hierba poseen una cierta y determinada virtud, la cual es recibida de las estrellas y las "inteligencias" o espíritus superiores a los que esté ligada. Así lo especifica C. Agrippa: *"hay una virtud y una operación admirable en cada hierba y en cada piedra, pero una muchísimo más grande en las estrellas; además, cada cosa toma o recibe mucho de las inteligencias que, presiden, sobre todo de la primera causa…"*.

La tercera definición de magia, según Bruno es la **magia de los prestigios**. Esta magia es en realidad nuestra actual prestidigitación. Notemos, asimismo, la similitud lingüística entre prestigio y prestidigitación. Esto es sumamente trascendente ya que aquí lo que se define es la "falsa magia", la imitación del "prodigio" o el "milagro" por medio de artificios. Siguiendo el juego de palabras, podemos decir que la magia de los prestigios es aquella práctica en la cual se imita el hecho mágico para adquirir prestigio. De aquí también una confusión que ha permanecido hasta nuestros tiempos, confusión por medio de la cual, en la actualidad, es común llamar "magia" a la prestidigitación y "mago" a quien la practica. Deberíamos, para poner las cosas en su lugar, llamar **mago** al **mago** y **prestidigitador** al **prestidigitador**. G. Bruno define también a esta magia como aquella que implica "acarrear la admiración por medio de ilusiones". Este es sencilla-

---

21 Lo remarcado es del texto original.

mente el arte del "ilusionismo" el cual, como se sabe, es ancestral y no despierta más que una sana admiración en la medida que no sea confundido con la verdadera magia.

La cuarta definición de magia que G. Bruno enumera es la **alquimia**. El arte de transmutar la naturaleza. G. Bruno la incluye aquí entre la **magia natural**. De las operaciones de esta magia, dice que es el conocimiento de cómo *unas sustancias, rechazan, transmutan o atraen otras sustancias.*

En quinto lugar G. Bruno coloca la **magia matemática** o "filosofía oculta". Esta es la magia a la que C. Agrippa dedica su segundo libro de la "Filosofía Oculta" bajo el título de "Magia Celeste". Sobre la necesidad de la ciencia matemática dentro de la práctica mágica dice: *"Las ciencias matemáticas son tan necesarias para la Magia, y se relacionan tanto con ella, que quienes se dedican a esta sin emplear aquellas, no realizan nada de valor, pierden su tiempo, y jamás llegan al fin de sus designios; pues todo lo que existe y se realiza en las cosas de aquí abajo, a través de virtudes naturales, es hecho y conducido o gobernado con número, peso, medida, armonía, movimiento y luz…".*

La matemática expuesta aquí no puede ser entendida en el sentido que la comprendemos comúnmente como el mero arte de contabilizar. La idea de "número" a la que se refiere la magia tradicional está lejos de la que posee el hombre moderno. Como dice C. Agrippa: *"todo lo creado por la naturaleza parece formado en los Números, pues ese ha sido el principal modelo en el espíritu del Creador".* Agrippa se refiere aquí a la virtud espiritual del número al cual llama "racional" o "formal", en detrimento del número al que denomina "sensible", aquel que según él utilizan los comerciantes y de los cuales dice que: *"ni los académicos ni los pitagóricos ni Agustín hacen mención…".* Según G. Bruno, esta es la magia en la cual se opera por medio de *palabras, fórmulas, relaciones numéricas temporales, imágenes, figuras, sellos, caracteres o letras.* Asimismo considera que la misma se trata de "… *una magia intermedia entre la magia natural y la magia extra-natural o sobre-natural que hay que llamar propiamente* **magia matemática**, *o mejor aún:* **filosofía oculta".**

En esta forma de magia podemos ubicar a la llamada "alta magia" de la actualidad, aquella en la cual se opera con aquellos elementos que se encuentran en un lugar intermedio entre la magia sagrada o "teúrgia" y la magia estrictamente natural.

Las letras, las figuras, las imágenes, también los caracteres, están ligados a los números y extraen de ellos poder mágico y espiritual. En esta práctica juega un papel preponderante la astrología, que está ligada también al simbolismo del número. Dice C. Agrippa: *"todo lo existente y creado, subsiste a través de determinados números y extrae la virtud. Pues el tiempo está compuesto por números, igual que movimiento y acción, y todo lo que está sujeto al tiempo y al movimiento"*[22].

Le sexta forma de magia a la que se refiere Bruno es la **magia religiosa** a la que aquí llama **teúrgia**. Sobre este tipo de magia versa el tercer libro de la ya citada *Filosofía oculta* de Agrippa, a la cual llama **magia ceremonial**. Dice G. Bruno: *"En sexto lugar, se habla de magia si uno se entrega al culto o bien a la invocación de inteligencias o de potencias exteriores o superiores, a través de los ruegos, las consagraciones, las fumigaciones, los sacrificios o los ritos precisos y las ceremonias dedicadas a los dioses, espíritus y héroes: o sea a fin de atraer un espíritu en sí mismo, para devenir su vaso y su instrumento..."*. *"Se trata entonces de la magia **trans-natural o metafísica**, que propiamente se llama **teúrgia**"*[23].

En séptimo lugar, G. Bruno nos habla de la necromancia, la cual define como la capacidad de *hacer surgir las almas de los difuntos a fin de adivinar o conocer cosas ausentes o futuras.* La necromancia implica la evocación del alma del difunto por medio de la utilización de la energía del mismo que está presente de algún modo, en sus restos mortales[24].

---

22   Dentro de esta forma de magia se encuentran los textos conocidos como "Clavículas de Salomón" y la mayoría de los llamados "grimorios". Incluimos aquí también la "magia talismánica" y textos como "La Archidoxia mágica" de Paracelso, así como el "Picatrix", texto de gran influencia en los magos del Renacimiento.

23   Incluimos dentro de esta forma de magia el cuarto libro de la ya citada *Filosofía oculta* y el *Heptameron* de Pedro de Abano.

24   C. Agrippa le llama a la necromancia en el "Arbatel": "evocación caróntica", en relación a "Caronte", el barquero encargado de guiar a las almas a los infiernos. Agrippa la coloca allí en la jerarquía de las "cacomagias" o magias del mal.

Existe otra práctica de este tipo a la que G. Bruno denomina Pitónica, en relación a la serpiente Pitón y las pitonisas, ya que este uso implica el ser "inspirado" por el alma del difunto. Esta costumbre mágica es aquella de la cual ha derivado la sesión espiritista, que implica grandes riesgos para quien la practica. Estos riesgos son: el desgaste psicofísico en el mejor de los casos y en el peor, el abrir umbrales a lo más bajo del reino espiritual. Bien ha dicho Papus que la actual sesión espiritista no es otra cosa que la antigua necromancia sin círculo mágico, esto es: sin protección para el operador. Todas estas cuestiones nos llevan a tener que recomendar el abstenerse de toda práctica de este tipo, incluso aquella supuestamente inocente conocida como el "juego de la copa" y sus múltiples versiones, las cuales son realmente peligrosas en sus consecuencias ya que conectan con espíritus o entidades que luego el practicante no puede dominar.

Quien desee profundizar en estos misterios puede hacerlo por medio de la lectura del capítulo 13 del *Ritual de Alta magia* de Eliphas Levi.

En octavo lugar se cuenta la magia denominada en la tradición como **magia magnética** o **simpática**. De esta dice Bruno:

"En octavo lugar, se habla de magia cuando al encantamiento se añaden fragmentos de objetos, vestimentas, excrementos, secreciones, huellas y todo lo que se cree, ha recibido por simple contacto un poder de comunicación para liberar, ligar o debilitar…".

Este tipo de magia es quizás el más conocido en la imaginería popular. La magia magnética propone la idea de que existe una relación de simpatía entre la parte y el todo. Así es que, sabiendo elaborar de modo correcto la imagen de una persona (como ejemplo) se puede hacer recaer sobre ella tanto el bien como el mal, ya que todo lo que se realice a la imagen será recibido, en alguna medida, por quien está representado en ella[25]. Esta es la

---

25   En torno a la práctica de accionar a distancia sobre las personas, es interesante el trabajo realizado por Papus con imágenes de cera, así como las experiencias relatadas por él en su *Manual de magia práctica*, que fueran realizadas por medio de placas fotográficas.

llamada "magia homeopática"[26] o magia de lo "símil" ya que opera por "similitud". Por este medio, se cree que Paracelso realizaba sus curaciones, no operando sobre los miembros enfermos de sus pacientes sino sobre imágenes de estos, elaboradas de cierto y determinado modo. Esta práctica que en principio ha sido realizada para el bien, ha sido "robada" por la brujería a la magia, para practicar el mal a distancia. Este es uno de los ejemplos de la necesidad del "secreto mágico". G. Bruno considera, asimismo, que aquel mago que realizara estas prácticas para el bien, se colocara en el *rango de médico*[27].

G. Bruno cuenta como novena acepción del término magia, a la **magia de la adivinación**. En su texto cita las prácticas adivinatorias más tradicionales como aquellas que se apoyan en los elementos: Piromancia, hidromancia y geomancia. También reconoce aquí las artes adivinatorias ligadas a la observación de los astros como la astrología y aquellas que se basan en la observación del poder de las letras y los nombres.

De todas las significaciones vistas hasta aquí de la palabra magia, la décima es la única que puede considerarse estrictamente negativa. G. Bruno explica que ya en su época, la palabra magia ha sido maltratada y bastardeada, en especial por aquellos que querían utilizarla como sinónimo de brujería o hechicería. Es sobre esta confusión que el mago italiano nos coloca en guardia. Debemos tener en cuenta el contexto en el que G. Bruno expone esto, el cual implicaba un fuerte peso de la inquisición, que estaba en manos de la orden de los dominicos, orden a la que también él, paradójicamente, pertenecía. Bruno comenta el hecho de que hermanos de su orden han "*pervertido el nombre de* **mago**", quitándole el atributo de sabiduría, para utilizarla como sinónimo de "aquel que mantiene trato con el diablo". G. Bruno llama a

---

26 El término de "magia homeopática" corresponde al antropólogo escocés James George Frazer quien más allá de su actitud netamente racionalista, ha explorado en su texto *La rama dorada* las diferentes prácticas mágicas que aún persisten en muchas y muy diversas culturas.

27 Podemos considerar a la actual "radiónica" como una modernización de la antigua magia magnética o simpática.

quienes así opinan, sacerdotes ignorantes y quiméricos. En especial, se refiere a los hermanos dominicos Enrique Institor y Jacobo Sprenger, autores del tristemente célebre "martillo de los brujos", (Malleus maleficarum) manual de oscuridades con que se intentaba mostrar y demostrar, los modos en que operaban los brujos medievales, a fin de poder denunciarlos ante la Inquisición.

Me queda aquí hacer una distinción en torno a lo que podríamos entender como el rol social del mago en la actualidad. Muchísimas personas recurren a los servicios de "profesionales" que trabajan asistiendo a otros por medios espirituales y energéticos. La variedad de herramientas y posturas espirituales con que esto se realiza es casi infinita siendo la magia una de ellas. En la actualidad, una persona que practica la magia es posible que haya hecho de esta también su oficio practicándola y aplicando su conocimiento en pos del favorecimiento de los otros. Me permito repetir la idea de Papus de que la función social del mago se basa en *curar, sembrar y consolar.* Un mago puede ser un servidor, alguien que opera, trabaja en pos del bien de los demás. Siguiendo el sentido de la palabra "operar" que implica la idea de trabajar y hacer, el mago es un cooperador un co/operario, alguien que trabaja "con" el otro asistiéndolo y guiándolo en el camino del desarrollo personal y el bienestar. Esta es una magia/servicio que no se diferencia en nada de otros saberes en los cuales el que los practica coloca su sapiencia y su esfuerzo al servicio de los demás a manera de "oficio" palabra derivada de las latinas *opus y facere* que juntas quieren decir: "hacer una obra". La magia es el arte y la ciencia por medio de las cuales se practica el "beneficio" el "hacer y operar el bien" que es lo contrario al "maleficio" que implica "hacer y operar el mal", obras fundamentales de la brujería. En nuestro tiempo, un mago es un servidor espiritual que se encarga de practicar el arte, la ciencia y el oficio de hacer el bien. En lo personal, llamo a esta magia/servicio: "magia operativa".

CAPÍTULO II

El poder de
los ritos religiosos

Es hora de ocuparnos de objetos más elevados, y de fijar nuestro
espíritu en la parte de la Magia que nos enseña a investigar y
conocer las leyes de las Religiones, y cómo debemos aprender la
verdad a través de la religión divina…
E. C. Agrippa.

E n la actualidad, los rituales religiosos suelen ser tomados
por meros eventos sociales. La gran mayoría de las personas que se acercan a ellos, están lejos de entender que estos
poseen una inmensa potencia mágica y un gran poder espiritual.
Como ya hemos dicho: todo rito religioso es mágico[28]. Las ceremonias religiosas, analizadas bajo esta luz, revelan enormes misterios.

Los ritos realizados por las religiones están investidos del poder
que les otorga el hecho de que estos han sido dados y revelados a
los hombres por los mismos dioses, radicando en esto gran parte

---

28   Ver capítulo I.

de su poder. La creencia de que las religiones y sus ritualidades poseen una institución divina, es aceptada por las corrientes mágicas más tradicionales y antiguas, pero no por las modernas. Estas se acercan más a una interpretación de tipo psicológica, según la cual, los rituales religiosos son simples inventos humanos.

Tradicionalmente, se considera que todo culto religioso ha sido revelado por los dioses y de ellos deriva su poder.

De igual modo ocurre con la ciencia mágica. La verdadera magia no puede ser nunca un "invento humano", sino que debe ser fruto del encuentro del hombre con lo sagrado. El hombre no crea, sino que recibe la revelación. El aforismo XLVIII del Arbatel atribuido a C. Agrippa se refiere a esto:

"Toda magia es la revelación de una clase de espíritu cuya ciencia propia es esta magia. Así las nueve Musas incitaron a Hesíodo a la magia novenaria como cuenta él mismo en la Teogonía; así el genio de Ulises inició a Homero como lo prueba su Psigiogagie. Hermes fue instruido por el espíritu del alma de las alturas; Moisés por el mismo Dios en la zarza ardiente; los tres Magos que vinieron a Jerusalén a buscar a Cristo, por el ángel del Señor que los conducía; Daniel por los ángeles del Señor.

Por lo tanto que nadie se vanaglorie de poseer la magia por sí mismo. Sólo la misericordia de Dios o algún otro destino espiritual pueden hacer que se adquiera. Este es el origen, esta es la causa del desarrollo de toda magia sea buena o mala. Por eso Tages, el primer maestro de magia de los romanos, surgió de la tierra y declaró que por orden celeste su culto estaba dedicado a Diana de Éfeso. Igualmente Apolo; y toda la religión de los gentiles ha sido recibida de estos mismos espíritus y no es obra humana como piensan los Saduceos".

Tal como lo explicita C. Agrippa: tanto los misterios y rituales de la magia como los de las religiones, son siempre fruto de la revelación de un espíritu o de un dios. La magia antigua es una magia unida al paradigma religioso y por esto se encuentra en la línea de pensamiento que considera que es Dios quien crea al hombre e instaura para este una religiosidad. La magia moderna, por el contrario, más cercana a un paradigma cientificista, a-dhiere a la idea de que es el hombre quien crea a Dios y establece las religiones. Esta discrepancia se da en dos grandes corrientes. Una –la más tradicional y cercana a lo divino– es aquella magia en la cual el mago obtiene su poder por medio de su conexión y de la asistencia de fuerzas espirituales que se encuentran fuera de él. Estas pueden ser tanto de seres elementales como de ángeles, etc., según el tipo de práctica que se realice. Dentro de estas categorías se encuentra la magia ceremonial, la magia angélica y por sobre todas la Teurgia, aquella en la que el mago opera junto a la Divinidad. La otra forma de magia –más cercana al paradigma moderno y ligada a lo humano– es aquella en la cual el mago obtiene el poder de su voluntad y de su propia fuerza psíquica. Esta es la práctica mágica denominada genéricamente como **psicurgia**. La mayoría de las formas de magia contemporánea puede ser calificada como una forma de psicurgia. Por esto es que la magia moderna se funda, no en la fe de lo superior, o el acercamiento a lo invisible, sino en la exaltación de potencias humanas como la voluntad, la imaginación y el poder mental.

La diferenciación entre magia espiritual o teúrgia y psicurgia es ciertamente ancestral. Los magos de la antigüedad distinguían muy claramente entre una y otra práctica mágica sin confundirlas entre sí.

Más allá de que existe en la voluntad y el psiquismo humano un inmenso poder, debemos reconocer que la efectividad de los rituales religiosos y mágicos no depende "exclusivamente" de estas capacidades humanas, sino de una virtud ligada a fuerzas externas al hombre, que operan en estos ritos, junto y en concordancia con lo humano. La referencia aquí es a Dios y todos los seres que le sirven y con quienes opera en nuestro plano.

La magia en la que la persona humana opera por la sola fuerza de su voluntad personal, ha sido definida en el ocultismo moderno como **magia fáustica** o **arbitraria** y es aquella en la cual el mago opera aplicando el axioma "hágase mi voluntad" (*fiat voluntas mea)*, la cual se expresa por medio de la estrella de cinco puntas o "pentalfa" invertida.

La magia fáustica se encuentra en oposición a la magia sagrada o teúrgia, la cual se apoya en la consigna del Padrenuestro "hágase tu voluntad" *(fiat voluntas tua)* representada por la estrella de cinco puntas derecha.

El culto

Según la Biblia, Dios se ha encargado de indicar el modo correcto de realizar los ritos del culto religioso, dando al hombre por medio de seres escogidos para este fin, las directivas sobre: cuándo, dónde y de qué modo estos ritos debían realizarse.

Los rituales religiosos implican el conocimiento del modo correcto de rendir culto a la divinidad, según la revelación y voluntad de la misma. Para comprender cabalmente las implicancias de esto, debemos percibir la idea de la tradición que dice "el culto que las personas rinden a Dios sostiene la creación". La razón de ser, del culto a la Divinidad, es la de generar un canal, un vínculo por medio del cual circule con claridad la energía entre la Divinidad, la humanidad y la naturaleza. Mantener este culto del modo correcto es de suma y trascendental importancia para la vida del hombre en la tierra.

Según la Biblia, Dios se ha encargado de revelar al pueblo de Israel el modo de realizar el culto correcto, tal como lo indica el Libro de los Números, cuando dice que ellos *rendían culto a Yahveh, según la orden de Yahveh transmitida por Moisés" (Núme-*

ros 9. 23.)[29]. Asimismo, es Yahveh quien se encarga de preservar este culto guiando a Moisés para que enfrente al Faraón a fin de que este le permita rendirle culto. Así lo vemos, a modo de ejemplo, en el capítulo cuatro del Éxodo en el cual Yahveh se dirige a Moisés diciéndole: *"Y dirás a Faraón: Así dice Yahveh: Israel es mi hijo, mi primogénito. Yo te he dicho: Deja ir a mi hijo para que me dé culto…". (Éxodo 4: 22,23)*

Manifestar, cumplir e instaurar el cumplimiento correcto de este culto es obra de Cristo, el cual enseña que el culto adecuado a Dios, es aquel que es realizado, no como un acto social y exterior, sino desde el centro del hombre, su corazón. Así es que Cristo, tomando una cita de Isaías se refiere a esto diciendo: *"Este pueblo me honra con los labios, pero su corazón está lejos de mí. En vano me rinden culto, ya que enseñan doctrinas que son preceptos de hombres". (Mateo 15. 8,9.)*

Las prescripciones bíblicas

En lo que hace a la instauración de los rituales religiosos, en la Biblia, tanto en el Antiguo como en el Nuevo Testamento, es Dios, y no los hombres, quien determina y enseña el modo correcto en que desea ser honrado. Este, Yahveh, trasmite a Moisés todas las prescripciones que hacen a los rituales religiosos y la práctica de adoración.

La normativa cultual dada por Yahveh en el Antiguo Testamento al pueblo de Israel, implica aquellas acciones que el hombre debe realizar como un modo de agradar a Dios, así como aquellas que debe evitar. Esta combinación de imposiciones y tabúes se encuentra, asimismo, en todas las tradiciones mágico-religiosas. En estas, es la deidad rectora de las mismas quien determina la práctica de determinados actos religiosos a los cuales se les da un

---

29   La trasmisión del modo correcto de culto que los hombres debían rendirle, es una de las razones que llevó a Yahveh a manifestarse a los antiguos patriarcas y profetas.

sentido de ser unificadores y ordenadores o sea "religantes". De igual modo, esta misma deidad es quien determina ciertas prácticas que deben ser evitadas, ya que ellas alejan (según esta misma religiosidad) al hombre, de lo que es bueno para sí. Estos son los "tabúes o prohibiciones rituales".

En todas las religiones tradicionales es la Divinidad quien manifiesta su nombre y determina las prescripciones ligadas al modo en que se deben realizar los ritos, el tiempo en que estos se deben consumar, la forma de institución sacerdotal, las vestiduras de los sacerdotes, etc. Es en la tradición judeocristiana donde quizás queda manifestada de modo más cabal, la idea de una ritualidad revelada por Dios.

Veamos a modo de ilustración algunas citas bíblicas en las cuales se patentiza –según lo expresa literalmente la Escritura– el hecho de que es Dios mismo quien instruye a Moisés sobre cómo instaurar correctamente los rituales religiosos.

"Dijo Yahveh a Moisés: así dirás a los israelitas: vosotros mismos habéis visto que os he hablado desde el cielo. No haréis junto a mí dioses de plata, ni os haréis dioses de oro.

Hazme un altar de tierra para ofrecer sobre él tus holocaustos y tus sacrificios de comunión, tus ovejas y tus bueyes. En todo lugar donde haga yo memorable mi nombre, vendré a ti y te bendeciré". (Éxodo 20: 22 a 24)

En el relato mosaico, es notoria la manifestación de Dios quien "ha hablado desde el cielo" indicando claramente su voluntad con respecto al modo de ofrecerle un culto. Es Yahveh quien determina la institución del sacerdocio y las condiciones del mismo, como estas que se encuentran en el Levítico.

"Los sacerdotes no se raparán la cabeza, ni se cortarán los bordes de la barba, ni se harán incisiones en su cuerpo. Santos han de ser para su Dios, y no profanarán el nombre de su Dios, pues son ellos los que presentan los manjares que se han de abrasar para Yahveh, el alimento de su Dios; han de ser santos". (Levítico 21: 5 y 6)

También es Yahveh quien establece el tiempo ritual e instaura el sábado como día sagrado.

"Seis días se trabajará, pero el séptimo día será de descanso completo, reunión sagrada en la que no haréis trabajo alguno. Será descanso de Yahveh donde quiera que habitéis...". (Levítico 23: 3 y 4)

De igual manera, el Dios de Israel indica un tiempo anual para la fiesta sagrada de la Pascua.

"El mes primero, el día catorce del mes, entre dos luces, será Pascua de Yahveh...". (Levítico 23: 5-1)

Amén de todo esto, en la Biblia, Dios establece una inmensa cantidad de pautas rituales entre las que encontraremos: las vestiduras de los sacerdotes, sus ornamentos, el altar y sus medidas, purificaciones, etc.

Los ritos de los antiguos hebreos

Los rituales de los antiguos hebreos eran rituales sacrificiales en los cuales se ofrecía a Dios los frutos de la naturaleza –tanto del reino vegetal como del animal– a modo de ofrenda. Esto ritos eran la base del antiguo culto ritual judío. Asimismo, existe una suerte de continuidad de este concepto mágico ligado al valor del sacrificio y sus implicancias energético-espirituales, por medio de la cual, el sacrificio sigue siendo en la tradición cristiana, la piedra angular del culto religioso, el cual está centralizado en el "sacrificio de Cristo en la misa".

Según el Levítico, para ellos, los sacrificios rituales eran cuatro:

Los holocaustos

Uno de los actos rituales más importantes del culto de los antiguos hebreos era el sacrificio ritual de animales. Al igual que con otras cuestiones referidas al culto, es el mismo Yahveh quien determina el modo de realizarlos. Así se refiere Yahveh a esta primera forma de ofrenda, en Levíticos:

"Yahveh llamó a Moisés y le habló así desde la Tienda del Encuentro: Habla a los israelitas y diles: Cuando alguno de vosotros presente a Yahveh una ofrenda, podréis hacer vuestras ofrendas de ganado, mayor o menor.

Si su ofrenda es un holocausto de ganado mayor ofrecerá un macho sin defecto; lo ofrecerá a la entrada de la Tienda del Encuentro, para que sea grato ante Yahveh". (Levíticos 1: 1 a 3)

Los holocaustos implicaban la matanza ritual de animales, los cuales debían consumirse sobre el altar en su totalidad. Esta era la ofrenda "sacrosanta", ya que era dedicada a Dios mismo a modo de reconocimiento de su Divinidad. Asimismo, por medio de esta ofrenda se hacía sagrado lo profano, santificando los lugares de culto por medio de la sangre del animal. Las razones por las cuales se realizaba este sacrificio en estas condiciones son explicitadas por Paul Sedir[30]:

"Podemos afirmar que en el holocausto la víctima, ya sea un toro, macho cabrío o carnero, es macho y va provisto de cuernos, signo de vitalidad. La víctima es incinerada, quemada en el elemento activo por excelencia: el fuego. El sacerdote habría de imponer primero las manos sobre la cabeza del animal para comunicarle su alma con el fin de que el alma de la víctima (en este caso el animal a sacrificar) se elevara hacia el Altísimo en lugar de la del sacerdote. Minutos más tarde de que la víctima hubiera sido degollada sobre el altar, en el espacio secundario en el que vibran los dinamismos ocultos, todo debía transcurrir como si el sacerdote se hubiera inmolado a sí mismo ante Dios".

Según el relato bíblico, el sacerdote *"impondrá su mano sobre la cabeza de la víctima y le será aceptada para que le sirva de expiación".* Esta imposición de manos sobre el animal nos da la clave para comprender algo de este gran misterio. Al colocar las manos sobre la

---

30   El célebre Paul Sedir, ha dado en su libro *El misterio del sacrificio* una esclarecida explicación del sentido espiritual de los sacrificios rituales en la religión de los antiguos judíos.

víctima, el sacerdote transfiere en alguna medida algo de su propia vitalidad al animal permitiendo que de este modo la ofrenda también lo represente. Este tipo de "transferencia" es, en alguna medida, posible gracias a que la víctima al ser animal posee condiciones más "símiles" a las humanas gracias a poseer en especial un sistema nervioso central[31].

El sacrificio sin sangre

También estaban, entre otros sacrificios ofrecidos a Dios y solicitados por él, las llamadas "oblaciones", las cuales eran ofrendas de ciertos panes ceremoniales que se quemaban en el altar, tal como también se ve en el Levítico.

"Esta es la ley de la oblación: los hijos de Aarón la presentarán delante de Yahveh, frente al altar, uno de ellos tomará de la oblación un puñado de flor de harina (con su aceite y todo el incienso que se añade a la oblación) y lo quemará en el altar, en memorial, como calmante aroma para Yahveh..." (Levítico 6. 7 y 8)

Según P. Sedir: *El sacrificio sin sangre se componía de harina en flor, aceite e incienso. El trigo y el olivo eran considerados como los más puros del reino vegetal. El incienso servía para alejar a algunos espíritus invisibles cercanos a la materia corrompida. Estaba permitido amasar y cocer el aceite con la harina formando una especie de «torta» con la condición de no añadir ni miel ni levadura, ya que las sustancias fermentadas estaban prohibidas en los usos religiosos debido a que su asimilación destruye la regularidad de las corrientes magnéticas en el cuerpo humano.*

Nos encontramos aquí frente a la segunda modalidad de ofrenda en la cual lo que se ofrece pertenece al reino vegetal.

---

31 Aunque a nuestra mentalidad moderna le resulte difícil de asimilar, todos los antiguos pueblos religiosos como es el caso de los egipcios y los hebreos han practicado el sacrificio de animales. Al hacerlo, los fieles ofrendaban a Dios aquello que les era de mayor necesidad y estima.

El sacrificio de comunión

En el sacrificio de comunión, la víctima no era devorada totalmente por el fuego, sino que una parte de ella era consumida por los sacerdotes y los fieles. Según lo explica P. Sedir: *"El sacrificio de acción de gracias se componía de la quema de las entrañas o grasa del animal que era la víctima, ofrenda de tortas de diferentes especies y de la carne de la víctima que luego se repartía para comer entre los feligreses y los sacerdotes".*

El sacrificio expiatorio de un pecado o un delito

Tal como lo explica Agrippa –quien fue un gran adherente, tal como todos los magos renacentistas, a adjudicarle valor y poder mágico a los rituales religiosos– el poder del sacrificio en la antigua tradición hebrea radica en que estos son un medio de "drenar" y "re-direccionar" la carga de energías negativas acumuladas por un individuo o varios, a fin de que estas no los dañen a ellos, ni a sus obras. Esta es la función de la magia religiosa que podemos llamar **expiatoria**[32].

Los antiguos hebreos consideraban así que los males pueden ser derivados a criaturas inferiores, a fin de evitar el mal a las personas. Es este el caso del ritual hebreo del "chivo expiatorio". Este ritual está ligado a lo que en magia se denomina "trasferencia".

Dice C. Agrippa: *"Es verdad lo que los doctores hebreos, más que los otros, nos confirman, diciendo que, porque inmolamos nuestros animales y consumimos nuestros bienes en sacrificio, los males que nos amenazan son desviados sobre esta clase de cosas…".*

Esta capacidad de la naturaleza de tomar las energías negativas de los humanos, es verificada en el hecho de que muchas veces, son nuestros animales domésticos o nuestras plantas, quienes absorben las dolencias que nos aquejan, incluso, los trabajos de

---

32   Utilizamos aquí el término "expiar" entendiendo su relación con el concepto de "derivar" o "desviar".

brujería destinados a dañarnos. Esto, que en la tradición religiosa antigua se practicaba de manera ritual, se sigue generando de manera natural. Para que esto ocurra (para que un animal o una planta absorban las energías negativas de una persona) debe haber un lazo entre la persona y el animal o la planta y este lazo es el de la domesticación. El animal (según lo entiende la tradición) tomará esto como un acto de amor a su amo.

También existe en la magia, la posibilidad de transferir dolores de una persona a un animal[33]. La práctica de la transferencia de energías negativas y de trabajos de brujería de personas a plantas y animales, fue muy desarrollada por magos del siglo XIX como E. Levi y Papus, a imitación de los magos antiguos. Con respecto a esto dice Papus que *"así como el hombre tiene el derecho de cosechar para su alimentación o el de coger los frutos para su subsistencia, asimismo tiene el derecho, en caso de protección necesaria, de utilizar a los seres inferiores, previo permiso a través de la plegaria".* Junto a esto, es el mismo Papus quien desaconseja la utilización de animales como medio de protección, dado que esto expone a quien lo hace a *"grandes responsabilidades espirituales"* surgidas del posible uso inescrupuloso de esta práctica. En la actualidad, estas prácticas han quedado abolidas por la prohibición ritual de la sangre, prohibición a la que haremos referencia más adelante[34].

El ritual del comúnmente denominado "chivo expiatorio" lo encontraremos de este modo en la Biblia en Levítico 16:

---

33 La transferencia de males a animales es una práctica común a todos los cultos primitivos. Puede verificarse esto en la obra de Frazer James George, *La rama dorada* donde se citan incontables ejemplos. Estas prácticas se encuentran enmarcadas dentro de la magia denominada por Frazer como "magia contaminante".

34 Así como existe en potencia la posibilidad de liberar a un ser humano de sus males por medio de la aplicación de animales, asimismo es posible infringir un mal a una persona por medio de estos. Sin ánimo de enseñar aquello que es mejor ignorar, sólo diré que esto es viable gracias a la relación simpática que posee la persona humana con el reino animal. Esta relación es de similitud ya que ambos poseen una condición orgánica similar. La antigua brujería medieval era un auténtico compendio de las atrocidades posibles de ser realizadas por ese medio.

"Recibirá de la comunidad de los israelitas dos machos cabríos para el holocausto.

Después de ofrecer su novillo por el pecado como expiación por sí mismo y por su casa, tomará Aarón los dos machos cabríos y los presentará ante Yahveh, a la entrada de la Tienda del Encuentro.

Luego echará suertes sobre los dos machos cabríos, una para Yahveh, y otra para Azazel.

Presentará el macho cabrío sobre el cual haya caído la suerte «para Yahveh» ofreciéndolo como sacrificio por el pecado.

El macho cabrío sobre el cual haya caído la suerte «para Azazel», lo colocará vivo delante de Yahveh para hacer sobre él la expiación y echarlo al desierto, para Azazel.

Entonces ofrecerá Aarón su novillo por el pecado para hacer expiación por sí mismo y por su casa, y lo inmolará".

Según P. Sedir, el rito hebreo del "chivo expiatorio" era realizado de la siguiente manera:

"Este sacrificio se solía llevar a cabo a través de una ofrenda cuádruple: el sumo sacerdote ofrecía un toro expiatorio y un carnero en holocausto, y el pueblo ofrecía al mismo tiempo dos chivos expiatorios y un carnero en holocausto. Se echaban a suerte los dos chivos para que uno fuera ofrecido a Jehová y el otro a Azazel. El sumo sacerdote inmolaba su toro y procedía a incensar y a rociar con su sangre el altar, haciendo luego lo mismo con el chivo de la comunidad… el sacerdote, a través del ritual que llevaba a cabo con sus gestos y ademanes, elevaba a Dios sus pecados y los de su pueblo a través del viento que movía el velo del tabernáculo y del altar rociados con la sangre de la víctima para que llegasen hasta el Ser Supremo junto con las plegarias y las oraciones de los israelíes para que fuesen todos perdonados. El sumo sacerdote imponía posteriormente sus manos sobre el chivo que quedaba vivo para transmitirle todos los pecados y lo abandonaba en el desierto para que Azazel y los malos espíritus le poseyeran".

El rito del "chivo expiatorio" nos habla de esta condición del reino animal de "portar" energías negativas humanas. Así se expresa al respecto P. Sedir:

"La enorme facultad que poseen los animales para hacerse cargo de los pecados cometidos por los hombres, se pone de manifiesto de una manera aún más clara con el rito del chivo expiatorio. Para los antiguos, el pecado no era sólo una acción perversa o una negación metafísica sino que significaba además una terrible mancha en el alma viva, en el espíritu vital e incluso en la materia fisiológica. Para que esta mancha desapareciera era necesario, según su opinión, que se llevara a cabo una reparación material, una purificación fluídica además del arrepentimiento".

Según el texto bíblico, uno de los animales era *para Yahveh,* el cual era ofrecido a Dios *como sacrificio por el pecado.* Este primer animal era una ofrenda dada por las personas religiosas a Dios, no a modo de "portar los males propios" sino a modo de sacrificio, de santificación, como un modo de mitigar la mirada divina con respecto a su propio pecado. Por otro lado, el otro animal, era el que cargaba con los pecados de los fieles. Este es el animal expiatorio. Uno portaba lo mejor, lo más excelso, y el otro, lo más oscuro. Uno era una ofrenda a Dios de lo más puro y selecto. El otro no podía servir de ofrenda ya que solo se ofrenda aquello que es bueno. Igualmente, en ambos casos, la víctima debía tener condiciones especiales. En el caso del primero, el de ser lo suficientemente excelso como para poder ser una ofrenda digna, en el segundo, el de tener condiciones naturales capaces de portar energías humanas. Como ya hemos dicho, está en los animales esta condición, la cual se encuentra reforzada en aquellos tomados por la tradición para este fin como es el caso del cordero y el chivo[35].

---

35   Para recalcar el poder de los animales de portar ciertas fuerzas simbólicas, podemos tener presente la ingesta ritual de determinados animales en tradiciones iniciáticas de Occidente. Asimismo, en la práctica mágica se evita la ingesta de aquellas partes del animal que son portadoras de "larvas" o energías nocivas, aquellos órganos donde esta energía queda mayormente atrapada. Así se dice que el teurgo Martínez de Pascually imponía a sus discípulos la prohibición de ingerir la sangre y la grasa de los animales. (También la de sus riñones). Con esta prohibición cumplían los antiguos hebreos siguiendo el mandato divino que se encuentra en Levítico 3. 16: *"no comeréis nada de grasa ni de sangre".*

Siguiendo esta línea de pensamiento es que podemos comprender más claramente el misterio de la misa cristiana. Solamente en el sacrificio de Cristo la ofrenda es lo suficientemente pura como para ser perfecta, y sólo en Cristo, al ser persona humana, la víctima puede ser plenamente portadora del pecado ajeno.

El problema de la práctica antigua de expiación ritual radicaba en el hecho de que el animal portaba el mal de las personas sin poseer la posibilidad de anularlo o transmutarlo. Esta es la razón por la cual el animal era, luego, no ofrendado a Dios, sino puesto en manos del demonio denominado Azazel, quien lo poseía luego en el desierto. Tan fuerte era la carga de negatividad del animal, que la persona encargada de llevarla hasta el desierto debía, según el relato bíblico, lavar sus vestidos y su cuerpo antes de regresar al campamento. No es hasta el sacrificio de Cristo que esto puede ser modificado. Este es precisamente el misterio de la "redención". Esto implica la posibilidad de que nuestras energías negativas, nuestro pecado y nuestro karma, no quede de algún modo nuevamente a disposición del mal, como ocurría en el caso del demonio Azazel, quien reutilizaba luego esa energía, sino que estas fuerzas oscuras son de algún modo transmutadas por Cristo, sin que estas retornen a la tierra a modo de círculo cerrado.

Debemos recalcar el sentido sacrificial de la misa cristiana, en la cual Cristo es sacerdote y víctima. Esta es presentada al Padre de los cielos como ofrenda pura. La relación Cristo-víctima o Cristo-ofrenda está expresada de manera muy clara en la antigua plegaria litúrgica, en la cual el sacerdote consagra al Padre celestial, la ofrenda del cuerpo y sangre de Cristo diciendo:

"Nosotros que somos tuyos te ofrecemos lo que ya es tuyo: esta ofrenda pura, esta ofrenda incruenta, esta ofrenda espiritual. Y te pedimos y suplicamos, recibe Padre esta oblación desde tu altar del cielo, de manos de tus ángeles".

Como podemos notar en este texto, la víctima ofrecida a Yahveh, a diferencia de aquella ofrecida a Azazel, implicaba ofrecer a Dios aquello que ya le es propio. Esta ofrenda, esta oblación, es un sacrificio natural de la criatura hacia su Creador.

Dado que lo que "está abajo", se encuentra en relación con aquello que "está arriba", la religiosidad y la magia no son más que un encuentro en un sistema de relaciones, de aquello que se halla en distintos planos de existencia. Así es que el Padre recibe en el "altar del cielo" de manos de sus ángeles, aquello que le es ofrecido en el "altar de la tierra" de manos de los hombres.

Esto es lo que lo ha llevado a decir a E. Levi que la magia no es otra cosa que una operación conjunta realizada "en el cielo por los ángeles; en la tierra por los hombres".

Todo esto aquí expuesto en torno a la cuestión del sacrificio, está íntimamente ligado al tema de la sangre, tema central de la espiritualidad y la magia. La sangre es el elemento vital donde habita la misma vida. Es por esto, que Cristo la derrama y es por esto, por la fuerza espiritual que esta lleva, que su sangre es sagrada y llena de profundos misterios.

Los rituales cristianos

En la tradición cristiana, al igual que en la tradición hebrea, todos sus rituales son igualmente considerados como de institución divina. Según lo entiende el cristianismo, el sacrificio de Jesús, revivido ritualmente en la ceremonia de la misa, implica el cumplimiento perfecto de todos los rituales anteriores en el tiempo. En este sentido, para la tradición cristiana, **el ritual de la misa** es la ceremonia mágica de mayor poder que existe así como la más pura y perfecta, ya que en esta se realiza el sacrificio ritual de Cristo. La institución de este rito implica poder dejar de lado los antiguos sacrificios, ya que estos son cumplimentados en un único sacrificio que es radicalmente perfecto. Así lo expresa Agrippa:

"Pero nuestro Señor Jesucristo, verdadero pontífice y soberano sacerdote, encerró todo el sacrificio en pan y vino únicamente, como sus-

tancia primera del alimento humano; no tenemos más necesidad de inmolar animales ni cosa alguna, ni de derramar sangre, para purificarnos, quienes ya fuimos perfectamente purificados en su sangre" [36].

El ritual de la misa es una obra mágica de implicancia cósmica. Es el sacrificio supremo y sublime en el cual se encuentra cumplido plenamente todo sacrificio.

Dice con respecto a la misa P. Sedir: *"Podemos afirmar que los antiguos tenían símbolos de la Verdad pero los cristianos tienen la Verdad con símbolos. En otras palabras, la Misa es la forma terrenal del sacrificio eterno".*

Los rituales religiosos conllevan purificar y ordenar la energía negativa, como así también direccionar la energía divina. Los ritos religiosos operan determinados cambios en la conciencia, y por ende, en el tipo, calidad y cantidad de energía de quienes en ellos participan. A su vez, esta energía no se limita a favorecer a las personas, sino que repercute en todo en el entorno. Aquellos lugares donde los ritos religiosos son realizados correctamente, cumpliendo con los aspectos externos: ceremonias, ritos, etc. y con los internos: participando de estos con fe, devoción y amor, poseen una fuerza espiritual distinta a aquellos donde estas manifestaciones son dejadas de lado o son realizadas de manera displicente.

Para que un ritual o una ceremonia religiosa sea cumplida correctamente no alcanza con la observación de sus formas externas sino que es necesario que estas estén en concordancia con una verdadera actitud interna de devoción. Para el teósofo Karl von Eckhartshausen, religiosidad interior y exterior deben

---

36   Luego de la venida de Cristo –para aquellos magos ligados a la tradición cristiana– se prohíbe la utilización de sangre en todos sus rituales, por lo que se considera que su uso en cualquier acto mágico, en la actualidad, es siempre un signo de malignidad. E. Levi –ya mucho más cercano a nosotros en el tiempo que C. Agrippa– se expresa a favor de esta prohibición ritual: *"Todas las efusiones de sangre celebradas ceremonialmente son abominables e impías y desde la muerte de Adonhiram la Sociedad de los verdaderos adeptos tiene horror por la sangre..."*

ir juntas. Según este maestro, *"la religión exterior tiene por objeto el culto y las ceremonias, y la religión interior la adoración en espíritu y en verdad"*.

La verdadera religiosidad implica, siempre y necesariamente, el cumplimiento de estos dos aspectos, los cuales como elementos masculino y femenino de la espiritualidad, se alimentan mutuamente. Cuando estos componentes se encuentran (lo externo y lo interno), los rituales se tornan poderosos y dejan de ser cáscaras vacías de sentido y las prácticas internas dejan de ser meras especulaciones abstractas.

Cada templo (sea de la tradición religiosa que sea) cumple la función de ser *"un ordenador de la energía del lugar donde se encuentra"*, aportando una fuerza espiritual que redundará en beneficios, no sólo para las personas y sus obras, sino también para su entorno y las criaturas que lo conforman.

En los lugares donde los rituales religiosos se cumplen, tanto en lo interno como en lo externo, habrá menos violencia, menos enfermedades, así como mayor armonía y salud, tanto para las personas, como para todas las criaturas del lugar. Esto cuenta para las criaturas visibles como para las invisibles.

En la religión hebrea, existían distintos tipos de sacrificio ritual, como los ya citados; holocaustos, en los cuales aquello que es sacrificado se consume por el fuego en el altar; las inmolaciones, que son los sacrificios realizados por la efusión de la sangre de animales; los salutíferos, que se realizan para rogar salud; otros en los que por medio de cantos y plegarias se solicita la liberación de males y el envío de bienes, etc.

Según enseña Agrippa —fuera ya de la tradición judía— los egipcios contaban, por ejemplo, con más de seiscientas clases de sacrificios.

Los rituales religiosos, no solo "cargan" de fuerza a un lugar y a sus habitantes, sino que también, por medio de ritos específicos, como el de la Pascua, se "recicla" la energía negativa acumulada por quienes allí habitan y evita que esta genere una "sobrecarga", la cual atrae desgracias e inmensas dificultades, dentro de las cuales se incluyen los desastres naturales. Según la magia, el clima no es otra cosa que la manifestación del tipo de energía que opera en la conciencia del grupo humano que habita en un lugar determinado.

Esto se debe a que la fuerza energética de la conciencia colectiva repercute sobre la energía de un sitio determinado la cual, a su vez, opera finalmente sobre los "elementales" de ese lugar, que son en definitiva, según la magia, los seres ligados a los actos de la naturaleza. La forma de ser, actuar y pensar de una persona, determina el tipo de energía que estará presente en el lugar donde este mora, y por ende, esto influirá sobre el tipo de entidades que en ese lugar se encuentren y los acontecimientos que en él se desarrollen. Esto lo podemos verificar en un pequeño grupo y trasladarlo a grupos más grandes, pasando de lo individual a lo grupal y de esto, a la sociedad en su conjunto, y así sucesivamente, hasta llegar a lo planetario o mundial. Los cambios climáticos no serían, desde este lugar, un problema ecológico, sino que lo ecológico y su desorden, no es más que un reflejo de la inmensa falta de espiritualidad y religiosidad mundial. En una casa donde todos sus integrantes se encuentren –por ejemplo– tristes o en duelo, no sería de extrañar que se dañen los caños de agua o que se desborden los pozos de desechos. La ley espiritual no puede ser violada: lo que ocurre afuera es reflejo de lo que ocurre dentro, el destino que encontramos afuera, no es más que un reflejo de quienes somos.

Esta ley, no puede ser explicada aquí en su alcance total.

Tengamos presente, que la humanidad, es el alma del mundo, de la cual Dios es su espíritu. Cuando nuestra alma está enferma, nuestro cuerpo sufre y se daña. A este proceso, lo llamamos en la actualidad "psicosomatización". El alma, al ser superior al cuerpo, influye sobre este para bien y para mal. El espíritu, esa chispa divina que está presente, en todos nosotros, predomina sobre el alma, ya que es superior a esta. Aquella persona que desarrolla su espiritualidad, y en la cual se manifiesta este desarrollo por medio de una mayor adquisición de fe, de amor y de esperanza, poseerá una mayor salud psíquica, su alma estará más plena, será más dichosa, lo cual, finalmente, repercutirá en su cuerpo y en la salud del mismo. El espíritu ejerce su preponderancia sobre el alma y esta sobre el cuerpo. Si nuestra espiritualidad es pobre, nuestra alma tenderá a enfermar y esta enfermedad, llegará al cuerpo. De igual manera, en otro plano, la humanidad es una sola alma, de la cual Dios es su Espíritu y la tierra su cuerpo. Así como el alma es mediadora en lo microcósmico, entre el espíritu y el cuerpo; de igual modo, en lo macrocósmico, la humanidad es mediadora entre Dios y la naturaleza[37].

Uno de los cometidos de los ritos religiosos, es entonces, el de hacer retornar a la unidad primaria, aquello que se encuentra separado. Esto implica de algún modo el sentido de la palabra "religión", que al igual que la palabra sanscrita *yoga* significa reunión, unión, re-unir, re-ligar. Esto se refiere, no solamente a Dios y el hombre; sino a la reunificación armónica de aquello que está en esencia unido, pero se manifiesta separado: Dios, la humanidad y la naturaleza. Para el cristianismo, no hay religiosidad sin unión con Dios, pero tampoco puede llamarse "religantes" a aquellas prácticas religiosas que en lo macrocósmico no ponderen una cierta relación con la naturaleza y, en lo microcósmico, con el cuerpo. Esta es una de las finalidades de la magia religiosa y, por ende, de sus operadores más calificados: los sacerdotes. Este propósito, al que nos estamos refiriendo, es el de elevar al hombre hacia Dios, pero también el de bendecir a la naturaleza, y sus frutos. El sacerdote es quien une por medio del rito a "la madre tierra con el padre celeste" para que ambos den fruto. No es por mera casualidad, sino por un misterio muy grande que los elementos o "soportes" rituales más importantes del cristianismo, aquellos que se ofrecen a Dios como ofrenda, y que luego serán "mágicamente" transformados en cuerpo y sangre de Jesús; el pan y el vino, no son elementos meramente naturales, como lo son el trigo y la vid, sino que son elementos

---

37 Así como el proceso por medio del cual el alma influye sobre el cuerpo es llamado psicosomático (en griego: *psiquis*, alma: *soma*, cuerpo) aquel por el cual el espíritu influye sobre el alma, puede ser denominado pneumo/psíquico. (del griego: *pneuma*, espíritu; *psiquis*, alma).

elevados energéticamente por el hombre, al ser convertidos, transmutados, en pan y vino[38].

En términos mágico-alquímicos, los elementos con que se elaboran el pan y el vino, la vid y el trigo, son los elementos más perfectos que la naturaleza produce dentro del reino vegetal. En ellos se encuentra la carga vibracional más alta de este reino, razón por la cual su utilización es fundamental (en especial del vino) en la espagiria o alquimia vegetal[39].

No podremos dedicar aquí un espacio a este importantísimo tema, pero sí diremos que estos elementos fueron predestinados por la Divinidad para cumplir esta función ritual. De igual modo, es importante tener presente que, según este criterio, la calidad del trigo y de la vid con que se elaboran el pan y el vino ritual, condiciona en alguna medida la plenitud del acto mágico. ¡La ecología es mucho más que una cuestión de política social!

Es lamentable que los mismos sacerdotes, aquellos que están en contacto pleno con la magia religiosa, guiados por la ignorancia, desprecien aquello que de algún modo les es propio. Esto no puede ser atribuido a todos, ni a todas las épocas. Hubo un tiempo en que el sacerdote era conocedor de lo Divino, de lo humano y de lo natural. Me refiero al Medioevo. El tiempo que la modernidad llamó "la era de la oscuridad", fue, paradójicamente, aquel donde en Occidente brilló la mayor luz...

El encuentro entre Dios, el hombre y la naturaleza está ligado a la religiosidad, a esta re-unión, ideal de toda verdadera espiritualidad. Dice Von Eckhartshausen al respecto:

"El atrio de la naturaleza, el templo de la razón y el santuario de la revelación, no formarán más que un solo templo. Así se realizará el gran edificio, que consiste en la reunión del hombre con la naturaleza y con Dios".

---

38   Debemos tener presente que el término transustanciación es el que define el acto por medio del cual el pan y el vino se convierten en la misa en cuerpo y sangre de Cristo. El mismo implica un cambio en el orden de la sustancia y no en el de la forma como en el caso de la palabra transformación.

39   Los elementales ligados a estas plantas, son los más altos en jerarquía.

Los sacramentos y sus virtudes mágicas

Los llamados sacramentos de la iglesia son, en términos mágicos, modos por medio de los cuales la Divinidad se manifiesta y opera en nuestro plano. Los mismos son siete, exactamente la misma cantidad que los planetas tradicionales. Según la magia, existe un estrecho vínculo entre los sacramentos y los planetas. Cada uno de los sietes sacramentos posee una fuerza mágica, la cual es administrada por el sacerdote, quien cumple aquí el rol de mediador entre lo superior y lo inferior, entre el cielo y la tierra. Su función es hacer descender las energías invisibles y transferirlas a lo concreto y visible.

Según lo expresa E. Levi, no es casual que el número de los sacramentos sea el siete, ya que este es el septenario mágico y sagrado. La forma en que cada uno de los sacramentos se relaciona con uno de los siete planetas tradicionales lo especifica en el capítulo siete de su "ritual" el maestro francés:

"El bautismo, que consagra el elemento del agua, se refiere a la Luna; la penitencia rigurosa está bajo los auspicios de Sanael, el ángel de Marte; la confirmación, que da el espíritu de inteligencia que comunica al verdadero creyente el don de lenguas, está bajo los auspicios de Raphael, el ángel de Mercurio; la eucaristía sustituye la realización sacramental de Dios hecho hombre por el imperio de Júpiter; el matrimonio está consagrado por el ángel Anael, el genio purificado de Venus; la extremaunción es la salvaguardia de los enfermos prontos a caer bajo la hoz de Saturno, y el orden que consagra el sacerdocio de luz es el que está más especialmente marcado por los caracteres del Sol".

Cada uno de estos sacramentos es un ritual mágico en el cual se instaura por voluntad divina un ángel. Este ángel es el que rige aquella obra específica sobre la cual opera el sacramento, la cual está ligada estrechamente al planeta con que se vincula. Vamos a profundizar en la función mágica de cada uno de ellos[40].

---

40   Las denominaciones de los ángeles que se aplican aquí a cada planeta (y por ende a sus respectivos sacramentos) son los que figuran en la obra del Abad Tritemo

Con respecto al bautismo debemos hacer una acotación importante referida al valor mágico del nombre propio. Es en el bautismo que recibimos nuestro nombre el cual es llamado "nombre de pila" ya que es el que se nos da en la pila bautismal. Nuestro nombre no es una mera convención social sino que es una expresión del alma que encarna. No llevamos un nombre, somos nuestro nombre. Nuestro nombre indica nuestro destino, la razón por la que encarnamos, quiénes somos y para qué hemos venido a esta vida. Nunca es casual llevar un nombre. Esto queda plasmado en el hecho de que todas aquellas personas que han encarnado con una misión especial determinada por Dios han nacido con un nombre ya revelado por Dios o sus ángeles. Es el caso del mismo Cristo, de san Juan Bautista y muchos otros. Los antiguos habían desarrollado una ciencia específica para estudiar el misterio de los nombres, esta es la "onomástica sagrada". Dentro de la cábala, el valor numérico conformado por las letras de los nombres (en hebreo las letras son también números) se utiliza como método para descifrar las condiciones del alma que lo porta. Como ya dijimos, no portamos un nombre sino que somos nuestro nombre. Nombrar a alguien es de algún modo traerlo, hacerlo presente. En esto se basan en gran medida las invocaciones de los seres de luz los cuales no pueden ser invocados si desconocemos sus nombres. Algo nuestro se manifiesta asimismo en nuestro nombre. Esto es muy importante en la práctica mágica. Al pedir u operar mágicamente por una persona es fundamental hacerlo nombrándola con su nombre completo, de este modo, la energía de nuestra plegaria se dirige plenamente hacia ella. También es muy efectivo escribir el nombre de la persona en un papel el cual permanece en nuestro altar mientras pedimos por ella. De este modo, la persona está en alguna medida recibiendo la influencia de nuestro altar y nuestras plegarias así como de la luz que este irradia. En la magia el nombre es una expresión de la persona tal como lo es una foto. Con respecto a estas, cómo usarlas y aplicarlas en las obras de luz, nos referiremos en el capítulo XII.

(1462/1516) *Tratado de las causas segundas.* Siguiendo esta tradición C. Agrippa y E. Levi entre otros, aplican estos nombres a los ángeles de cada planeta.

Así como recibimos nuestro nombre de pila en el bautismo, en la práctica mágica se suele llevar un nombre nuevo al cual denominamos "nombre mágico". Este nombre se instala en la iniciación que podemos recibir de manos de un maestro. Este nuevo nombre no remplaza a los que ya poseemos. Su función es estrictamente mágica y espiritual ya que el mismo nos define en relación a nuestro hacer en este arte. Por lo común, se suele portar el nombre de un maestro de la magia ya fallecido el cual pasa a ser un espíritu protector, una guía del mago. Esta costumbre de añadir un nombre nuevo se conserva en la masonería, así como en las tradiciones religiosas como la ordenación monacal y en el rito de la confirmación en los cuales se suele imponer un nombre nuevo generalmente tomado –también– de un santo o maestro por quien se tiene especial predilección. En lo que hace a la magia, es fundamental que el nombre mágico sea conocido sólo por aquellas personas con quienes se opera en este arte. Así es que uno o varios de nuestros nombres son desconocidos por quienes pudieran desear dañarnos perdiendo en este sentido gran parte de su efectividad su daño. Por otro lado, aquellas personas con las que realizamos una labor espiritual en común, pueden favorecernos de manera más eficaz con sus labores mágicas ya que disponen de nuestro nombre mágico. Es regla de la magia, que es imposible dañar a distancia a una persona de quien no se dispone su nombre así como es muy difícil también favorecerla. Si es posible, solo a las personas más allegadas revele su nombre completo.

Sacramento solar: el orden sacerdotal

Es interesante saber que las órdenes o funciones espirituales establecidas dentro de la Iglesia católica antigua eran siete[41]. En ciertas iglesias actuales aún sigue manteniéndose esta práctica.

---

41   Estas órdenes son: Mayores: sacerdotes, diáconos y subdiáconos; Menores: acólitos, lectores, exorcistas y lectores.

El sacerdote es un mago que puede operar cambios fundamentales en el plano espiritual. Este puede establecer un nuevo orden en la vida de las personas ya que tiene el poder de atar y desatar, ligar y desligar fuerzas espirituales.

Si prestamos atención a los arcanos del tarot, veremos que el arcano uno, denominado **El Mago**, el cual representa al iniciado o adepto que practica la magia y la alquimia, posee una inmensa similitud con el arcano cinco, **El Papa,** quien representa al sacerdote. Tanto uno como el otro tienen la capacidad de operar cambios en la realidad. El mago lo hace por medio de aquellas fuerzas que puede invocar por medio de la vara que lleva en su mano izquierda, y el Papa por medio del báculo o la cruz que lleva en la misma mano. Es en este atributo en el que puede distinguirse en qué radica la diferencia de acción entre mago y sacerdote. La vara del mago indica que este posee la potestad de "conectar" lo superior con lo inferior. Por medio del conocimiento y de la aplicación de las leyes universales puede generar cambios en los distintos planos de la acción humana. El báculo o la triple cruz que vemos en la mano del Papa, indica que la acción del sacerdote llega hasta la misma divinidad. Este puede atar y desatar, unir y separar. Puede hacer que la voluntad divina –y esta es precisamente su función espiritual– se exprese en la tierra.

EL MAGO

EL PAPA

La función mágica del sacerdocio se encuentra en todas las grandes religiones. En el caso del cristianismo, este se mantiene en la línea de la tradición hebrea en la cual el sacerdocio –como ya hemos dicho– es considerado de instauración divina. Debido a los inmensos abusos en los que ha incurrido la práctica del sacerdocio, es común que múchas personas posean un fuerte sentimiento de desprecio por la función sacerdotal y todo aquello que esté ligado al ámbito del clero. Esto debería ser una crítica a quienes practican esta función sagrada, mas no necesariamente a la función en sí.

El sacerdocio se encuentra presente en todas las religiones antiguas.

El arcano cinco nos instruye sobre el sentido profundo del sacerdocio y sus riesgos. En los mazos de Tarot tradicionales, el Papa sostiene con su mano izquierda –la cual está enguantada– una cruz o un báculo, mientras que con la mano derecha –la cual está desnuda– hace un gesto de bendición. Esto representa la idea de "descenso". El Papa toma con su mano izquierda una cierta fuerza que luego distribuye con la derecha. La mano derecha está enguantada indicando una actitud de respeto a lo sagrado ya que esta energía es emanada de Dios. Por otro lado, el gesto de la mano derecha que está desnuda, indica que el Papa –representando aquí el poder del sacerdote– posee una determinada potestad para administrar y direccionar esta energía divina según su propia conciencia. ¡Tremenda responsabilidad ya expresada en la Biblia!

"A quienes perdones los pecados les quedarán perdonados; a quienes se los retengáis le quedarán retenidos…" (Juan 20: 23)

Terriblemente contundentes son las siguientes sentencias de E. Levi, quien se refiere al poder sacerdotal de este modo:

"Por tanto, para aquellos que tienen confianza en él, el sacerdote dispone de un ser divino. Y osaré decir, que su poder parecer ser más que divino, por que ordena al propio Dios que venga y Dios viene…"

"Los nigromantes evocan los muertos, el hechicero al diablo, y se estremecen, ¡mas el sacerdote católico no teme al evocar al Dios vivo!"

Este inmenso y poderoso privilegio dado por Dios en todas las religiones a los sacerdotes, los hace asimismo tremendamente responsables por la buena o mala utilización del mismo. Así lo expresa la ley espiritual, **pues a quien mucho se le da mucho se le pedirá.**

El poder del sacerdote de bendecir implica que este posee la potestad de distribuir la energía divina según su conciencia. Un sacerdote sabio o santo, dirigirá esta luz a las cosas sabias y santas, bendiciéndolas. Un sacerdote ignorante y lleno de oscuridades, guiará esta luz hacia cosas viles, y muchas veces –tal como suele verse casi cotidianamente– hacia cosas decididamente oscuras. Válganos como ejemplo la bendición de las armas en las guerras asesinas. Por todo esto, antes de desear el fin del sacerdocio, deberíamos bregar por la instauración de un sacerdocio en manos de personas sabias y luminosas.

La acción mágica de los sacramentos es la de instaurar, por medio de cada uno de ellos, una fuerza espiritual capaz de transformar la oscuridad, es para esto que existe el sacerdocio; para hacer que lo superior descienda sobre lo inferior. El sacerdote es quien posee esta potestad, gracias a su ordenación. Está en él hacer un uso luminoso u oscuro. Pues no debemos olvidar que ¡también con el bien es posible hacer el mal!

Siguiendo la relación existente entre los rituales religiosos y los planetas, podemos considerar que todo sacerdote se encuentra protegido y es inspirado por el ángel del Sol, el gran Miguel arcángel (מיכאל).

Sacramento lunar: el bautismo

La función del bautismo es la de operar en las personas una purificación radical afín de que estas puedan en la presente encarnación alcanzar la plenitud espiritual y humana.

El niño o el neófito es purificado con agua y sal benditas, luego de lo cual se impone sobre él el sello de la cruz que lo preservará de todo mal. Es en el bautismo que la persona recibe su propio nombre, y junto a esto, se liga al bautizado con su "ángel guardián". Este, no solo lo protegerá, sino que también lo guiará en el cumplimiento de su mejor destino. Es en este ritual que se genera un lazo entre la persona y su propio ángel, con el fin de equilibrar las fuerzas oscuras que se traen con el karma. Según se entiende, todos nosotros traemos de otras vidas una cierta inclinación al mal o al error. Esta inclinación se debe a que en vidas anteriores no hemos realizado el aprendizaje necesario, razón por la cual, nos vemos obligados a retornar, a fin de realizar lo no realizado. Esto es similar (valiéndonos de un ejemplo sencillo) a un niño que no ha aprendido la lección previa a un examen y se ve forzado a retornar el estudio, y repetir nuevamente la prueba. Cada una de nuestras encarnaciones cumple la función de permitirnos realizar el aprendizaje correcto y hacer la labor requerida.

El conjunto de inclinaciones kármicas que cada persona trae de vidas anteriores es denominado por la magia **fado** y de ahí proviene el término **fatalidad**. Venimos cargados de limitaciones de otras vidas. Tal como el plomo debe ser transmutado en oro por el hábil y paciente alquimista, así nosotros debemos utilizar nuestra vida como un modo de transmutar nuestra oscuridad en luz.

El ritual del bautismo es un modo de evitar que el karma "ahogue" a la persona en su propia oscuridad e ignorancia. Limpia el destino favoreciendo el hecho de que asistidos por nuestro ángel custodio, podamos disponer de nuestro libre albedrío y logremos vencer nuestras propias limitaciones, podamos imponernos al fado y su fuerza, el cual intenta que nuestra vida no sea más que un conjunto de fatalidades[42].

Según el cristianismo esotérico, la venida del Cristo permite, gracias a su poder sobre el karma y la muerte, que "una sola vida

---

42   El karma que se trae de vidas anteriores se expresa en el mapa natal de la persona por medio de los aspectos negativos de éste. El conjunto de estas inclinaciones kármicas es el fado.

sea suficiente para alcanzar la luz". Pues él ha dicho que quien cree en él, ya no morirá. Favorecer el hecho de que esta encarnación sea la última, es una de las funciones del bautismo, el cual coloca a la persona, hasta que reciba el sacramento de la comunión, bajo la energía del ángel de la Luna: Gabriel arcángel (גבריאל). El bautismo conecta al bautizado con la "cadena mágica" a la cual comienza a pertenecer de manera más plena.

Sacramento marcial: la penitencia

Según E. Levi: *la penitencia rigurosa está bajo los auspicios de Sanael, el ángel de Marte.*

Entendemos como penitencia el reconocimiento del propio karma y la voluntad de liberarnos de él por medio de un auténtico arrepentimiento y una sincera y real reparación. Esta toma de conciencia activa coloca a la persona bajo el auspicio del ángel del planeta Marte. Es por intermedio de este ángel que podemos operar los mayores cambios en nuestro destino, pues el ángel Zanael o Sanael (denominado también Samael blanco) es quien nos asiste para poder encontrar auténtico arrepentimiento de nuestros errores y fuerza para repararlos. Esto se obtiene gracias a que es Sanael quien nos puede asistir para tornarnos fuertes, valientes y decididos; virtudes eminentemente ligadas el planeta Marte. (סנאל) Esta actitud marcial de "no quedarse con los brazos cruzados" ante nuestra propia oscuridad nos lleva a poner nuestra fuerza vital y dirigir nuestro deseo hacia las cosas altas, luchando con nosotros mismos y convirtiéndonos así (como diría Saint Martin) en "hombres de deseo".

Sacramento mercurial: la confirmación

La confirmación es el sacramento por medio del cual se adquiere un cabal conocimiento de Dios y sus misterios. En este rito la persona es puesta en comunión con el Espíritu Santo, que, asistido por el ángel de Mercurio, Rafael (רפאל), guía a la persona hacia la verdadera fe y el conocimiento ya que Mercurio es el planeta de la sabiduría y la ciencia. No es menor el hecho de que en este rito, la persona (como ya hemos dicho) suela adquirir un nombre nuevo.

Sacramento jupiteriano: La eucaristía

La eucaristía es el ritual mágico que Jesús mismo instituyó en la Última Cena. Por medio de este ritual, Jesús instaura su **cadena mágica**. Esto implica que por medio de la práctica del rito, entre otras cosas, se logra unir a todos los que participan del mismo con la Divinidad a través de esa cadena. En el caso de la eucaristía, este hecho queda patentizado en las palabras de Jesús: **¡haced esto en conmemoración mía!** Tengamos presente que el Divino Maestro no se refiere aquí a la memoria como la entendemos en la modernidad. Él se refiere a la memoria mágica, al recuerdo ritual, el cual genera una memoria, que en magia se denomina **actualización**. Y esto significa que un acontecimiento sagrado que ha ocurrido en un momento histórico determinado, o en tiempo mítico, se actualice por medio del ritual, el cual no juega el papel de hacer recordar sino **de hacer que vuelva a ocurrir**. Los rituales no implican "acordarse" de algo, si no "actualizar" por medio del rito, el cual genera un acontecimiento mágico.

El sacrificio de la misa es el ritual por medio del cual Jesús se manifiesta a aquellos que pertenecen a su cadena mágica, que en el caso del cristianismo son los bautizados[43].

---

43   El tiempo de los acontecimientos sagrados no es solo o necesariamente un tiempo "histórico". Este es el sentido del tiempo de los textos sagrados que se refieren al tiempo sagrado como: "en el principio…" este principio remite a comienzo, instauración, pero también a lo primario, lo básico y radical. Esta idea de un tiempo mágico y ancestral en el cual se instauraron todas las cosas se halla también en los "cuentos de hadas" los cuales suelen comenzar siempre con la idea de un tiempo primordial: "en aquel tiempo… o "hubo una vez…". La conexión espiritual por medio de los ritos con este tiempo primordial es incluso fuente de sanación, tal como lo expresa M. Eliade: "El recuerdo ritual de aquel tiempo primero puesto en juego por el sacerdote o el "chamán", posee virtudes terapéuticas y restauradoras.

En el caso de la eucaristía, las palabras que el sacerdote pronuncia durante la consagración son verdaderas "palabras mágicas", las cuales habilitan que los elementos que el hombre a elaborado con sus manos en conjunto con la fuerza de la naturaleza, como lo son el pan y el vino, se conviertan en cuerpo y sangre de Jesús.

La eucaristía es, asimismo, no sólo un medio de unión con la Divinidad (su energía se dirige al plexo cardíaco) sino que también, practicada correctamente, permite –entre otras cuestiones– que una persona se vea liberada y preservada de ataques o trabajos de brujería.

Por estar ligada al planeta Júpiter, la eucaristía está colocada bajo los auspicios del arcángel Zachariel, sin embargo, debemos reconocer en este rito un claro elemento solar, el cual es notable en la forma circular de las hostias, las cuales suelen ser colocadas para la adoración en el denominado **Santísimo**, elemento ornamental que representa un sol. El aspecto solar de la eucaristía queda también reflejado en su concepción de **sacramento central**, llamado por Dionisio el Aeropagita "misterio de los misterios".

El ritual cristiano de la misa es la culminación de una sucesión de ritos ligados al sol, que ya eran practicados antes de la era cristiana. Es común considerar que el cristianismo hace una mera copia de estos rituales, sin entender que en realidad existe una cadena que comienza en tiempos inmemoriales y culmina en el ritual cristiano.

El hecho de que en la antigüedad existieran cultos y religiones solares no implica que el cristianismo, en el cual el elemento solar es de suma importancia, haya realizado una copia de estos. Lo que se realiza es un "cumplimiento," ya que es en Jesús que se realizan y concretan todas las promesas de Dios. Estas promesas eran esperadas por todas las religiones pre-cristianas, razón por la cual, los primeros adoradores de Jesús, los magos del Oriente, se acercan en representación de todas las tradiciones antiguas a ofrecerle sus dones, en reconocimiento de esta culminación, reconociendo en Él la encarnación de la Divinidad. Todos los antiguos rituales solares, encuentran en el cristianismo y en la figura de Cristo su plenitud, ya que todos los atributos que posee el Sol en este plano visible como luz, calor y generación de vida; Jesús los posee en el plano espiritual. El sol es la expresión en el mundo visible de aquello que es Dios en lo invisible. Por un lado es imagen de Cristo y por otro de la Trinidad: su esencia es el Padre, su luz el Hijo, su calor el Espíritu Santo[44]. Papus entiende la misa católica como un ritual mágico. He aquí su explicación:

"Hemos dicho que la misa católica era una ceremonia mágica...
La misa se divide en tres partes principales: La **Preparación,** *que comprende desde el introito hasta la consagración del Pan y el Vino; La* **Consagración,** *y, por último, La* **Conclusión,** *que abarca desde que comulga el oficiante hasta la terminación del acto religioso.*

En la primera parte el sacerdote, imagen sintética del microcosmos, después de hacer la confesión de sus faltas, se ofrece como víctima expiatoria en nombre de todos los fieles presentes. De semejante manera eleva el alma de los devotos, en holocausto a Dios y concluye ofreciendo, como signo visible del sacrificio, lo más perfecto que la naturaleza produce: el pan y el vino.

Significa esto la **evolución** *de lo inferior humano y natural hacia Dios, evolución que podría ser representada por un triángulo con el vértice hacia arriba, signo del elemento fuego.*

Entonces el sacerdote consagra mágicamente todos estos objetos simbólicos. El Gran Misterio va a realizarse.

En efecto, comenzada la consagración, cambia de dirección la corriente fluídica. Ya no es lo inferior que asciende al plano de lo superior; es el Verbo Divino, que lanzándose desde lo más profundo de los cielos, viene a unirse a la materia ofrecida en holocausto. El Pan se transforma en carne simbólica del Hijo, y el Vino se convierte en sangre milagrosa, producto de la involución desde el cielo a la tierra. La encarnación del Espíritu universal en el seno de la Virgen, cúmplese entonces otra vez de nuevo.

---

44   En su obra *La misa y sus misterios*, el maestro masón Ragon ha recopilado una inmensa cantidad de información en torno a la unión de los ritos solares con el cristianismo en la cual puede verificarse cómo los signos y símbolos, así como las plegarias e invocaciones de las antiguas religiones solares se encuentran plenamente insertas en el ritual cristiano.

Al volverse el sacerdote de cara a sus oyentes, extiende sobre ellos las manos y su bendición reúne a los devotos en el acto de la simbólica recepción de la Divinidad.

El sello o estrella de Salomón, representa exactamente este doble efecto evolutivo e involutivo, del cual la misa no es otra cosa que la visible expresión.

Según el esoterista español, en la misa se ejerce un movimiento ascendente de energía (la de los fieles) que se encuentra con otra que desciende (la Divina). La energía ascendente, puede ser representada por el signo del elemento fuego, el cual es un triángulo hacia arriba. La energía espiritual que desciende, puede ser simbolizada por un triángulo hacia abajo, signo del agua. Entre ambas fuerzas se configura (como lo explica Papus) el signo conocido como **"Estrella de Salomón"**, figura de la unión equilibrada de dos fuerzas contrarias. Entendido así, la misa es un ritual que expresa el misterio mágico de este signo.

Las obras de Júpiter como ya hemos dicho están bajo la tutela del arcángel Zachariel (זכריאל).

Sacramento venusino: El matrimonio.

El matrimonio como ritual, implica que aquellos que se presentan libremente ante Dios para solicitar ser bendecidos, reciben la protección del arcángel rector del planeta Venus, Anael (אניאל). Este ángel se mantiene sobre el vínculo intentando favorecer sus lazos, tratando de que estos se estrechen y acrecienten.

El ángel Anael nos enseña a realizar por medio de nuestra vida en pareja el misterio de la "androginia" el cual es una meta de la magia y la alquimia.

El ritual de los esponsales es un "enlace". El mismo genera un "lazo" de unión entre las dos personas. Este lazo permite que la energía del deseo no tienda a dispersarse fuera del vínculo. Por otro lado, el ritual del matrimonio mantiene a la pareja que lo ha realizado, protegida de los posibles trabajos de brujería o deseos de maldad de quien quiera separarlos. Mientras las personas casadas ritualmente se mantengan fieles, están protegidos de manera infalible de los "trabajos de atracción" que alguien quisiera llevar a cabo sobre uno de los integrantes de la pareja con el fin de atraerlo. En caso de que la persona trabajada tuviera un contacto sexual o sentimental con quien deseá atarlo por medios mágicos, la protección del ángel cede y el trabajo se torna operativo ya que **el ritual del matrimonio no invalida el libre albedrío de la pareja.**

Sacramento saturnino: la extremaunción.

La extremaunción es el ritual cristiano elaborado para favorecer el desprendimiento de las almas agonizantes.

Por medio de la unción con aceite consagrado para este fin y el recitado de plegarias específicas, se coloca el alma bajo la tutela del ángel Orifiel el cual está presente en todos los rituales funerarios.

Es lamentable que en la actualidad, en muchas partes del mundo no se realicen ya los rituales que las religiones han elaborado para el paso de una vida a la otra. Bajo el concepto de "nacimiento al cielo", el cristianismo antiguo designó determinadas ceremonias que permiten la elevación del alma del difunto.

De igual modo, es importante que el cuerpo del difunto sea enterrado en lugares "consagrados para ese fin" ya que estos lugares están consagrados a Dios por medio de Orifiel arcángel y de otros seres de luz, las cuales custodian los cuerpos para que estos no sean molestados por ciertas entidades oscuras que se alimentan de los desprendimientos de energía de los cadáveres llamados **miasmas**. Según la tradición de la cábala hebrea, así como en la magia cristiana, se considera que en nuestro cuerpo se encuentra un pequeñísimo hueso denominado "luz". Este hueso puede ser entendido como "una semilla del cuerpo futuro". De esta semilla humana renacerán los cuerpos en el fin de los tiempos. La custodia por medio de seres de luz de los restos de los difuntos implica el cuidado de esta simiente de la que dice C. Agrippa:

"En el cuerpo humano hay un hueso pequeñísimo, que los hebreos denominan Luz, del tamaño de un guisante, que no puede romperse ni lo consume el fuego; y que si se conserva todo entero, como se dice, de él renacerá nuestro cuerpo anime en la resurrección de los muertos, como una planta de su semilla" [45].

Existe una verdadera **tanatología mágica**. Una ciencia espiritual por medio de la cual se favorece la elevación del alma de los difuntos y el duelo de los dolientes. Todos estos temas pertenecen a las obras mágicas de Saturno.

Dentro del poder espiritual de los ritos religiosos, debemos tener presente aquella virtud ligada a los tiempos y las fiestas sagradas, las cuales poseen una fuerza especial que el mago utiliza para sus obras. Cada fiesta sagrada posee una energía particular y permite obras mágicas diversas, ya que en cada fiesta, se manifiestan distintas cualidades espirituales y se es asistido por distintos seres de Luz.

Como ya se consignó, las obras de Saturno, así como la extremaunción, su sacramento correspondiente, están bajo la tutela del arcángel Orifiel (עריפיאל).

Las siete obras mágicas

El sagrado septenario no se encuentra tan sólo presente en el simbolismo religioso y sus siete sacramentos. El número siete es también el de las "obras mágicas" las cuales se clasifican según los planetas.

Las siete obras mágicas implican de algún modo todo aquello que la ciencia y el arte mágico pueden realizar, clasificado bajo la égida de los planetas tradicionales. Dice E. Levi al respecto:

Las obras mágicas son también en número de siete:
1ra: obras de luz y de riqueza, bajo los auspicios del Sol;

---

45   Esta semilla parece estar relacionada con el "grano de mostaza" del Evangelio.

2da: obras de adivinación y de misterios, bajo la invocación de la Luna;
3ra: obras de habilidad, de ciencia y de elocuencia, bajo la protección de Mercurio;
4ta: obras de cólera y de castigo, consagradas a Marte;
5ta: obras de amor, favorecidas por Venus;
6ta: obras de ambición y de política, bajo los auspicios de Júpiter;
7ma: obras de maldición y de muerte, bajo el patronato de Saturno.

Vamos a referirnos muchas veces en este libro a las obras mágicas según su denominación planetaria. Vemos aquí cuáles son las características de cada una de ellas:

Las obras mágicas del Sol

Según E. Levi, al Sol le corresponden las obras de *Luz y de riqueza*. Estas obras, ligadas al gran astro rey del sistema son todas aquellas que implican la adquisición de luz y de amor espiritual:
• Conocimiento de Dios.
• Luz espiritual.
• Claridad.
• Protección espiritual.
• Religiosidad.
• La alquimia metálica es una obra mágica del Sol.
• El arte en general.
• Los cortes de obras de brujería.

Las obras mágicas de la Luna

En especial se ligan a la Luna las obras que implican el desarrollo de la intuición y en especial la adivinación. Como diría E. Levi, *obras de misterios y de adivinación*[46]:

---

46   Para profundizar en los misterios de la adivinación recomendaremos la lectura de nuestro libro *Tarot Marsellés*, Ediciones Lea, 2010.

- Adivinación.
- La percepción de lo invisible.
- Todo lo que esté ligado a la vida hogareña y las viviendas.
- Todo lo que esté ligado a la tierra y sus frutos.
- La gestación.
- El bienestar psíquico.
- La práctica alquímica denominada "espagiria", la cual implica el trabajo energético con el mundo vegetal se encuentra bajo este mismo planeta.

Las obras mágicas de Marte

Marte es el planeta de fuerza. Sus obras en la magia son todas aquellas que implican combatir y proteger:
- Protecciones.
- Todo trabajo en el laboratorio que implique metales, en especial las fundiciones.
- Trabajos con hierro y acero. Elaboración de espadas mágicas, etc.
- Todo trabajo del mundo angélico.

Las obras mágicas de Mercurio

Dice E. Levi que las *obras de habilidad, de ciencia y de elocuencia, bajo la protección de Mercurio*. Todo aquello que se ligue al conocimiento está bajo su égida:
- El estudio de los textos sagrados y su interpretación.
- El estudio y conocimiento de todo tipo de signo y símbolo.
- El poder mágico de las palabras y los nombres.
- Por su relación con el arcángel Rafael, ángel médico y regente del planeta, las obras de sanación.
- Todo trabajo que implique escritura incluyendo la elaboración de talismanes.
- En el ámbito más mundano se incluyen los viajes y los estudios en general.

Las obras mágicas de Júpiter

Corresponden a Júpiter las obras que implican acrecentamiento, bienestar, prosperidad:
- La práctica de la caridad.
- La adquisición de logros profesionales.
- El trabajo con "elementales".

Las obras mágicas de Venus

Venus es el astro de la dulzura y la armonía. Bajo su protección contamos las siguientes obras:
- Protección de los vínculos de pareja.
- La elaboración de perfumes mágicos.
- La elaboración de anillos.
- La música como ciencia mágica.

Las obras mágicas de Saturno

Las obras de Saturno son:
- La tanatología mágica o la asistencia al alma de los difuntos en su elevación espiritual.
- Toda obra que implique el trabajo con "ancestros'".
- El trabajo con minerales.
- Los "cortes" de todo aquello que fuera negativo, vicios, etc.

CAPÍTULO III

El poder de las plegarias y las plegarias de poder

Como todo bien viene de Dios que es el bien único, a Él es a quien hay que pedir lo que queremos, rogándole en espíritu y verdad y con simpleza de Corazón.
La conclusión del Secreto de los Secretos es que cada cual se inflame pidiendo lo que desea, que no sufrirá negativa. Que la duda no debilite su propia plegaria puesto que Dios puede y desea conceder a quien le pide, con tal de que reconozca al autor del don cuya realización suplicamos humildemente.
La magia de Arbatel (Atribuido a E. C. Agrippa)

La práctica de la plegaria es un acto mágico lleno de virtudes. Atrae hacia nosotros la Luz y nos preserva de la oscuridad siendo, asimismo, una de las más eficaces herramientas contra la brujería. Papus se refiere a la plegaria y sus virtudes del siguiente modo:

"La plegaria está imantada por la acción de todos aquellos que la han empleado precedentemente durante años anteriores. Tiene, pues, una influencia considerable. Hecha después de haber sido precedida

de purificación astral y física y seguida por una buena acción, la ple-
garia es invencible y derrumba los embrujamientos mejor construidos.

Las plegarias poseen un cierto y determinado poder. Este poder depende en especial de tres factores:

1) La fuerza dada por la virtud espiritual de quien instauró la plegaria.
2) Los nombres de Dios que posee cada una.
3) Las fórmulas mágicas que están insertas en ellas.

Para profundizar en el primer ítem, me basaré en la enseñanza tradicional expresada por C. Agrippa, quien indica claramente en su libro tercero de la "filosofía oculta" –el cual trata sobre la magia ceremonial y la magia sagrada–, cómo la virtud de ciertas plegarias está basada en el hecho de que estas hayan sido instauradas por la divinidad, pudiéndoselas contar de este modo entre aquellas cosas que pueden considerarse santas y que participan del "misterio sagrado".

"Se llama sagrados a los misterios pues el misterio es una cosa que encierra una virtud sagrada y oculta, y una gracia acordada por los cielos o los espíritus, o dispensada por el mismo Dios soberano, como son los nombres sagrados y los caracteres... Así tenemos la cruz sagrada y misteriosa, consagrada por la pasión de Jesucristo; ciertas oraciones y plegarias llamadas sagradas y místicas, instituidas no por la devoción de los hombres sino por revelación divina, como leemos en los Evangelios, que el Cristo instituyó la oración del Señor".

En la tradición mágica existen ciertas plegarias que poseen esta fuerza, y son aquellas consideradas reveladas al hombre por la misma divinidad. En la tradición cristiana, esta virtud se le atribuye en especial al "Padrenuestro", el cual es denominado en la cita de Agrippa "la oración del Señor".

Cada plegaria posee una determinada y específica cualidad espiritual, sea –por ejemplo– la de exorcizar, curar, atraer bendición, proteger, etc. Esta fuerza especial de cada oración está ligada a los nombres de Dios con que se lo invoca en cada una de ellas, los cuales poseen diversos poderes.

También se encuentran en las plegarias, diferentes "fórmulas mágicas", esto es, frases de poder capaces de generar cambios en las personas o situaciones sobre las que se aplican. Estas plegarias no son solamente fuertes al ser pronunciadas sino también que se expresa su poder al imprimirlas en sellos y talismanes. No solo la palabra pronunciada, sino también la palabra escrita posee un auténtico poder, tal como lo expresa Paracelso cuando dice que "*también los signos, los caracteres y las letras tienen su fuerza y su eficacia*". En este concepto se basa toda la "mágica cabalística" y la llamada "magia talismánica", o como la define E. Levi, la "numismática oculta" que es la práctica mágica dedicada a la elaboración de talismanes[47].

La cruz mágico/cabalística

Antes de hablar sobre las diversas plegarias, nos debemos referir al "signo de la cruz". Este signo trazado sobre nosotros, nos protege de todo tipo de energías negativas ya que equilibra y armoniza la fuerza de los cuatro elementos, fuerza denominada en la magia "Baphomet".

Existen diversas maneras de "persignarse". Una de ellas es la que se utiliza en la tradición religiosa como invocación trinitaria, en la cual se traza el signo de la Cruz en nombre de las tres personas de la Trinidad : el Padre, el Hijo y el Espíritu Santo.

Es significativo –siguiendo el simbolismo que veremos más adelante– tener presente que en ciertas iglesias de la tradición católica ortodoxa, el signo de la cruz se traza de derecha a izquierda a diferencia de la iglesia católico-romana en la cual se traza de izquierda a derecha.

---

47   Ver capítulo X: Los talismanes.

Según E. Levi, el signo de la cruz es un signo cabalístico ligado a mantener y generar un sano equilibrio entre los cuatro elementos. Según el mismo autor, este signo fue realizado en la tradición cristiana antigua de dos maneras diferentes, una de ellas dedicada a los neófitos y otra a los sacerdotes e iniciados.

"El signo de la cruz adoptado por los cristianos, no les pertenece exclusivamente. Es también cabalístico y representa las oposiciones y el equilibrio cuaternario de los elementos. Vemos, por el versículo oculto del Pater, que hemos señalado en nuestro dogma, que tenía primitivamente dos modos de hacerse o, por lo menos, dos fórmulas muy diferentes para caracterizarlo: la una reservada a los sacerdotes y a los iniciados y la otra acordada a los neófitos y a los profanos".

La manera cabalística de trazar el signo de la cruz, está inspirado según E. Levi en un versículo del Padrenuestro que ha quedado misteriosamente oculto. Este versículo según lo indica el maestro galo, se ha mantenido en las traducciones bíblicas de las iglesias protestantes, aun sin haber comprendido estas su sentido cabalístico y mágico. El versículo en cuestión es el versículo trece del capítulo seis del Evangelio de Mateo. El final del mismo, el cual no figura en las traducciones de las Biblias católico-romanas, es el siguiente:

"Porque tuyo es el reino, y el poder, y la gloria por todos los siglos. Amén"[48].

Este pequeño pasaje del Evangelio de Mateo, según E. Levi, posee la clave de la bóveda de todo el templo cristiano. Este fragmento, (el cual en la tradición griega es mantenido pero sólo pronunciado por los sacerdotes) debe ser incluido en el Padrenuestro como ya veremos más adelante.

---

48   Tomado aquí de la traducción de la Biblia evangélica denominada *Antigua Versión de Casidoro de* Reina (1569) y Cirpiano de Válera (1602). Edición de The Gideos International.

Existen diversas formas en la magia actual de trazar sobre uno mismo la cruz. A continuación daremos el modo de realizarla siguiendo exclusivamente las indicaciones del texto de E. Levi. A esta forma de trazar la cruz, la llamamos "Cruz mágico/cabalística". Según E. Levi, el siguiente es el modo en que los antiguos iniciados la trazaban: *"El iniciado llevando la mano a su frente, decía: A ti; después agregaba pertenece, y continuaba llevándose la mano al pecho; el reino, y después al hombro izquierdo la justicia, y luego al hombro derecho, la misericordia. Después unía las manos agregando: en los ciclos generadores".*

Trazado de la Cruz mágico/cabalística

La cruz debe trazarse sobre uno para "signarse", para estar imantado con el poder del signo. Esto es recomendable hacerlo antes y al final de nuestras plegarias y de toda ceremonia mágica.

Estando de pie, se debe llevar la mano a la frente y decir:

"A Ti pertenecen ¡Oh Altísimo…!"

Luego, se lleva la mano al pecho y se dice:

"El reino"

Dicho esto, se lleva la mano al hombro izquierdo diciendo:

"La Justicia"

Luego al hombro derecho diciendo:

"Y la Misericordia"

Finalmente se juntan en el pecho las dos manos, palma contra palma pronunciando:

"En los ciclos generadores. Amén".

Al pronunciar esta última frase, se realiza una inclinación hacia adelante, con las manos unidas en las palmas.

Esta forma de trazar la cruz, posee una estrecha relación con el árbol de la Vida de la cábala, razón por la que lleva este nombre. La traducción de esta cruz al lenguaje cabalístico sería:

Tuyo es:
El "reino": MALKUTH.
La "severidad": GEBURAH.
Y la "misericordia": CHESED.

En relación al versículo de Mateo citado anteriormente, diremos que el término hebreo Geburah, remite al concepto de "fuerza", el cual posee una cierta y real relación con la idea de "poder", la cual figura en el texto evangélico. Asimismo, la séfira Chesed, es también denominada como "Gedulah", cuyo sentido es "majestad", similar al "gloria" evangélico.

Es asimismo importante, que toda plegaria culmine con la pronunciación del "Amén".

Amén significa "así sea", pero este no es su único significado; junto a esto, la palabra amén posee un valor mágico especial ya que es un "Nombre de Dios". Siguiendo la técnica cabalística denominada "notaricon", con cada letra de esta palabra, se estructura otra palabra, formando así una frase por medio de la cual se expresa el poder espiritual y místico de la primera palabra. Con las letras de la palabra "Amén" (אמן) se forma en hebreo la frase: "Adonay Melekh Namen", que significa: "El Señor es un Rey Justo". Esto es, también, lo que estamos diciendo, al decir: "Amén".

Esta palabra, pone en práctica el mandato del Padrenuestro: "que se cumpla aquí abajo la voluntad de Dios, tal como se cumple arriba".

El Padrenuestro

El Padrenuestro es la plegaria suprema de Occidente. En principio, posee la virtud de ser la única oración dejada por Jesús a sus discípulos, la cual es entregada a pedido de estos. Como ya he dicho, la primera regla que determina, para la magia, el poder de una plegaria es que esta posee la fuerza espiritual de quien la ha instaurado. Así es que el Padrenuestro es la plegaria central de la magia cristiana.

En los primeros siglos del cristianismo, el Padrenuestro (también conocido por el término latino *Pater*) no era recitado más que por los bautizados, razón por la cual en la iglesia antigua, antes de la pronunciación ritual del mismo, un diácono invitaba a retirarse a los no iniciados diciendo: "afuera los catecúmenos". Estos —quienes aún no habían sido bautizados— debían retirarse del templo, ya que aún no eran considerados aptos para pronunciar dignamente esta plegaria. Asimismo, el respeto y la reverencia que el Pater poseía en los siglos primeros de la iglesia primitiva, hacía que el Padrenuestro fuera pronunciado con un inmenso sentimiento de respeto, razón por la cual, antes de pronunciarlo se elevaba a Dios la siguiente petición, la cual le recomiendo, estimado lector, recitar antes del mismo y que dice así:

"No por nuestros méritos Padre santo, sino por obediencia al mandato de Jesucristo, tu hijo y nuestro Señor nos atrevemos a decir... Padre Nuestro (...)".

Amén de esto, el Padrenuestro debe culminar con la "Cruz mágico/cabalística" tal como veremos más adelante en este mismo capítulo.

El Padrenuestro posee siete fórmulas mágicas principales, las cuales son asimismo siete peticiones dirigidas al Padre de los Cielos. En este caso, se debe también analizar la importancia del sagrado septenario y su fuerza mágico/espiritual.

Siete son los planetas tradicionales y sus arcángeles, así como siete son los llamados chakras, los cuales son puertas de entrada y salida de energía en el hombre. Las siete peticiones del Padrenuestro nos ponen en contacto con cada uno de los ángeles planetarios accionando o dinamizando la energía de cada chakra. De este modo, entendemos que al recitar esta plegaria con conciencia, invocamos también a los siete grandes arcángeles, los grandes ángeles que están ante el trono de Dios.

Vamos a analizar el "Pater" bajo este aspecto mágico, profundizando en la relación de este con los siete planetas tradicionales y sus analogías.

Primera petición: "Santificado sea tu Nombre"

Esta petición está ligada al planeta Saturno.

Cada planeta tradicional se relaciona con un nombre de Dios, en el caso de Saturno este nombre es AB cuyas dos letras son la raíz del mismo nombre ABA, Padre. Aquí le pedimos a Dios que como padre nos bendiga para que no profanemos sus sagrados nombres. El término "santificar" implica el hecho de separar para la divinidad, tal como ocurre con la santificación del sábado en el judaísmo y el domingo en el cristiano. Tengamos presente que lo "santo" es aquello "separado de lo profano".

Esta petición puede vincularse con el primer centro o chakra, aquel que se encuentra sobre la cabeza y es conocido como de los mil pétalos. Trabajar la energía de este Chakra nos permite superar los duelos y la tristeza.

Aquí entra en juego la energía del ángel de Saturno, llamado Orifiel.

Segunda petición: "Venga a nosotros tu reino"

Esta segunda petición se relaciona con el centro o chakra de la segunda vista, el cual se encuentra en el centro de la frente y está ligado a la Luna y su arcángel: Gabriel. Por medio de la segunda vista poder percibir lo invisible y desarrollar la intución.

En este sentido, la plegaria indica: Venga Padre tu reino, que podamos verlo y percibirlo con los ojos del espíritu.

Tercera petición: "Hágase tu voluntad, como en los cielos, así en la tierra"

Que así como lo que arriba se cumple plenamente, pueda asimismo cumplirse abajo. Este es el cumplimiento del axioma hermético: Que lo de arriba y lo de abajo sean uno.

Esta petición se liga al centro energético de la garganta, generador de la palabra, del verbo. La palabra es la fuerza creadora por excelencia. Recordemos para esto, el "Fiat lux", la palabra con que Dios según el Génesis crea todas las cosas. Dios "dijo": sea la luz, hágase, y esta fue. Así, de un modo misterioso, la palabra humana posee una virtud creadora. Seremos juzgados por nuestras palabras, las cuales serán –tal como lo expresa la escritura– pesadas. Hágase tu voluntad, que sea yo por medio de mi palabra un colaborador del cielo, cumpliendo abajo la voluntad de Dios, la cual se cumple plenamente en los cielos.

El ángel aquí operante es el arcángel Rafael.

Cuarta petición: "El pan nuestro de cada día dánoslo hoy"

Ligado al plexo cardíaco y al planeta Sol, así como a su arcángel: Miguel.

El corazón es el templo de la presencia de Dios en el hombre, es allí donde habita oculta la chispa de la divinidad. El corazón es el Sol del microcosmos. Así como el Sol es el centro del sistema planetario, el corazón es el centro de la persona humana. El simbolismo del Sol posee una estrecha relación con el simbolismo del pan, ya que el trigo es junto a la vid las plantas de mayor carga vibracional del reino vegetal, siendo ambas plantas solares. Recordemos también que el Cristo ha nacido en la ciudad de Belén cuyo nombre significa "casa de pan".

Existe la posibilidad de traducir este pasaje del Pater como: "el pan nuestro súper sustancial dánoslo hoy". Danos Padre el pan que alimenta el corazón del hombre, tu Divina presencia en nosotros.

Quinta petición: "Perdónanos nuestras deudas, así como nosotros perdonamos a nuestros deudores"

Esta petición está en conexión con la energía del planeta Marte, el planeta de la fuerza y la valentía. Hay en este vínculo una enseñanza: "solo los valientes son capaces de perdonar". Esta energía, está asentada en la boca del estómago, en el chakra que está allí ubicado.

El ángel de Marte es Sanael arcángel, quien nos otorga fuerza y vigor.

Sexta petición: "No nos dejes caer en la tentación"

Aquí estamos en el sexto chakra, comenzando de arriba hacia abajo, el cual está ubicado cerca del ombligo. Esta petición está conectada con el planeta Júpiter, el gran benefactor, quien ha sido venerado en la antigüedad bajo la forma del ombligo y el espiral, símbolos análogos.

Júpiter es el gran padre, el padre dador. En esta petición oramos al Padre de los cielos para que no caigamos en las garras del "tentador", el maligno enemigo de la humanidad quien desea que transformemos nuestros bienes en males al hacer de ellos un mal uso. Dado que Júpiter está relacionado con la abundancia y la generosidad, estamos aquí recibiendo la bendición de Dios por medio de su arcángel Zachariel, regente de este planeta para poder lidiar contra la tentación de la avaricia.

Séptima petición: "Líbranos del mal"

Aquí estamos entrando en relación con el arcángel Anael, ángel de la belleza y la armonía, regente del planeta Venus y la fuerza del chakra básico, ubicado en la base de la columna vertebral.

Esta petición es traducida también como "del maligno enemigo líbranos".

Líbranos Señor del maligno, de aquel que no nos deja percibir la belleza en que nos has creado.

El Padrenuestro debe ser terminado trazando sobre uno el signo de la cruz del siguiente modo:
Se debe llevar la mano a la frente y decir:

"Porque tuyo es..."

Luego, se lleva la mano al pecho y se dice:

"El reino"

Se lleva la mano al hombro izquierdo diciendo:

"El poder"

Luego se lleva la mano al hombro derecho diciendo:

"Y la gloria"

Para finaliza, se unen en el pecho las dos manos, palma contra palma diciendo mientras se realiza una inclinación hacia adelante:

"Por los siglos de los siglos. Amén".

Gestos y posturas

En la práctica mágica el cuerpo juega un papel sumamente importante. Las posturas corporales y los gestos realizados con las manos –como los efectuados aquí al finalizar el Padrenuestro– son también movilizadores de energía. Las posturas y los gestos modifican el tono energético de la persona favoreciendo cada uno de ellos una determinada labor espiritual ya que nos predisponen para ciertas y determinadas prácticas. Asimismo, cada postura y cada gesto son un modo de invocación silenciosa, una invocación sin palabras. Las posturas y los gestos e incluso el modo en que se camina durante un ritual son muy trascendentes[49].

Aunque no lo percibamos, estamos permanentemente atrayendo e irradiando energía. Los centros magnéticos por donde esta es atraída e irradiada son en especial los ojos y las manos, razón por la cual, la mirada y los gestos realizados con las manos deben ser tenidos muy en cuenta en toda labor mágica.

Existen en principio dos gestos rituales fundamentales, el primero es aquel que se ha llamado normalmente del "orante" y es el que realizamos colocando las manos separadas del cuerpo con las palmas hacia arriba.

El segundo es aquel que se asemeja a una llama, el cual se realiza uniendo las palmas de las manos sobre el pecho. En el caso del primer gesto ritual nuestro campo de energía se encuentra "abierto", por lo tanto nos hayamos en situación de atraer y recibir aquello que atraemos, pero también, este gesto es el que utilizamos pata "elevar nuestras plegarias", tal como dice el Salmo: *"Que suba mi oración como incienso en tu presencia, y la elevación de mis manos como oblación vespertina"*[50]. Las manos separadas con las palmas abiertas se utilizan también para irradiar energía como en el caso de la "imposición de manos". Mientras las manos se encuentran separadas el operador posee una actitud "abierta", apta para dar y recibir energía, la cual entra y sale de él libremente. Distinto es el caso del segundo gesto (con las palmas unidas) en el que nuestra energía se encuentra encerrada en nosotros sin que nada entre ni salga. Este gesto es ideal para todo acto de introspección, para toda labor que requiera de "ir hacia adentro". El gesto de las palmas sobre el pecho representa el fuego sagrado que habita en el corazón. El gesto ayuda a mantener encendida esta

---

49 En Occidente es, quizás, dentro de la tradición masónica, donde esto se encuentra más patentizado ya que en sus ritos los gestos, las posturas e incluso la marcha están recargados de un rico y profundo simbolismo.

50 Salmo 141: 2.

llama y acrecentar su luz. Por esto es un gesto devocional ligado al plexo cardíaco.

Con respecto a las posturas corporales debemos marcar la importancia de las rodillas y la postura clásica de devoción ligada a ellas. El estar de rodillas implica despertar y movilizar las energías del plexo cardíaco. Por medio de esta postura centralizamos toda nuestra carga vital en el centro de la persona que es el corazón. Los ruegos, las peticiones y los actos devocionales se realizan de rodilla.

El estar de pie, erguido, favorece una actitud activa en la cual podemos disponer de nuestra energía para irradiarla.

En algunas prácticas mágicas como en muchas religiosas, el operador se "prosterna". La prosternación implica estar acostado boca abajo en el suelo. Este es el gesto corporal de "total entrega". Muchos magos y teúrgos como Martínez de Pasqually lo utilizaban en sus rituales. En la tradición religiosa es la postura que se utiliza en el momento de recibir las ordenaciones.

Inclinar la cabeza es el signo corporal por el cual nuestro campo de energía puede recibir la luz de la bendición en los ritos religiosos.

Existe un gesto específico para la bendición sacerdotal el cual se realiza como lo vemos aquí en realizado por el personaje central del arcano cinco del Tarot: El papa.

EL PAPA

Colocar los pulgares dentro de las manos es un gesto que otorga protección. En situaciones que nos causan temor o si deseamos que energías negativas de otras personas no entren a nuestro propio campo de energía personal, podemos utilizarlo con mucha eficacia[51].

---

51 *"Nos hallamos saturados de luz astral y la proyectamos sin cesar para dar lugar a nuevas impresiones. Los aparatos nerviosos destinados sea para la proyección, sea para la atracción, tiene particular asiento en los ojos y en las manos. La polaridad de éstas reside en el pulgar y es por esto por lo que siguiendo la tradición mágica conservada aun en nuestros campos cuando uno se halla en compañía sospechosa, se coloca el dedo pulgar replegado y oculto en la palma de la mano". E. Levi*

CAPÍTULO IV

Las plegarias de la magia

> La oración tiene por objeto fusionar momentáneamente
> el "yo" con el inconsciente superior, el "no yo",
> por el influjo del sentimiento idealizado sobre
> la voluntad mágicamente desarrollada.
>
> *Papus*

Vamos a tratar aquí de las plegarias que la tradición mágica ha utilizado y valorado desde hace siglos, las cuales poseen inmensas virtudes espirituales. Estas plegarias devienen de distintas fuentes.

Dentro de los textos mágicos más respetados se encuentra el "Henchiridion Leonis Papae" o el "manual del papa Leon". Fue quizás gracias a E. Levi que este texto resurge del olvido. Levi –quien ha tenido al manual en alta estima– se refiere así al mismo en su "Historia de la Magia":

"Hemos hablado del Enchiridion, esa obra minuciosa que combina los símbolos más secretos de la Cábala con las más bellas oraciones cristianas. La tradición oculta atribuye su composición a León III y afirma que este Pontífice se la obsequió a Carlomagno, como el más precioso de todos los dones. El rey que la poseyese y supiese usarla dignamente se convertiría en amo del mundo. Tal vez no haya que desechar a la ligera esta tradición".

Las llamadas "siete plegarias del Enchiridion", poseen ciertas fórmulas mágicas relacionadas a los planetas con los que están ligadas. Así, por ejemplo, la plegaria del domingo es ideal para atraer e invocar a los espíritus solares, la del lunes a los lunares, etc.

Las plegarias del Enchiridión poseen muchas aplicaciones en la magia, dentro de las cuales se encuentra la elaboración de talismanes.

Para aquellas personas que deseen adentrarse en la práctica mágica, es recomendable recitarlas diariamente, cada una según el día de la semana. Esta opinión es sostenida por Papus quien recomienda distribuir el tiempo del día y de la semana según una norma especial.

"El día del magista ha de estar consagrado a la plegaria bajo estas tres formas: la palabra, el trabajo y la meditación.

Al levantarse dirá (después de haberse purificado físicamente del modo más completo que sea posible por medio del agua), la oración del día ante el altar, y, al efecto, en lo que sigue, transcribimos las siete oraciones místicas del **Enchiridión.** *Acto seguido, ha de entregarse al trabajo que es la más útil y eficaz de las plegarias.* **Quien trabaja, ora,** *dice el escritor sagrado".*

La experiencia personal nos ha demostrado el inmenso poder de estas plegarias. Según nuestro humilde entender, la recitación diaria de las mismas preserva al mago de los ataques de fuerzas negativas e, incluso, pueden protegerlo de los trabajos de brujería que pudieran realizarle en su contra, esto es así en virtud de la fuerza mágica que poseen las "fórmulas" de cada plegaria. Sabemos también que cuando se escriben de manera correcta, en el tiempo astrológico adecuado y con elementos correspondientes a cada planeta, pueden portarse a manera de talismanes con suma eficacia.

Las oraciones misteriosas del Enchiridión

Plegaria del lunes

¡Oh!, gran Dios, por quien todas las cosas fueron libertadas, líbrame de todo mal.

¡Oh! gran Dios que has acordado tus consuelos a todos los seres, concédemelos también a mí. ¡Oh! gran Dios que socorriste y ayudaste a todas las cosas, ayúdame y socórreme en todas mis necesidades,– mis penalidades, mis trabajos, mis peligros; líbrame de toda oposición y de las emboscadas de mis enemigos, tanto visibles como invisibles, en nombre del Padre que ha creado el mundo entero + en nombre del Hijo que ha rescatado + en nombre del Espíritu Santo que ha ejecutado la ley en toda su perfección +. Me entrego en absoluto a vuestros brazos, y me pongo por completo bajo vuestra santa protección +. Así sea.

Que la bendición de Dios Padre, quien con una sola palabra hizo todas las cosas, sea siempre conmigo + Que la bendición de Nuestro Señor Jesucristo hijo del gran Dios viviente, sea siempre conmigo + Así sea.

Que la bendición del Espíritu Santo con sus siete dones, sea siempre conmigo +. Así sea.

Que la bendición de la Virgen María con su hijo, sea siempre conmigo +. Así sea.

Plegaria del martes

Que la bendición y consagración del pan y del vino que Nuestro Señor Jesucristo ha hecho cuando ofreció a sus discípulos diciéndoles: "Tomad y comed todos, éste es mi cuerpo, que será dado por vosotros en memoria mía, y para la remisión de todos los pecados" sea siempre conmigo + Que la bendición de los Santos Ángeles, Arcángeles, Virtudes, Potencias, Tronos, Dominaciones, Querubines y Serafines, sea siempre conmigo + Así sea.

Que la bendición de los Patriarcas y los Profetas, Apóstoles, Mártires, Confesores, Vírgenes y todos los Santos de Dios sean siempre conmigo + Así sea.

Que la Majestad de Dios Todopoderoso me sostenga y me prote-
ja. Que su bondad eterna me guíe. Que su caridad sin límites me
inflame. Que su divinidad suprema me conduzca. Que la potencia
del Padre me conserve. Que la sabiduría del hijo me vivifique. Que
la virtud del Espíritu Santo sea siempre entre mis enemigos y yo,
tanto los visibles como los invisibles. ¡Poder del Padre, fortifícame!
¡Sabiduría del Hijo, ilumíname! ¡Consuelo del Espíritu Santo, con-
fórtame!

El Padre es la paz. El hijo es la vida. El Espíritu Santo es el reme-
dio del consuelo y la salvación +. Así sea.

Que la divinidad de Dios me bendiga. Así sea. Que su piedad me
exalte, que su amor me conserve. ¡Oh! Jesucristo, Hijo del gran Dios
viviente, ten piedad de este pobre pecador +. Así sea.

Plegaria del miércoles

¡Oh! ¡Emmanuel!: defiéndeme contra el enemigo maligno y contra
todos mis enemigos visibles e invisibles y líbrame de todo mal.

Jesucristo ha venido con la paz, Dios hecho hombre, que pacien-
temente ha sufrido por nosotros. Que Jesucristo, Rey generoso, esté
siempre entre mis enemigos y yo, para defenderme. + Así sea.

Jesucristo triunfa +, Jesucristo reina +, Jesucristo manda +. Que
Jesucristo me libre perennemente de todos mis males. +Así sea.

Ved la cruz de Nuestro Señor Jesucristo. + Huid, pues, enemigos
ante su presencia: el león de la tribu de Judá ha triunfado. Raza de
David, Aleluya, Aleluya.

Salvador del mundo, sálvame v socórreme. Tú que me has res-
catado por tu cruz v tu preciosa sangre, socórreme, yo te lo ruego,
Dios mío, ¡oh! Agios, + ¡oh! Theos. + Agios Ischyros, Agios Athana-
tos, + Eleiso Himas, + Dios Santo, + Dios fuerte, + Dios miseri-
cordioso e inmortal, + ten piedad de mí, de esta criatura tuya (N);
sé mi sostén, Señor; no me abandones, no desoigas mis plegarias,
Dios de mi salvación, ven siempre en mi ayuda, Dios de mi sal-
vación +. Así sea.

Plegaria del jueves

Ilumina Señor mi mirada con los resplandores de la verdadera luz para que mis ojos no se cierren en un sueño eterno, por temor de que mi enemigo pueda tener ocasión de decir que he alcanzado ventajas sobre él. En tanto que el Señor esté conmigo no temeré la malignidad de mis enemigos. ¡Oh!; dulcísimo Jesús, consérvame, ayúdame, sálvame. Que al nombre de Jesús toda rodilla se doble, tanto celeste, como terrestre e infernal, y que toda lengua publique que Nuestro Señor Jesucristo goza la gloria de su Padre +. Así sea.

Yo sé, sin la menor duda, que tan pronto como invoque al Señor en cualquier día y a cualquier hora que fuese, seré salvo. Dulcísimo Señor Jesucristo, Hijo del gran Dios viviente; que has ejecutado tan grandes milagros por la sola potencia de tu precioso nombre, y que has enriquecido tan abundantemente a los menesterosos, puesto que por su fuerza los demonios huían, los ciegos vieron, los sordos oyeron, los cojos anduvieron y los mudos hablaron, los leprosos se vieron limpios, los enfermos curados y los muertos resucitados; porque tan pronto como se pronunciaba solamente el dulce nombre de Jesús, el oído sentíase encantado y la boca llena de cuánto hay de más agradable. A una sola pronunciación, digo, los demonios emprendían la huída, toda rodilla se doblaba, todas las tentaciones, aun las de peor clase, eran desarraigadas, todas las enfermedades curadas, todas las disputas y batallas entre el mundo, la carne y el diablo, quedaban extinguidas y sentíase el ser lleno de todos los bienes celestiales, porque cualquiera que invocara o invocare el Santo nombre de Dios era y será salvo, este Santo nombre pronunciado por el ángel aun antes que fuese concebido en el seno de la Virgen +. Así sea.

Plegaria del viernes

¡Oh dulce nombre!, nombre que conforta el corazón al hombre, nombre de vida, de salvación, de alegría, nombre precioso, radiante, glorioso y agradable, nombre que conforta al pecador, nombre que

salva, guía, conserva y gobierna a todo; que te plazca, pues, precioso Jesús, por la propia fuerza de ti mismo, Jesús, alejar de mí al demonio.

Ilumíname, Señor, que ciego me encuentro, disipa mi sordera, déjame el uso de mis miembros porque me encuentro cojo, devuélveme la palabra ya que estoy mudo, cura mi lepra, devuélveme la salud, porque estoy enfermo, y resucítame, porque yo estoy muerto; envuélveme y rodéame por todas partes, tanto por fuera como por dentro, a fin de que estando provisto y fortificado con ese santo nombre viva siempre en ti, alabándote y honrándote, porque todo a ti se debe, porque tú eres lo más digno de gloria, el Señor y el Hijo eterno de Dios por quien todas las cosas se sienten llenas de júbilo y por Él son gobernadas. Loor, honor y gloria te sean dados siempre por los siglos de los siglos +. Así sea.

Que Jesús esté siempre en mi corazón y mis entrañas +. Así sea.

Que Nuestro Señor Jesucristo esté siempre dentro de mí. Que me restablezca y que esté en torno mío; que me conserve y que esté ante mí; que me guíe y que esté detrás de mí a fin de guardarme. Que esté por encima para que me bendiga. Que resida en mi interior, a fin de que me vivifique. Que esté junto a mí para que me gobierne. Que esté por encima de mí para que me fortalezca. Que esté siempre conmigo con objeto de que me libre de todas las penas de la muerte eterna, El que vive y reina en los siglos dé los siglos +. Así sea.

Plegaria del sábado

Jesús, hijo de María, Salvación del mundo, que el Señor me sea favorable, dulce y propicio, y que me conceda una inteligencia santa y la voluntad para tributarle el honor y el respeto que le son debidos a Él que es libertador del mundo. Nadie pudo poner sobre Él la mano, porque su hora aún no había llegado; es el que es, que era y que será siempre, ha sido Dios y hombre, comienzo y fin. Que esta oración que formulo, me preserve eternamente de los ataques de mis enemigos +. Así sea.

Jesús de Nazaret, rey de los judíos, título honorable. Hijo de la Virgen María, tened piedad de mí, pobre pecador y guíame según tu dulzura por la vía de la salvación eterna +. Así sea.

Jesús, sabedor de todo cuanto había de sucederle, adelantó y les dilo: ¿Qué buscáis? Respondiéronle: –A Jesús de Nazaret. Jesús repuso. –Yo soy.– Judas que debía entregarle, entre ellos estaba, y tan pronto como Él les dijo quien era, cayeron a tierra como derribados. Jesús les preguntó de nuevo: –¿Qué buscáis? – Y otra vez le respondieron –A Jesús de Nazareth – Jesús contestó: –Ya os he dicho que Yo soy. Si és a mí a quien buscáis, dejad ir en paz a aquéllos (refiriéndose a sus discípulos). La lanza, la cruz + las espinas, la muerte porque he pasado, prueba que borré y he expiado los crímenes de los miserables. Presérvame, Señor Jesucristo, de todas las llagas de pobreza y de las emboscadas de mis enemigos; que las cinco llagas de Nuestro Señor me sirvan continuamente de remedio. Jesús es la vía + Jesús es la vida + Jesús es la verdad, Jesús ha padecido + Jesús fue crucificado + Jesús Hijo de Dios vivo, tened piedad de mí + Mas Jesús fue pasando por medio de ellos y nadie se atrevió a poner sobre Él su mano homicida porque la hora aún no había llegado +. Así sea.

Plegaria del domingo

Líbrame, Señor, te lo ruego, –como criatura tuya que soy, N..., de todos los males pasados, presentes y futuros, tanto del alma como del cuerpo; dame por tu bondad la paz y la salud, y sedme propicio a mí que soy hechura tuya, por la intercesión de la bienaventurada Virgen María y de los apóstoles San Pedro, San Pablo, San Andrés y todos los Santos. Concede la paz a tu criatura y la salud durante mi vida, a fin de que estando asistido por la ayuda de tu misericordia, jamás pueda ser esclavo del pecado ni abrigar el temor de ningún desfallecimiento, por el propio Jesucristo, tu hijo, Nuestro Señor, que siendo Dios vive y reina en la unidad del Espíritu Santo por los siglos de los siglos. Así sea.

Que esa paz celeste, Señor que has concedido a tus discípulos, resida siempre firme en mi razón y sea siempre conmigo y mis enemigos, tanto visibles como invisibles +. Así sea.

Que la paz del Señor, su cara, su cuerpo y su sangre me ayude, consuele y proteja a mí que soy hechura tuya N... tanto de alma como de cuerpo +. Así sea.

Cordero de Dios que te has dignado nacer saliendo de las entrañas de la Virgen María; que estando en la cruz lavaste al mundo de pecados, ten piedad de mi alma y de mi cuerpo, Cristo, Cordero de Dios inmolado para la salvación del mundo, ten piedad de mi alma y de mi cuerpo; Cordero de Dios por el cual son salvos todos los fieles, dame tu paz que ha de perdurar siempre en esta vida y en la otra +. Así sea.

El día Domingo es para la magia cristiana el día dedicado a Dios y a las obras espirituales. Profundizaremos en esto en el capítulo VIII al hablar del día domingo y sus virtudes mágicas.

Plegarias de los cuatro elementos

Las plegarias de los elementos pertenecen al depósito de oraciones más clásicas de la magia moderna. La primera referencia a las mismas nos ha llegado (más allá de que están íntegramente impresas en el Dogma y Ritual de E. Levi) de la mano del texto de "Montfaucon de Villars" llamado "Conversaciones con el conde de Gabalís sobre ciencias ocultas", (escrito y editado en el siglo XVII) en el cual se encuentra una de ellas, la "plegaria de las Salamandras". En este libro, se expresa de algún modo la doctrina hermética sobre los elementales ya enseñada entre otros por Paracelso en su "tratado sobre las ninfas, silfos, pigmeos, salamandras y otros seres", según la cual, los elementales buscan unirse al hombre para adquirir la gracia de la resurrección.

El texto de Montfaucon de Villars desarrolla a manera de pequeña novela y en tono de sátira enseñanzas tradicionales del hermetismo sobre los elementales y su relación con los humanos[52].

---

52 No queriendo horrorizar a ningún lector, comentamos que –según lo cree la tradición popular– haber revelado estos misterios le valió a Villars la muerte. Esta idea es defendida por el mismo E. Levi en su *Historia de la magia*.

Las plegarias de los elementos suelen ser incluidas en el comienzo de muchas operaciones mágicas ya que las mismas atraen a los espíritus benéficos de cada reino.

Estas oraciones son verdaderas obras del arte mágico, llenas de poesía y simbolismo. Las mismas son atribuidas a los mismos espíritus elementales ya que, en ellas, estos se dirigen a Dios según la percepción que cada reino posee de él dependiendo del elemento en el que habitan. Así es como los Silfos se refieren a la Divinidad como aquel que es el "hálito imperecedero de la vida, suspiro creador", y las ondinas lo hacen refiriéndose a él como aquel que es un "océano de perfecciones infinitas".

Según la magia, los elementales más elevados son aquellos que se han ligado al hombre y reconocen a la Divinidad. Cuando recitamos estas plegarias –podemos considerar– que estos elementales las recitan con nosotros.

Estas oraciones se aplican asimismo a modo de "purificación de los elementos".

Las plegarias antedichas conforman una parte del ritual denominado "La conjura de los cuatro"[53] ya que estas sirven para "exorcizar el fuego, el agua, el aire y la tierra". Esta conjura suele aplicarse como apertura de los rituales mágicos que requieren una cierta protección ya que su fin es el de ordenar el equilibrio de los cuatro elementos, no ya solamente en el operador, como ocurre en el trazado de la Cruz mágico/cabalística, sino también en el ámbito o local en que se opera.

La conjuración de los cuatro, descripta por E. Levi, para ser realizada de manera correcta, debe ser efectuada por quien posea las cuatro herramientas mágicas por medio de las cuales se domina a los elementos y que son asimismo el signo de la iniciación mágica, estas son: La vara, la copa, la espada y el sello.

---

53   Ver capítulo XI.

Plegaria de las salamandras

Inmortal, eterno, inefable e increado, padre de todas las cosas, que te haces llevar en el rodante carro de los mundos giratorios. Dominador de las inmensidades etéreas, en donde está elevado el trono de tu omnipotencia, desde cuya altura tus temidos ojos lo descubren todo, y que con tus bellos y santos oídos todo lo escuchas, ¡exalta a tus hijos a los cuales amas desde el nacimiento de los siglos! Porque tu adorada, excelsa y eterna majestad resplandece por encima del mundo y del cielo, de las estrellas; porque estás elevado sobre ellas. ¡Oh fuego rutilante! porque tú te iluminas a ti mismo con tu propio esplendor; porque salen de tu esencia arroyos inagotables de luz, que nutren tu espíritu infinito, ese espíritu infinito que también nutre todas las cosas y forma ese inagotable tesoro de sustancia siempre pronta para la generación que la trabaja y que se apropia las formas de que tú la has impregnado desde el principio. En ese espíritu tienen también su origen esos santísimos reyes que están alrededor de tu trono y que componen tu corte. ¡Oh, Padre universal! ¡Oh, único! ¡Oh, Padre de los bienaventurados mortales e inmortales!

Tú has creado en particular potencias que son maravillosamente semejantes a tu eterno pensamiento y a tu esencia adorable; tú las has establecido superiores a los ángeles que anuncian al mundo tus voluntades, y que, por último, nos has creado en tercer rango en nuestro imperio elemental. En él, nuestro continuo ejercicio es el de alabarte y adorar tus deseos, y en él también ardemos por poseerte. ¡Oh, Padre, oh, Madre, la más tierna de las madres! ¡Oh, arquetipo admirable de la maternidad y del puro amor! ¡Oh, hijo, la flor de los hijos! ¡Oh, forma de todas las formas! ¡Oh, alma, espíritu, armonía y número de todas las cosas. —Amén.

Plegaria de las Ondinas

Rey terrible del mar, vos que tenéis las llaves de las cataratas del cielo y que encerráis las aguas subterráneas en las cavernas de la tierra; rey del diluvio y de las lluvias de primavera, vos que abrís los manantiales de los ríos y de las fuentes; vos que mandáis a la humedad, que es como la sangre de la tierra, convertirse en savia de las plantas, ¡os adoramos y os invocamos! A nosotros, vuestras miserables y móviles criaturas, habladnos en las grandes conmociones del mar y temblaremos ante vos; habladnos también en el murmullo de las aguas límpidas, y desearemos vuestro amor; ¡Oh inmensidad a la cual van a perderse todos los ríos del ser, que renacen siempre en vos! ¡Oh océano de perfecciones infinitas! ¡Altura desde la cual os miráis en la profundidad, profundidad que exhaláis en la altura, conducidnos a la verdadera vida por la inteligencia y por el amor! ¡Conducidnos a la inmortalidad por el sacrificio, a fin de que nos encontremos dignos de ofreceros algún día el agua, la sangre y las lágrimas, por la remisión de los errores. –Amén.

Plegaria de los Silfos

Espíritu de luz, espíritu de sabiduría, cuyo hálito da y devuelve la forma de todo objeto; tú, ante quien la vida de los seres es una sombra que cambia y un vapor que se disuelve; tú que subes sobre las nubes y que marchas con las alas de los vientos; tú que respiras y los espacios sin fin pueblas; tú que aspiras, y todo lo que procede de ti a ti retorna; movimiento sin fin, en la estabilidad eterna, seas eternamente bendito. Nosotros te alabamos y nosotros te bendecimos en el empírico ambiente de la luz creada, de las sombras, de los reflejos y de las imágenes y aspiramos sin cesar tu inmutable e imperecedera claridad. Deja penetrar hasta nosotros el rayo de tu inteligencia y el calor de tu amor; entonces, lo que es móvil se verá fijado, la sombra será un cuerpo, el espíritu del aire será un alma, el sueño será un pensamiento. Nosotros nos veremos llevados por la tempestad, pero tendremos las bridas de los alados caballos matutinos y dirigiremos la corriente de los vientos vespertinos para volar ante ti, ¡Oh, espíritu de los espíritus! ¡Oh, alma eterna de las almas! ¡Oh, hálito imperecedero de la vida, suspiro creador, boca que aspira las existencias de todos los seres, en el flujo y reflujo de vuestra eterna palabra que es el océano divino del movimiento y de la verdad!... – Amén.

Plegaria de los Gnomos

Rey invisible, que habéis tomado la tierra por apoyo y que habéis socavado los abismos para llenarlos con vuestras omnipotencia; vos, cuyo nombre hace temblar las bóvedas del mundo; vos que hacéis correr los siete metales en las venas de la piedra; monarca de siete luces; remunerador de los obreros subterráneos, ¡llevadnos al aire anhelado y al reino de la claridad! Velamos y trabajamos sin descanso, buscamos y esperamos, las doce piedras de la ciudad santa, por los talismanes que están en ellas escondidos, por el clavo de imán que atraviesa el centro del mundo.

Señor, Señor, Señor, tened piedad de aquellos que sufren, ensanchad nuestros pechos, despejad y elevad nuestras cabezas, agrandadnos, ¡oh, estabilidad y movimiento. ¡Oh, día envoltura de la noche! ¡Oh, oscuridad velada de luz! ¡Oh, maestro que no detenéis jamás el salario de vuestros trabajadores! ¡Oh, blancura argentina, esplendor dorado! ¡Oh, corona de diamantes vivientes y melodiosos! ¡Vos que lleváis al cielo en vuestro dedo, cual si fuera un anillo de zafiro, vos que ocultáis bajo la tierra en el reino de las pedrerías la maravillosa simiente de las estrellas! ¡Venid, reinad y sed el eterno dispensador de riquezas, de que nos habéis hecho guardianes! –Amén.

Los salmos y su aplicación en la magia[54]

Dentro de las plegarias más utilizadas en la magia y de mayor poder se encuentran los Salmos de David, los cuales han sido tenidos en la más alta estima por los magos antiguos. Sus virtudes mágicas han sido corroboradas por la experiencia de siglos.

Las plegarias del "Salterio" se utilizan en la magia para muchas y diversas obras mágicas. Determinados versículos se usan como "fórmulas" para la elaboración de talismanes; asimismo, partes de los Salmos se encuentran en las plegarias de ciertas consagra-

---

54   Todos los salmos aquí presentes se toman de la Biblia de Jerusalén.

ciones. Los Salmos, se recitan también para solicitar bendición sobre objetos, personas u obra, así como para alejar a las entidades negativas. El Salmo 68 de las actuales Biblias posee esta última cualidad más que los otros. Según la opinión de Agrippa, (quien en esto se remite a San Atanasio) la pronunciación de sus primeros versículos de este salmo aleja a los espíritus de oscuridad:

"Atanasio, en el libro de Cuestiones Diversas, dice que no hay palabra más terrible ni más destructora del poder de los demonios que el comienzo del Salmo LXVII : "Aparezca Dios y desaparezcan sus enemigos". Tan pronto se recita este versículo, el diablo se desvanece entre gemidos y desaparece".

Los siguientes son los versículos del salmo 68 (67) al que C. Agrippa se refiere:

"¡Álcese Dios, sus enemigos se dispersen, huyan ante su faz los que le odian!
Cual se disipa el humo, los disipas; como la cera se derrite al fuego, perecen los impíos ante Dios".

Existe un modo ritual de recitar este Salmo, con el fin de preservarse de los ataques de entidades o energías negativas. El modo de realizarlo es el siguiente:

Colocándose de pie, mirando al Este: Se recitan los versículos antedichos mientras se traza sobre uno el signo de la cruz. Esto se realiza simultáneamente mirando hacia cada punto cardinal, girando en sentido anti horario, Este, Norte, Oeste, Sur.

La práctica nos ha enseñado el inmenso poder purificador que posee este Salmo, cuando va acompañado de la quema de incienso o perfumes consagrados, en especial cuando se desea purificar un lugar.

Los Salmos de David se utilizan en la magia para "conjurar". En términos mágicos, tal como lo expresa E. Levi, realizar un conjuro es *"oponer a un espíritu aislado la resistencia de una corriente y de una cadena".* Por medio de ciertos Salmos, como el 91 (según la numeración de las Biblias actuales) se puede ligar y obligar a ciertas fuerzas a que obedezcan a la voluntad del operador. Este tipo de conjuro es muy eficaz cuando se realiza gracias a la virtud de los Salmos ya que estos están ligados a una cadena mágica muy poderosa y a un "círculo" también poderoso ya que estos Salmos se han utilizado durante siglos, lo que hace que su poder sea amplificado, ya que quienes han operado en el pasado con ellos los han "cargado de poder", un poder que no se pierde, en la medida que sigan siendo utilizados por los magos actuales.

Dentro de los Salmos utilizados para conjurar, es quizás el 91 el más eficaz. Así lo define C. Agrippa:

"Ha de saberse también que estas ligaduras sirven no sólo para ligar y contener a los espíritus, sino también para todas las criaturas, como por ejemplo: tempestades, incendios, diluvios, pestes, enfermedades, fuer-zas de armas y toda clase de animales, tomándolas a modo de conjuro; como en el conjuro de las .serpientes, además de las cosas naturales y celestes, se invoca a los misterios de la religión sobre la maldición de la serpiente en el paraíso terrenal, la elevación de la serpiente en el desierto, empleando asimismo este versículo del Salmo 91 (90): **pisarás sobre el león y la víbora, hollarás al leoncillo y al dragón***".*

Como ocurre con todas las plegarias, la recitación de los Salmos adquiere mayor fuerza mágica cuando estos son recitados en voz alta y audible.

Si se siente la necesidad de protección, se puede recitar el Salmo 91 completo. La mejor manera de hacerlo es colocando una vela blanca encendida, mirar al Este y persignarse al comenzar y al culminar.

Salmo 91. (90)

1   *El que mora en el secreto de Elyón y pasa la noche a la sombra de Sadday,*
2   *diciendo a Yahveh: « ¡Mi refugio y fortaleza, mi Dios, en quien confío!»*

3   Que él te libra de la red del cazador, de la peste funesta;
4   con sus plumas te cubre, y bajo sus alas tienes un refugio: escudo y armadura es su verdad.
5   No temerás el terror de la noche, ni la saeta que de día vuela,
6   ni la peste que avanza en las tinieblas, ni el azote que devasta a mediodía.
7   Aunque a tu lado caigan mil y diez mil a tu diestra, a ti no ha de alcanzarte.
8   Basta con que mires con tus ojos, verás el galardón de los impíos,
9   tú que dices: «¡Mi refugio es Yahveh!», y tomas a Elyón por defensa.
10 No ha de alcanzarte el mal, ni la plaga se acercará a tu tienda;
11 que él dará orden sobre ti a sus ángeles de guardarte en todos tus caminos.
12 Te llevarán ellos en sus manos, para que en piedra no tropiece tu pie;
13 pisarás sobre el león y la víbora, hollarás al leoncillo y al dragón.
14 Pues él se abraza a mí, yo he de librarle; le exaltaré, pues conoce mi nombre.
15 Me llamará y le responderé; estaré a su lado en la desgracia, le libraré y le glorificaré.
16 Hartura le daré de largos días, y haré que vea mi salvación.

En el *Tratado elemental de magia práctica*, Papus recopila ciertos y determinados textos de la magia tradicional dentro de los cuales los Salmos son profusamente aplicados en las obras mágicas. Así es que recomienda y considera que quien desee realizar la "gran obra de la magia", la "invocación magna" de la que hablaremos luego, debe prepararse de diversas maneras dentro de las cuales se encuentra la lectura de "todos los Salmos de David" *porque contienen grandes virtudes y gracias.*

En el mismo texto, podemos notar cómo se aplican los Salmos en la preparación ritual que el mago realiza a fin de predisponerse para la realización de la invocación antedicha.

En el periodo de las preparaciones, es indispensable tomar un baño todas las mañanas.

Se consagrara el agua antes de meterse en ella y algunos rituales señalan los Salmos que han de recitarse estando dentro.

Los Salmos poseen una gran virtud purificadora y protectora, razón por la cual se los aplica cuando se realizan baños rituales a fin de purificarse y protegerse. Dice Papus:

En el periodo de las preparaciones, es indispensable tomar un baño todas las mañanas.

Se consagrara el agua antes de meterse en ella y algunos rituales señalan los Salmos que han de recitarse estando dentro. Se indican los siguientes:

Al sumergirse en el agua: Salmos 26,13, 38, 68, 105.

Al rociarse con el líquido: Salmo 50.

Al salir del baño: 23.

Salmo 23 (22)

1 *Yahveh es mi pastor, nada me falta.*
2 *Por prados de fresca hierba me apacienta. Hacia las aguas de reposo me conduce,*
3 *y conforta mi alma; me guía por senderos de justicia, en gracia de su nombre.*
4 *Aunque pase por valle tenebroso, ningún mal temeré, porque tú vas conmigo; tu vara y tu cayado, ellos me sosiegan.*
5 *Tú preparas ante mí una mesa frente a mis adversarios; unges con óleo mi cabeza, rebosante está mi copa.*
6 *Sí, dicha y gracia me acompañarán todos los días de mi vida; mi morada será la casa de Yahveh a lo largo de los días.*

Recomendaremos siguiendo estas enseñanzas la utilización ritual de los Salmos para realizar baños de purificación, por medio de los cuales poder liberarnos de la acumulación de energías negativas.

Baños rituales de purificación

Por la mañana o antes de acostarse, se debe diluir en un jarro de agua dos cucharadas grandes de sal marina o un poco de vinagre de vino diluido en agua. Con esta agua se realizará un baño, pasándosela por todo el cuerpo desde la cabeza a los pies. Luego de esto, bañarse como se lo hace comúnmente. Este baño puede realizarse una semana seguida o dos o tres días en la semana, tratando de no realizarlo más de una semana al mes ya que el exceso de purificación, debilita la energía vital.

Al realizar el baño o antes del mismo, recomiendo recitar en voz audible los Salmos 26 (25) o 51 (50).

Al terminar el baño, ya vestido, recitar de igual manera el Salmo 23. (22)

Salmo 26 (25)

1   *Hazme justicia, Yahveh, pues yo camino en mi entereza, me apoyo en Yahveh y no vacilo.*

2   *Escrútame, Yahveh, ponme a prueba, pasa al crisol mi conciencia y mi corazón;*

3   *está tu amor delante de mis ojos, y en tu verdad camino.*

4   *No voy a sentarme con los falsos, no ando con hipócritas;*

5   *odio la asamblea de malhechores, y al lado de los impíos no me siento.*

6   *Mis manos lavo en la inocencia y ando en torno a tu altar, Yahveh,*

7   *haciendo resonar la acción de gracias, todas tus maravillas pregonando;*

8   *amo, Yahveh, la belleza de tu Casa, el lugar de asiento de tu gloria.*

9   *No juntes mi alma con los pecadores, ni mi vida con los hombres sanguinarios,*

10   *que tienen en sus manos la infamia, y su diestra repleta de soborno.*

11   *Yo, en cambio, camino en mi entereza; rescátame, ten piedad de mí;*

12   mi pie está firme en suelo llano; a ti, Yahveh, bendeciré en las
     asambleas.

Salmo 51 (50)

1   Tenme piedad, oh Dios, según tu amor, por tu inmensa
     ternura borra mi delito,
2   lávame a fondo de mi culpa, y de mi pecado purifícame.
3   Pues mi delito yo lo reconozco, mi pecado sin cesar está
     ante mí;
4   contra ti, contra ti solo he pecado, lo malo a tus ojos
     cometí. Por que aparezca tu justicia cuando hablas y tu
     victoria cuando juzgas.

5   Mira que en culpa ya nací, pecador me concibió mi madre.
6   Mas tú amas la verdad en lo íntimo del ser, y en lo secre-
     to me enseñas la sabiduría.
7   Rocíame con el hisopo, y seré limpio, lávame, y quedaré
     más blanco que la nieve.
8   Devuélveme el son del gozo y la alegría, exulten los hue-
     sos que machacaste tú.
9   Retira tu faz de mis pecados, borra todas mis culpas.
10   Crea en mí, oh Dios, un puro corazón, un espíritu firme
     dentro de mí renueva;

11   no me rechaces lejos de tu rostro, no retires de mí tu santo
     espíritu.
12   Vuélveme la alegría de tu salvación, y en espíritu gene-
     roso afiánzame;
13   enseñaré a los rebeldes tus caminos, y los pecadores volve-
     rán a ti.
14   Líbrame de la sangre, Dios, Dios de mi salvación, y
     aclamará mi lengua tu justicia;
15   abre, Señor, mis labios, y publicará mi boca tu alabanza.
16   Pues no te agrada el sacrificio, si ofrezco un holocausto
     no lo aceptas.

17   El sacrificio a Dios es un espíritu contrito; un corazón contrito y humillado, oh Dios, no lo desprecias.

18   ¡Favorece a Sión en tu benevolencia, reconstruye las murallas de Jerusalén!

19   Entonces te agradarán los sacrificios justos, – holocausto y oblación entera– se ofrecerán entonces sobre tu altar novillos.

Por otro lado, existen los llamados Salmos penitenciales. Estos Salmos son siete y se encuentran también vinculados con los siete planetas clásicos y sus virtudes mágicas. Los Salmos penitenciales se aplican, entre otras obras, en las consagraciones de templos y altares. Los salmos penitenciales son los siguientes:

Salmo 6. *Domine, ne in furore*. El cual comienza diciendo: *Yahveh, no me corrijas en tu cólera…*

Salmo 32. (31). *Beati quórum*. Cuyo inicio es: *¡Dichoso el que es perdonado de su culpa…!*

Salmo 38. (37). *Domine, ne in furore*. Que comienza diciendo: *Yahveh, no me corrijas en tu enojo…*

Salmo 51. (50). *Miserere*. Que inicia diciendo: *Tenme piedad, oh Dios…*[55]

Salmo 102. (101). *Domine, exaudi*. El cual comienza con la frase: *Yahveh, escucha mi oración…*

Salmo 130. (129). *De profundis*, que inicia diciendo: *Desde lo más profundo grito a ti, Yahveh…*

Salmo 143. (142). *Domine, exaudi*. El cual comienza diciendo: *Yahveh, escucha mi oración…*

Existe también una relación de los Salmos de David con el poder de los números. C. Agrippa se hace eco de la opinión tradicional de que existe en los números una fuerza divina. Asimismo –tal como aquí lo desarrolla– considera que los Salmos poseen una virtud espiritual ligada a su numeración. La tra-

---

55   Este Salmo se encuentra completo más arriba.

dición judía atribuyó a los Salmos ciertos números los cuales fueron modificados en la traducción bíblica llamada "de los setenta", la famosa Biblia Septuaginta, razón por la cual los Salmos llevan en nuestras Biblias actuales dos numeraciones. Al respecto dice C. Agrippa:

> *"No sólo los filósofos más famosos sino también los doctores católicos, entre otros Jerónimo, Agustín, Orígenes, Ambrosio, Gregorio Nascianceno, Anastasio, Basilio, Hilario, Rábano, Beda y muchos otros, aseguran que existe una Virtud admirable y eficaz, oculta en los Números; por ello, Hilario, en sus Comentarios sobre los Salmos, dice que los Setenta pusieron los Salmos en orden a través de la eficacia de los números. Rábano, doctor ilustre, compuso también un libro de las virtudes de los números".*

Los salmos poseen una relación mágica entre su contenido y numeración. Este criterio es muy utilizado en la magia ya que a cada obra se le adjudica un número el cual es vinculado –en este caso– con un salmo. Así es que si deseamos, por ejemplo trabajar en una obra de Saturno, del cual uno de sus números es el 3, podemos hacerlo incluyendo en el ritual a realizar, aquellos salmos cuyo número sea múltiplo de tres y su contenido sea afín a nuestra obra mágica.

El "salterio", el libro de los salmos, ha sido asimismo uno de los libros de la biblia más aplicados en la antigüedad para conocer la voluntad de Dios por medio de las "suertes sagradas". Estamos hablando aquí de la "bibliomancia", muy utilizada en diversos pasajes de la misma escritura. Al referirse a esta práctica, C. Agrippa la enmarca dentro de la tradición judeocristiana en especial por medio de la utilización de los Salmos de David diciendo que *entre los hebreos y entre nuestros cristianos, y con el asentimiento de algunos teólogos se tiran las suertes con los versículos de los Salmos.* Es sabido, y la experiencia ampliamente nos lo ha demostrado, que abriendo este libro luego de una plegaria por medio de la cual pedir inspiración, seguro se encuentra un consejo y una guía clara para nuestras obras[56].

Los Salmos han atravesado los siglos estando siempre en la boca de los magos y los maestros del hermetismo. Maestros antiguos (como ya hemos visto) han atribuido a estos poderes maravillosos. Entre muchos otros maestros de la tradición hermética, Louis Claude de Saint Martin –el filósofo desconocido– los tenía en alta estima, razón por la cual los cita innumerables veces en sus textos, haciendo propias sus expresiones como cuando dice en "El hombre nuevo": *"esperaré sin inquietud y lleno de fe como David (Salmo 45: 4) a **que Tú, que eres el todopoderoso, te ciñas la espada al muslo y te des a conocer por tu gloria y tu majestad"**.*

---

56   (N.de E.) Para profundizar sobre estas cuestiones recomendamos la lectura del libro del autor *Tarot, el oráculo de los magos* y su versión ampliada *Tarot Marsellés*, la cual cuenta con un mazo de tarot diseñado por el mismo autor según la tradición del hermetismo.

CAPÍTULO V

El espacio sagrado

No te acerques aquí –dice el Señor a Moisés–, quítate el calzado de
tus pies; pues el lugar donde te encuentras es una tierra santa.
(Éxodo III, 5).

El espacio sagrado

En el libro del Génesis, Jacob se despierta de un sueño en el cual
"ha peleado con Dios mismo". Al despertar se siente maravillado y
conmovido por la fuerza espiritual del lugar donde se encuentra:

*"Despertó Jacob de su sueño y dijo: «¡Así pues, está Yahveh en este
lugar y yo no lo sabía!»*
*Y asustado dijo: «¡Qué temible es este lugar! ¡Esto no es otra cosa
sino la casa de Dios y la puerta del cielo!»*
*Levantose Jacob de madrugada, y tomando la piedra que se había
puesto por cabezal, la erigió como estela y derramó aceite sobre ella".*
(Génesis 28: 16 a 18)

Luego de esto, Jacob toma la piedra que había utilizado como
almohada, y derramando aceite sobre ella determina la santidad
de ese lugar llamándolo "Betel" que significa: Casa de Dios. Este

lugar es denominado por Jacob como "temible" ya que este es sagrado, está cargado de una cierta presencia espiritual que lo hace diferente al lugar profano.

La diferencia entre un espacio sagrado y uno profano radica en el tipo de energía que cada uno de estos posee. La energía y la virtud espiritual de un ámbito sagrado o consagrado, hace de este un lugar diferente a aquellos que habitamos habitualmente.

El espacio sagrado es un espacio delimitado, así como el tiempo sagrado es un espacio distinto al profano, en el cual los acontecimientos que ocurren en él poseen una "carga" especial. El antropólogo de lo sagrado Mircea Eliade comenta a este respecto:

*"Para el hombre religioso **el espacio no es homogéneo;** presenta roturas, escisiones: hay porciones de espacio cualitativamente diferente de las otras: <no te acerques aquí –dice el Señor a Moisés– quítate el calzado de tus pies; pues el lugar donde te encuentras es una tierra santa" (Éxodo III, 5).*

*Hay, pues, un espacio sagrado y, por consiguiente, "fuerte", significativo, y hay otros espacios no consagrados y, por consiguiente sin estructura ni consistencia; en una palabra: amorfos. Más aún: para el hombre religioso esta ausencia de homogeneidad espacial se traduce en la experiencia de una oposición entre el espacio sagrado, el único que es **real, que existe realmente,** y todo el resto, la extensión informe que le rodea"*[57].

Este concepto del templo como el espacio delimitado queda expresado claramente la palabra latina *templum* la que significa "cortar" y "demarcar".

Es también importante entender la relación del templo con el misterio de la "contemplación". Ramón Arola en su libro "simbolismo del templo" indica que los antiguos sacerdotes romanos o "augures" practicaban el arte de los augurios. Esta mancia implicaba la "contemplación" del cielo y la lectura e interpretación del vuelo de los pájaros a modo de presagio. Para esto, el augur delimi-

---

57   Lo resaltado es de M. Eliade.

taba el cielo en porciones interpretando el vuelo de las aves sobre ellas. En este sentido "templo" es: el espacio donde se contempla.

Lo actos que se realizan en los lugares sagrados o consagrados son espiritualmente más poderosos que aquellos que se realizan en sitios profanos ya que en los primeros, los espíritus que los habitan son más altos que los de los segundos. Esta es, entre otras, la función de la consagración de los templos: el delimitar un espacio y dedicarlo a los espíritus de luz para que en él se manifiesten. En las iglesias y templos del cristianismo, estos están de manera general dedicados a la Divinidad, y en lo particular a algún determinado ser de Luz, como un ángel o un santo. En el templo que le está dedicado, cada espíritu se manifiesta de un modo más eficaz que otro cualquiera. Esto es lo que ha movido a los creyentes de todas las épocas a peregrinar a los santuarios, a fin de recibir de los espíritus a los que están consagrados su bendición. En el caso de los lugares "santos", estos están consagrados por la presencia de la misma Divinidad, que habiéndolos elegido para sí, los santifica.

El modelo arquetípico del espacio construido por el hombre y dedicado a Dios para que este lo habite es el "templo de Salomón", el mismo es el ejemplo occidental del lugar de culto por excelencia.

El templo salomónico es el modelo arquetípico de todo templo cristiano, asimismo lo es también de los masónicos. Veamos aquí una representación del mismo:

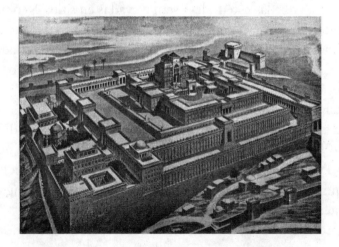

Un templo es un espacio donde se encuentran lo terrestre y lo celeste, lo divino con lo humano, por medio del culto. El templo es, tanto en la tradición judía como en la cristiana, el lugar consagrado al sacrificio ritual.

Para comprender en profundidad la función espiritual de un templo podemos remitirnos a la tradición de los constructores de catedrales medievales.

Papus considera a las catedrales antiguas como "talismanes sociales". El fin de las mismas es proteger a las personas que allí se encuentran a fin de trabajar su espiritualidad, preservándolas de las influencias nocivas. Asimismo, las catedrales antiguas son espacios "generadores de devoción". En las catedrales antiguas, nada es improvisado, todo está dirigido a elevar el tono vibracional de quienes están en ellas. Esta es la razón por la que quienes las han realizado, eran iniciados en la ciencia mágica y alquímica. Las catedrales, han sido construidas bajo estrictas condiciones que hacen que estas sean verdaderas joyas energéticas. Entre las cuestiones a tener en cuenta en la construcción de las mismas podemos ponderar:

La energía del lugar donde han sido elevadas

Es sabido que las catedrales están elevadas en sitios "geobiológicamente" positivos. Esto quiere decir que están instaladas en puntos donde la tierra es terapéutica. Estos lugares suelen ser aquellos donde la tierra puede también absorber mayor cantidad de energía negativa, liberando de la misma a las personas.

Muchas catedrales han sido colocadas cerca de ciertas "fuentes de agua", las cuales poseen virtudes curativas. Esto debe ser tenido en cuenta en especial en las catedrales góticas dedicadas a las llamadas "vírgenes negras" ligadas a la tradición de la alquimia cristiana, las cuales, todas, se encuentran ligadas a "fuentes milagrosas".

La presencia de laberintos circulares, representados en el suelo de muchos templos cristianos de Europa, puede tener la función de indicar estos lugares y dirigir esta energía. El laberinto como "símbolo del centro" es similar al de la "espiral". Recordemos en torno a esto, que para la magia y para el pensamiento tradicional, **todo templo es el centro del mundo.** Asimismo, si el corazón es el centro de la vida humana individual, el templo es el corazón de la vida colectiva.

Los materiales con que han sido construidas

Los materiales nobles poseen una carga vibracional más alta que aquellos que podemos considerar innobles, este es el caso de la piedra, la cual, al ser trabajada de determinada manera, adquiere una virtud energética muy alta. En este sentido, una catedral puede ser comparada a una piedra en bruto que ha sido tallada de manera especial, con el fin de elevar su vibración. Esto está vinculado con el simbolismo propio del misterio de la construcción en el cual la piedra juega un papel primordial.

Las medidas

Las catedrales elaboradas por los antiguos constructores han sido levantadas respetando el número de oro, el cual es la medida sagrada, la divina proporción.

Recordemos que el templo de Salomón posee medidas muy específicas ya que, según la escritura, Dios ha creado todo con número, peso y medida. Debemos notar en las catedrales góticas, la presencia permanente de la estrella de cinco puntas, signo y símbolo de esta divina proporción. La perfección que un templo obtiene cuando está elaborado según las proporciones áuricas llevó a hacer decir al matemático Luca Pacioli (1445-1517) que *"los oficios divinos tienen poco valor si la iglesia no ha sido construida con la debida proporción"*.

Los símbolos e imágenes que poseen

Los símbolos y las imágenes de las catedrales eran realizadas por maestros imagineros, los cuales poseían, no solo el sentido simbólico de aquello que representaban, sino también, el "don", el poder de "imantar con cierta cantidad de vida a estas imágenes". Las imágenes de las catedrales antiguas pueden de algún modo ser consideradas "vivas". Esto mismo ocurre con los "íconos" en la tradición del cristianismo oriental así como con las vírgenes negras ya citadas, las cuales eran realizadas solo bajo estrictas condiciones de materiales, medidas y formas entre otras.

Sus consagraciones

Todo templo una vez consagrado pasa a ser sagrado, separado del espacio profano. La consagración y dedicación de una iglesia se realiza por medio de una ritualidad muy rica y compleja, llena simbolismos.

En los templos de la tradición cristiana posee un peso especial la consagración del altar, ya que siendo el templo un espacio sagrado, siendo asimismo el altar el espacio más sagrado del mismo. Esta santidad queda patentizada en los templos de la tradición cristiana oriental, en los cuales el altar se encuentra fuera de la mirada de los fieles, tras unas puertas por las que sólo acceden los celebrantes en el momento de la consagración.

Los templos consagrados se encuentran protegidos por entidades de luz. En el caso de las catedrales góticas, esta función le corresponde entre otras criaturas a las "gárgolas", las cuales podemos notar sobre los techos de la mayoría de ellas. Las gárgolas son criaturas elementales de fuego que custodian los lugares sagrados de los ataques de entidades nocivas, de allí su feroz aspecto, tal como podemos notar en la gárgola que custodia la catedral de Notre Dame de París.

Asimismo en los templos nos encontraremos siempre con la presencia de arcángeles, los cuales se encuentran en todo "culto divino". Según C. Agrippa, los arcángeles son los ángeles que "*asisten a los sacrificios, dirigen el culto divino de cada hombre, y ofrecen, en presencia de los dioses, las plegarías y los sacrificios de los hombres"*, razón por la cual –como ya dijimos– se encuentran presentes en todo ritual religioso.

Hemos visto las características generales de los templos, vamos a dedicarnos ahora a profundizar en las condiciones que debe poseer el espacio donde el mago opera, el cual es conocido como "oratorio mágico".

El laboratorio u oratorio mágico

El recinto o espacio en el cual el mago opera ha sido llamado de diversos modos.

Es común denominar de una manera específica a este espacio, focalizándose para esto en la actividad central que se realice en él. De forma genérica se suele designar a este lugar como "gabinete" o "cámara".

En la tradición mágica, se llamaba al sitio donde se opera "oratorio mágico" ya que el altar y las obras que se realizan en él son centrales.

En la práctica alquímica, el espacio es llamado comúnmente "laboratorio alquímico".

El gabinete clásico, aquel que utilizaban los magos antiguos estaba configurado como si fuera una imagen del macrocosmos y del hombre. El macrocosmos posee una constitución triple que está dada por la tríada Dios, humanidad, naturaleza. El hombre, imagen del cosmos, está también articulado sobre esta triple formación ya que en él se encuentran armonizadas: una parte espiritual o chispa divina, un alma y un cuerpo.

En torno a esto, el laboratorio antiguo (al igual que los actuales) estaba conformado por tres partes:

1) El oratorio
En esta parte se encuentra el "altar". Este se encuentra ubicado al Este del recinto.

El oratorio, donde se encuentra el altar, es la sección energéticamente más alta de todo el gabinete.

Desde la energía del altar se realizan todas las obras ya que "nada puede realizarse sin la bendición de Dios".

El altar representa en el orden del hombre/microcosmos al espíritu y el corazón, al centro donde este espíritu habita.

El espíritu está ligado al elemento fuego.

Un laboratorio sin oratorio no puede ser considerado un laboratorio alquímico ya que la auténtica alquimia es un "don de Dios" el cual se obtiene gracias a la plegaria.

El papel de la plegaria en la práctica alquímica puede notarse con claridad en la representación del alquimista y su consorte orando ante el atanor alquímico, tal como lo podemos ver en esta lamina del *Mutus liber,* texto clásico de la alquimia operativa.

Toda labor mágica o alquímica es precedida de una plegaria acorde a esa obra, realizada en el altar.

Antes de toda obra se enciende en el altar una lámpara o una vela. Esta es una de las razones por la cual sobre altar del gabinete mágico antiguo decía: *"No se habla de Dios sin Luz"*.

Vemos aquí una ya clásica representación del mago frente al altar, rodeado del círculo mágico.

2) El escritorio

El escritorio representa, en el microcosmos, el hombre: el alma. El alma implica aquellos aspectos ligados a la inteligencia y la emoción. Estos son el aire y el agua en el hombre. El escritorio propiamente dicho implica: una mesa donde escribir, cuadernos de notas, etc., y una biblioteca donde se conservan a mano los textos a los que se recurre a menudo.

En la biblioteca del gabinete, recomiendo no tener más que aquellos textos ligados a la labor espiritual que se realiza en el mismo, manteniendo fuera de este, en otra biblioteca que podemos llamar "profana", los textos de otro orden. En el escritorio se tienen los cuadernos de notas donde se lleva cuenta de las labores realizadas en el gabinete, manteniendo un registro de estas labores, así como de los tiempos astrológicos en que se realizan.

3) El laboratorio

El laboratorio se ubica, en lo posible, en el Oeste, frente al oratorio. Dependiendo del tipo de labor que se realice, encontraremos en él diversas herramientas como aparatos de química, elementos para fundir y trabajar metales, ollas y cacharros con diferentes elementos como ceras para elaborar velas, etc. El laboratorio está vinculado al simbolismo del cuerpo. En él se opera la energía del elemento tierra, allí se realiza el trabajo manual.

En el caso de quien escribe, en nuestro laboratorio hay elementos de alquimia: balones, un tren de destilación, también hay crisoles y moldes de fundición de metales, etc.

Según nuestro entender, los elementos que el mago utiliza en sus rituales deben ser elaborados de manera ritual por lo cual nosotros mismos preparamos las herramientas mágicas, las velas, los perfumes, los talismanes, las espadas etc., razón por la cual nuestro laboratorio debe poseer un equipamiento afín a estas labores.

En la siguiente reproducción vemos un grabado en el cual puede notarse como era un laboratorio del siglo XVI. La imagen pertenece al *Amphitheatrum Sapientiae Aeterneae* de Heinrich Khunrath. Es de notar que en este, las tres partes del recinto se encuentran claramente delimitadas. Por un lado, vemos al mago arrodillado frente al altar en actitud orante. Detrás de él, el laboratorio con los elementos propios de la alquimia. En el centro, el escritorio con diversos elementos dentro de los cuales podemos apreciar, entre otros, instrumentos musicales ya que la música posee una gran importancia en la magia, dada su relación con la teoría pitagórica de las esferas y el vínculo de esta con los astros y el mundo angélico.

La imagen de Khunrath nos ilustra sobre las condiciones simbólicas de un oratorio o laboratorio mágico/alquímico.

La cámara de trabajo mágico debe permitir cumplir con el triple axioma enseñado por la tradición en el ya citado *Mutus liber* que reza: *"Ora, lee, lee, lee, relee, trabaja y encontrarás la piedra…"*. El gabinete mágico debe ser un lugar donde poder: orar, estudiar o meditar y trabajar.

Papus nos ha legado de manera concisa los requisitos del gabinete mágico. Si nos fuera posible, la siguiente es –según el mago español– la forma correcta de realizarlo.

"Si se dispone de toda una habitación, se dispondrá de este modo:

Primero: Recúbranse las paredes de tela blanca, que puede tenderse sobre bastidores de madera, de modo que permitan quitarla y renovarla fácilmente para que siempre resulte de una limpieza inmaculada.

Segundo: Determínense los cuatro puntos cardinales, cuya posición se conocerá por medio de una brújula y póngase en el techo una estrella de cartón forrada de papel dorado que permanentemente indique con sus puntas las aludidas orientaciones.

Tercero: Establézcase en la parte occidental el laboratorium (laboratorio hermético), constituido por una mesa larga y ancha, comprada, consagrada y signada bajo los auspicios de Mercurio, recubierta de una plancha de cristal suficientemente gruesa o de una tela impermeable blanca. Por encima de la mesa se instalará un tubo o

chimenea de ventilación, destinado a dar salida a los gases deletéreos.
Será conveniente poner en el laboratorio aparatos de gas...

En la parte del Oriente (El oratorio) se pondrán los tres muebles saber:
El altar (de 1 a 1,40 metros aproximadamente de altura). Vestido
con una cubierta de tela blanca y fina...

A la izquierda del altar habrá un armario forrado interiormente
de anca, donde han de guardarse los objetos mágicos, siempre a cu-
bierto de la mirada indiscreta.

A la derecha habrá otro forrado, por dentro, con papel dorado,
donde tenerse los símbolos de los principales cultos profesados en
la tierra.

Todos estos enseres deben ser comprados, consagrados y signados
bajo auspicios e influencias del Sol.

Para separar el laboratorium del oratorium, se instalará una
cortina que se pueda correr y descorrer a voluntad, y se colgarán
dos lámparas; una parte de Oriente y otra en la de Occidente, que
iluminen la estancia...

Se reservará libre de estorbos en el centro de la habitación un es-
pacio de 2 metros de diámetro, para trazar allí el círculo de las
operaciones.

Tales son las medidas principales que hay que tomar para disponer
en el cuarto de experiencias del magista, y cuando no se pudiera mon-
tar como está aquí descrito, es necesario saber adaptar los trabajos a
las exigencias indispensables, de la manera que vamos a ver.

Como a simple vista podemos apreciar, no siempre es posible
contar con todos los elementos necesarios para poder armar un
espacio de estas condiciones. Junto a esto, hay que tener presente
la dificultad que muchas personas poseen de poder disponer de
un espacio exclusivo para la práctica mágica. Un oratorio mágico,
si se desea que mantenga una cierta calidad de energía, debe ser
utilizado de manera exclusiva para el arte mágico.

En el oratorio mágico no deberían poder entrar más que el operador y sus compañeros de labor mágica si es que los tuviera.

Estas reglas deben cumplirse de manera estricta si el recinto ha
sido consagrado.

También es condición fundamental que el oratorio esté al resguardo de miradas indiscretas. Siguiendo la recomendación de Papus, es recomendable que el "oratorium" se encuentre separado del "laboratorium" por medio de una cortina. Los oratorios que han sido elaborados siguiendo las reglas del arte mágico son finalmente consagrados siguiendo un determinado ritual similar al que se utiliza en la consagración de ciertos templos. En la consagración se coloca a este espacio bajo la tutela de determinados seres de Luz que lo protegerán. La consagración convierte al lugar consagrado en un espacio "separado" de lo profano. La forma en que un oratorio mágico debe ser consagrado supera ampliamente las posibilidades de ser explicada aquí. Muchos son los factores a tener en cuenta para este fin, los cuales son de orden cabalístico y astrológico, entre otros. Veremos también cómo disponer de un espacio de trabajo en el cual poder operar correctamente. En el texto anterior, Papus indica la manera en que podemos "adaptar" un oratorio a fin de disponer de la posibilidad de operar aun si no contamos con un espacio exclusivo para la actividad mágica.

En los casos urgentes y para las experiencias preliminares, es bastante disponer de un mueble que sirva a la vez de altar y de armario donde se guarden a los objetos consagrados. Una pequeña estantería de libros de un metro y cuarenta centímetros de altura, resulta de excelente aplicación para este uso señalado. Su parte superior puede destinarse para lo primero, y el resto para guardar las demás cosas.

En último caso, puede improvisarse el altar con una mesita cualquiera Madera blanca, haciendo de armario un cajón de la misma clase que la mesa que se forrara por dentro con tela blanca.

Dispóngase de una o de otra manera, es necesario adquirir los siguientes objetos y preparar el altar, base indispensable de toda operación...".

Según mi experiencia personal, lo recomendable es comenzar a operar en un espacio en el que pueda armarse y desarmarse un altar, hasta poder contar con un espacio dedicado a la práctica mágica. Asimismo, son indispensables las siguientes cuestiones:

- Que el espacio sea limpio y ordenado.
- Que se puedan guardar de manera segura los elementos mágicos sin que estos sean tocados por terceras personas.
- Que en lo posible no sea el lugar donde se duerme o come.
- Que esté libre de las miradas indiscretas.
- Que haya ventilación para que se libere el humo que se produce con la quema de perfumes.
- Que no haya espejos, o que estos estén ubicados de modo tal que el operador no se refleje en estos (También se los puede tapar durante las operaciones).

Plegaria para bendecir el lugar de las operaciones

Antes de comenzar con nuestras oraciones o nuestras operaciones mágicas, podemos elevar a Dios una plegaria solicitando que descienda su Luz sobre el lugar. Esta plegaria, puede ser recitada a modo de consagración del espacio a utilizar, antes de comenzar las operaciones o los rezos. Para esto, (con la luz del altar ya encendida) se coloca una porción de incienso en un incensario y se recita la siguiente plegaria. Luego de esto, se esparce el humo del incienso en torno al altar y en los ángulos del lugar.

Dios eterno, sabio, fuerte, poderoso Ser de los seres, acude a este lugar y santifícalo con tu presencia y tu majestad, a fin de que la pureza, la castidad y la plenitud de la ley residan aquí, e igual que el humo de este incienso sube hasta ti, que tu virtud y tu bendición desciendan a este lugar. ¡Oh! ustedes ángeles, y ustedes, espíritus de la luz, estén presentes aquí, lo pido en el Nombre de Jesús y por el verdadero Dios viviente y eterno que nos ha creado de la nada. Amén.

Purificación y protección de lugares

Para mantener un lugar en condiciones energéticas aptas y saludables es importante que el mismo se encuentre siempre lo más purificado posible. Para esto (en casos de poca gravedad) alcanza con quemar el perfume que se realiza mezclando iguales cantidades de incienso, mirra, verbena, valeriana, llantén y clavo de olor[58]. Este perfume debe ser esparcido sobre carbones encendidos en los sitios a purificar haciendo llegar el humo del mismo en especial a los ángulos de las habitaciones y a todos los lugares apartados y oscuros, detrás de los muebles, por ejemplo. Mientras se esparce el humo, se recita en voz audible los siguientes versículos del salmo 68: *"¡Álcese Dios, sus enemigos se dispersen, huyan ante su faz los que le odian! Cual se disipa el humo, los disipas; como la cera se derrite al fuego, perecen los impíos ante Dios".*[59] Esto, dependiendo de las condiciones energéticas del lugar, puede realizarse solo cuando se sienta la necesidad o mejor aún los días martes y domingos. No es recomendable la purificación excesiva ni de lugares ni de personas ya que (esto es importante) **el exceso de purificaciones debilita la energía vital bajando el nivel de protección.**

Para proteger el lugar recomendaremos trazar sobre la puerta de entrada de la casa del lado de adentro o en la parte superior de la misma, la estrella de cinco puntas con una cruz dentro. Esto puede realizarse de manera que permanezca fija trazándolo con una tiza o un carbón o colocando un dibujo de la misma, o solamente con el gesto de la mano. En este último caso, la estrella debe trazarse cada vez que se sale del lugar por un tiempo importante ya que los gestos no escritos poseen una corta duración en el astral. Al trazar la cruz se debe decir: *por el poder de la cruz y la estrella de los magos que ningún espíritu de oscuridad entre en este lugar y ningún espíritu de luz desee salir, más bien que deseen permanecer. Amén.* Esta costumbre es, según E. Levi, ancestral. Según él, *los antiguos magos trazaban el signo del pentagrama sobre el umbral de su puerta para impedir la entrada de los espíritus malos y la salida de los buenos. Este acuerdo resulta de la dirección de los rayos de la estrella; dos puntas hacia afuera rechazaban a los malos espíritus; dos puntas dentro los retenían prisioneros; una sola punta hacia dentro*

---

58   Ver capítulo VII.

59   Ver capítulo IV.

cautivaba a los buenos espíritus[60]. **Cuestión fundamental: si encuentra en la puerta de su casa elementos que pudieran darle a entender que se tratara de un trabajo de brujería, nunca toque con sus manos los mismos y nunca los entre a su casa. No deje que estos pasen el dintel de la casa pues al hacer esto, se está "entrando el trabajo".**

Todo lo comentado aquí con respecto a la purificación y protección de un lugar puede ser tenido en cuenta para el oratorio mágico.

Una recomendación muy efectiva es la de colocar debajo o a un costado de la cama un recipiente grande o un plato con agua fresca en el que se colocan varias porciones de carbón flotando. El carbón absorberá las cargas de energía negativa que –podríamos decir– flotan en el ambiente sin que estas se adhieran tanto a las personas. Al colocar el carbón cerca de nuestra cama, permitimos también que la sobrecarga de energía que nosotros mismos producimos como ansiedad, nerviosismo, miedo, etc., no quede tan adherida a nosotros sino que sea absorbida por el carbón. Esto mismo que aconsejamos aquí puede aplicarse a todo tipo de espacio colocando el plato con carbón en algún lugar oculto. En todos los casos, una vez que el carbón deja de flotar sobre el agua se debe remplazar todo tirando el agua por el sistema de desagote y el carbón a la basura en una bolsa sin ser tocados.

El carbón y el agua son grandes absorbentes de energías negativas. Las virtudes protectoras del carbón son muy conocidas en la magia así como su utilización a modo de tiza para dibujar signos, figuras e incluso trazar en el suelo un círculo mágico[61].

Vistas las condiciones que debe poseer el gabinete mágico, veremos el modo en que construiremos el altar.

---

60   El trazo incorrecto de esta estrella es lo que hace que el Mefistófeles del Fausto en el relato de Goethe pueda entrar a su casa y luego no poder salir.

61   Así lo enseña Papus quien opina que *en la naturaleza existe una sustancia que, en el plano visible, tiene la singular propiedad de absorber todas las impurezas: es el carbón –carbón menudo o carbón vegetal–. Se sabe que el polvo de carbón purifica el agua, absorbe los colorantes y los gases deletéreos, y es muy empleado en las fábricas para distintos usos de esta clase. Ahora bien, el carbón absorbe igualmente los fluidos psíquicos.*

El altar

Como ya lo hemos dicho: el centro energético, el corazón del laboratorio mágico, es el altar.

Debemos recordar que los llamados "reyes magos" –a los cuales tomamos como referentes arquetípicos de la magia cristiana– llegan hasta el portal de Belén para, una vez junto al Niño-Dios, "doblar la rodilla y adorarlo". Esta es quizás una de las mayores diferencias entre la magia tradicional y cierta práctica mágica contemporánea. La magia tradicional es una magia "religante", que parte de la contemplación de lo Divino y en la cual juega un importante papel la "adoración" y la "devoción". Para la magia antigua, una magia sin adoración es una magia limitada a lo humano, por lo tanto es una magia débil.

El concepto de religiosidad que poseían los magos antiguos está muy lejos de ser el que poseemos en la actualidad. Para ellos, la religión no era una estructura alienante, sino un modo de accionar en comunión con lo sagrado.

Según C. Agrippa, la religión es en principio "culto a Dios". Este culto, según el rito, re-liga al hombre con lo Divino:

"La Religión es una contemplación perpetua de las cosas divinas y una re-ligación con Dios y los poderes divinos mediante las obras pías; ella les ofrecen servicio respetuoso, santificación del culto, veneración digna y ejercicio de las ceremonias del culto divino según el rito.

La religión es, pues, una especie de disciplina de los sacramentos externos y de las ceremonias, por la cual, como por ciertos signos exteriores, somos advertidos sobre cosas interiores y espirituales; y este ejercicio de la religión es tan singular en nuestra naturaleza que nos distingue más de los demás animales que la razón misma".

Es interesante la opinión del mago alemán, de que no es la razón lo que distingue al hombre de los animales, sino su religiosidad, siendo este el rasgo fundamental de la naturaleza humana.

Otro aspecto importante a tener en cuenta cuando analizamos

el valor que los magos tradicionales le adjudicaron a la religiosidad, es el de que la práctica de las obras religiosas protege al mago de los ataques de las fuerzas espirituales que puedan dañarlo.

C. Agrippa, como exponente de una auténtica magia cristiana, enseña que es necesario –si se desea practicar plenamente la magia– no despreciar el valor de los ritos de la religión, y aclara que: *"todos quienes la menosprecian, no tienen confianza sino en las fuerzas de la naturaleza y son a menudo engañados por los espíritus malignos"*.

Quienes solo operan en la magia confiando en los poderes de la naturaleza se exponen a ser manipulados por entidades espirituales negativas. Esto se puede aplicar a quienes operan por el solo poder de su fuerza psíquica o el de su voluntad sin involucrar en sus obras a lo superior. Quien así lo hace corre serios riesgos espirituales. Asimismo, quienes realizan sus obras mágicas o naturales, involucrando por medio de los rituales a las fuerzas superiores, se garantiza el éxito en sus obras:

*"Los más religiosa y santamente disciplinados ni plantan un árbol, ni una vid, ni emprenden la menor acción sin una invocación divina, según el mandato del doctor de las naciones en su epístola a los Colosenses, donde dice: «Todo cuanto hagáis con palabras u obras, hacedlo en nombre del Señor JESUCRISTO, dándole gracias, y a Dios, el Padre, a través de él». **Unir, pues, las fuerzas de la religión a las fuerzas de la naturaleza y las matemáticas** dista de ser una falta y, al contrario, es un crimen impío que falte"* [62].

C. Agrippa nos ofrece aquí una definición clara de lo que es la magia, entendiéndola como la obra humana en la cual se une lo Divino, lo celeste o astral y lo natural[63].

Para la confección de nuestro altar, tendremos en cuenta la enseñanza de Papus, quien nos trasmite la forma canónica en que un debe construirse un altar mágico.

---

62   El resaltado es nuestro.

63   Lo que C. Agrippa llama aquí matemáticas es la astrología ya que esta está ligada al sentido sagrado y simbólico de los números.

Según lo explica el maestro español, el altar *"ha de constituir un pantáculo del Universo en sus tres planos: humano, natural y divino…".*

Si no se cuenta con un lugar que pueda quedar cerrado, lo más adecuado es "armar" el altar cuando se va a operar y desarmarlo al culminar, guardando todos sus elementos en un cajón exclusivo para esto o en una caja. Es tradicional comprar o adquirir los elementos mágicos en el día del planeta que le es afín o es afín a la obra a realizar. Así es que los papeles y tintas, por su relación con Mercurio se adquieren un miércoles, los buriles para grabar metales, por su relación con Marte, un martes, etc. Es asimismo tradicional el "no regatear los precios de los objetos que han de utilizarse en la práctica mágica, adquiriéndolos al costo fijado por el vendedor".

Los elementos del altar deben ser adquiridos en el día del Sol que es el domingo. De no ser posible, recomiendo el día de Mercurio, el miércoles.

Una vez adquiridos se los guarda envueltos o cerrados hasta ser utilizados.

Antes de ser utilizados, todos los elementos deben ser purificados, primeramente lavándolos con abundante agua en la que se ha mezclado sal marina o vinagre de alcohol y posteriormente pasándolo por el humo de incienso olíbano.

En caso de manteles y telas, el lavado puede hacerse sumergiéndolos en agua con sal marina o vinagre de alcohol dejándolos por lo menos una noche para luego lavarlos de manera habitual sin mezclarlos con otras prendas.

Estas son las cuestiones que debemos tener presentes para la elaboración de nuestro altar:

• Que el mismo esté mirando hacia el Este (desde la perspectiva de quien ora frente al altar).
• Colocar un mantel blanco.
• Colocar en el centro el pentagrama de E. Levi. La forma correcta de elaborar el pentagrama es por medio de una amalga-

ma de los siete metales mágicos, o en una placa de mármol, en vidrio o en papel confeccionado para este fin. Le recomiendo, estimado lector, que dibuje o calque a mano, usted mismo, el pentagrama, sobre un papel blanco con un lápiz sin usar, al cual le saque punta en el momento de comenzar el dibujo.

A fin de que usted pueda disponer del pentagrama, colocamos a continuación la imagen:

- Colocar en torno al pentagrama siete pequeñas velas, cada una del color de uno de los sietes planetas tradicionales (Saturno: violeta o marrón, Júpiter: azul, Marte: rojo, Sol: amarillo, Venus: verde, Mercurio: multicolor, Luna: blanca).

- En cada esquina del altar, se colocarán los siguientes elementos:

    1) En la esquina superior derecha, una vela blanca.
    2) En la esquina superior izquierda, un incensario con incienso olíbano.
    3) En la esquina inferior izquierda, un cuenco con sal marina gruesa.
    4) En la esquina inferior derecha, un cuenco con agua fresca.

Tal como Papus lo ha indicado, este altar es un "pantáculo del universo", una síntesis simbólica del mismo. Existe, asimismo, una clara relación del altar mágico con el arcano 21 del Tarot: "El universo".

Los elementos que se encuentran en los ángulos, configuran el SAGRADO NOMBRE DE DIOS TETRAGRAMMATON, el cual se escribe en hebreo con cuatro letras:

$$\text{יהוה}$$

- El fuego de la vela representa al elemento fuego, el cual está ligado a la primera letra del sagrado nombre, IOD. י
- El agua, se vincula con el elemento agua y la segunda letra del tetragrammaton, la primer HE. ה
- El humo del incienso está ligado al elemento aire y la letra VAV, tercer letra del nombre de Dios. ו
- Finalmente, la sal es un signo del elemento tierra y la cuarta letra del sagrado nombre, la segunda HE. ה

Asimismo, las siete velas de colores representan "el sagrado septenario", los siete ángeles del Trono de Dios y los siete planetas. Estas siete velas son un modo sencillo y económico de elaborar la "lámpara mágica". Papus es de la opinión (tomada de E. Levi) de que *la lámpara que se usa en las operaciones, debe ser construida de modo que sintetice las influencias planetarias*.

En la práctica, recomiendo encender solamente la luz del ángulo superior derecho sin las velas centrales, dejando el uso de estas para los rituales de mayor importancia. Dado que la utilización de velas conlleva el riesgo de un incendio, les aconsejo utilizar velas pequeñas, de aquellas que se encienden sobre recipientes de metal, colocando cada vela sobre un platito.

Finalmente, en el centro del altar encontraremos el "pentagrama", signo del microcosmos. El pentagrama representa la letra hebrea SHIN ש. Al unir esta letra al sagrado nombre de Dios de cuatro letras o "Tetragrammaton", configuramos el sacratísimo nombre de Dios de cinco letras o "Pentagrammaton", el cual encierra todas las virtudes mágicas. Este nombre de cinco letras es el nombre de Jesús[64].

$$\text{יהשוה}$$

Para elaborar su altar, tome una mesa que le sea cómoda para este fin. Si es posible, lo ideal es dejar el altar armado. Si no está en sus posibilidades, coloque los elementos en una caja y prepare el altar en el momento que realice las plegarias. Si usted va realizar un altar fijo, le recomiendo purificarlo con incienso y consagrarlo, recitando sobre él los siete "salmos penitenciales"[65]. Como siempre y en gran medida más con el altar, es importante para su consagración, elegir un momento espiritualmente alto. Mi consejo a seguir es el de hacerlo en especial en estos días: domingo de Pascua, Navidad, Epifanía (6 de enero), día de los santos arcángeles (29 de setiembre) entre otros.

El altar mágico, al igual que todos los altares de la tradición judeocristiana, deriva del antiguo altar hebreo del sacrificio, del cual nace finalmente el cristiano, altar del sacrificio supremo.

Etimológicamente la palabra altar significa: "alta ara" o "alta res" que significa "cosa alta".

En los altares de las iglesias católicas, el "ara" es una pequeña loza que se encuentra empotrada en el altar. Asimismo en cada altar consagrado se debe encontrar un pequeño hoyo en el cual se han colocado reliquias de algún santo junto a tres granos de incienso.

---

64   Los rituales de consagración de los altares de las iglesias católico-romanas, se basan en el simbolismo del número cinco, ya que el obispo, al consagrar el altar, traza sobre el mismo cinco cruces con oleo santo, y quema sobre el centro y los ángulos del mismo, cinco granos de incienso. El misterio del poder de este número (el cinco) se relaciona con el hecho de que este es el número del nombre de Cristo y también el de la Cruz.

65   Ver capítulo IV.

Las flores

Como ya se ha dicho, no recomendamos colocar nada en el altar que no sean aquellos elementos que lo conforman ya que al hacerlo estamos rebajando su energía, la cual debe estar siempre en un tono espiritual alto. Más allá de esta recomendación, podemos indicar sin temor el uso ritual de las flores las cuales se pueden colocar en el altar sin inconveniente dado que estas siempre atraen entidades positivas. Todo aquello que se coloca en el altar debe ser siempre de calidad, natural y limpio. Las flores nunca deben ser artificiales así como las luces no deben ser eléctricas. Una flor de plástico no remplaza a una flor natural, ni una lámpara eléctrica al fuego de una vela o una lámpara de aceite. Todo lo que "se consume" en el altar muere de algún modo en él entregando su vida a la Divinidad. Las flores que se colocan en el altar pasan a vibrar en el astral de un modo más sublime. Debemos ver en este sentido, que un altar es finalmente el lugar más excelente donde una flor puede terminar. Toda flor que se marchita en el altar renace en el plano celeste.

El círculo mágico

La correcta elaboración de un círculo mágico es uno de los temas centrales de la magia ceremonial

Elaborar un círculo mágico es similar a levantar un templo en lo invisible, en el astral. Este, aísla al operador de las energías que quisieran o pudieran dañarlo, amén de favorecer la manifestación de las fuerzas espirituales que le son afines. Papus considera que *"las entidades astrales no pueden valerse más que del miedo contra el experimentador que se aísla dentro del círculo.* El mismo –el círculo– es una barrera que protege y aísla, como si fuese una torre. De hecho, el arcano del tarot "la torre", remite a la construcción de los círculos mágicos y su poder, ya que un círculo mágico no solo nos protege de aquello que pudiera dañarnos sino también nos conecta con lo superior que nos bendice. Es por esto que el nombre que lleva este arcano es también "la mansión de Dios" o "la casa de Dios", el lugar de manifestación de lo sagrado.

Desde siempre, el signo supremo de protección ha sido el círculo. El poder mágico de la figura circular está ligado a su relación con el número uno y sus virtudes. Así lo especifica C. Agrippa:

"Las Figuras Geométricas, producidas por los números, no tienen menor poder que estos.

En primer lugar está el círculo, figura que corresponde a la unidad y al número diez; la unidad constituye el centro y la circunferencia de todas las cosas; el número diez, por acumulación, vuelve a la unidad, como a su principio; es el fin y la encima de todos los números; se dice que el círculo es una línea sin fin, o que carece de partes que puedan denominarse comienzo o fin; su comienzo y fin están en cada punto; por ello se dice que el movimiento circular es infinito, no res-

pecto del tiempo sino del lugar. Por eso la figura redonda se considera la más grande y perfecta de todas, y la más apropiada para ligaduras y exorcismos: de allí que quienes conjuran a los demonios malignos por lo común se encierran en un círculo".

El círculo nos remite a la búsqueda de un centro. De aquel centro que en todas las cosas es Dios mismo. El punto contiene al círculo, así como el hombre contiene a Dios. Como dice Angelus Silesius: *"el círculo está contenido en el punto, el fruto en la semilla, Dios en el mundo. Prudente es el que lo busca".* El esoterista G. O. Mebes, en su curso de ocultismo, llamado "los arcanos mayores del tarot", explica con su pluma autorizada lo que es un círculo mágico:

"El círculo representa simbólicamente el campo dentro del cual el operador se siente planamente apto, y por tanto, totalmente protegido. En ese campo, perteneciente al operador, ningún enemigo puede penetrar. Dentro del círculo pueden manifestarse solamente sus propias influencias y las de las entidades que lo ayudan o las que le son total y perennemente subordinadas y también las influencias de las Corrientes o de los Protectores que lo autorizan a efectuar esa operación mediante una iniciación correspondiente, una bendición, una orden o un permiso. La circunferencia desempeña el papel de una barrera sutil capaz de aislar al operador de las influencias extrañas. Las personas sensibles perciben en la oscuridad a esa circunferencia como un círculo de fuego".

Como podemos notar en el texto de Mebes, una de las funciones principales del círculo es la de aislar y proteger al operador de las fuerza negativas. Pero esta función no es única ya que el círculo mágico cumple —como ya dijimos— la función de permitir la manifestación de los espíritus que le son afines al operador.

Según Mebes, el mago sólo puede y debe evocar a aquellos espíritus que están dentro de su campo de energía y a aquellos que se lo permiten. Este permiso sólo se obtiene por tres medios: la bendición, la iniciación o la orden. Las entidades que un mago puede evocar con éxito por medio de un círculo mágico son aquellas que pertenecen a su propia cadena mágica, ya que *dentro del círculo pueden manifestarse solamente sus propias influencias y las de las entidades que lo ayudan o las que le son total y perennemente subordinadas.* Se entiende aquí que el mago sólo puede evocar con éxito a aquellos seres de luz que están ligados al operador por devoción personal o por iniciación. El vínculo estrecho con un ser de luz, hace que este se ligue a nosotros por un lazo espiritual. A esto se refiere Mebes como "bendición". Todas las personas tenemos espíritus protectores. Estos son tomados de: distintos aspectos del mapa natal del operador; el día de nacimiento, el nombre propio, la profesión, la actividad mágica o espiritual específica que se practica, etc. Cualquiera de estos seres, sean ángeles o espíritus humanos, pueden ser evocados e invocados por el mago sin dificultad, dado que se encuentran dentro de su propio campo de energía, ya que de algún modo le pertenecen, están ligados a su ser y a su destino.

De igual manera, los espíritus de luz que rigen una determinada obra o una corriente espiritual, se encuentran ligados a las personas que participan de esa obra o esa corriente favoreciéndolas. A esto se refiere G. O. Mebes al hablar de los espíritus que pueden ser evocados por "iniciación". Los ángeles o espíritus de Luz que operan dentro de determinadas obras, se encuentran cerca de quienes las practican. Así es que aquellos ángeles que operan –por ejemplo– en la alquimia, favorecen a los iniciados en este arte. De igual modo, los seres de luz que rieguen una escuela espiritual o una religión, están unidos a aquellos que han sido iniciados en ellas. Un maestro masón se encuentra en simpatía espiritual con aquellos maestros que lo antecedieron, un fraile franciscano a San francisco, etc. Esto es llamado en la magia "concordia": estar unidos por el corazón.

Ningún espíritu que pueda ser evocado en la práctica mágica de luz, puede ser evocado sin su consentimiento, o como diría G. O. Mebes, sin su *orden o permiso.*

Como ya hemos dicho, la figura del círculo mágico se asemeja en el astral a una torre, como aquella representada en el arcano 16 del Tarot.

El círculo mágico elaborado canónicamente consta de tres elementos que configuran un todo. En principio, y en torno a un círculo primario en el que se coloca el operador, se inscriben los Nombres de Dios acordes a la obra; este círculo primero está ligado a lo más elevado de la cadena. Luego y en torno a este, se dibuja un círculo en el cual se inscriben los nombres de los espíritus angélicos y planetarios que se desea invocar para dicha obra; este círculo está ligado al plano angélico y astral de la cadena. Finalmente, se traza el círculo externo en el cual se escriben los nombres de ciertos espíritus de la naturaleza denominados comúnmente "espíritus del aire". Para la correcta elaboración de un círculo mágico es necesario un cierto manejo de las ciencias astrológica y cabalística ya que los nombres de los espíritus a evocar (salvo los de los espíritus del aire), se escriben en hebreo, siguiendo cuestiones astrológicas muy específicas.

La imagen del mago en su círculo mágico, rodeado de espíritus oscuros que desean dañarlo ha traspasado las épocas y los tiempos. Vemos aquí una clásica representación del mago en esta situación.

Este grabado del siglo XVII, representa al "doctor Fausto" rodeado de un círculo mágico fuera del cual se encuentra un espíritu negativo. Notemos que los signos impresos en el círculo son todos de estricta raíz astrológica.

El mago inglés del siglo XIX, Francis Barrett, nos ha legado el famoso libro "el mago", el cual es en gran medida una recopilación de textos clásicos en torno al arte mágico. En este mismo texto, al referirse a la elaboración de los círculos mágicos dice, apoyándose en el Heptámeron de Pedro de Abbano que: *"La forma de los círculos no es siempre la misma, ya que cambian de acuerdo a la orden de los espíritus que han de llamarse, al lugar, al tiempo, al día y a la hora…".*

El Heptámeron de Pedro de Abbano ha sido fuente de inspiración y texto clave de la magia tradicional. El mismo es un auténtico manual de magia ceremonial. La gran mayoría de magos posteriores, ha trabajado el diseño de los círculos mágicos según su directiva.

En el mago de Barrett, vemos la ya clásica representación del círculo mágico, tomada del Heptámeron.

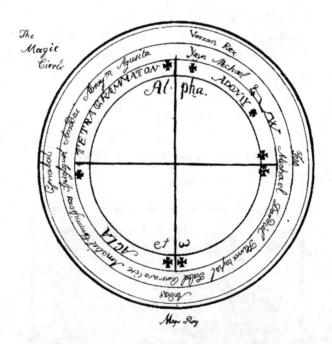

En esta representación, podemos notar los tres círculos concéntricos y sus respectivas inscripciones. Dentro de estos, el círculo donde se ubica el operador, dentro del cual se inscriben las letras Alfa y Omega griegas o las hebreas Aleph y Tau, primeras y últimas de los respectivos alfabetos.

El trazado de un círculo mágico requiere de conocimientos propios de la magia, la astrología y la angelología, así como de la relación que existe entre estas ciencias. Dice P. de Abbano que *"en el trazado de un círculo se debe considerar atentamente en qué período del año, en qué mes, en qué día y a qué hora se quiere invocar a determinados espíritus, y cuál estrella o región celeste le pertenece y cuáles son sus funciones"*. Asimismo, es conveniente también poseer un cierto conocimiento de hebreo y latín.

El círculo de protección

Dado que la confección de un círculo, tal cual lo indica el arte mágico, no es posible de realizarse sin contar con el conocimiento, la formación o la iniciación necesaria, veremos aquí cómo realizar un círculo de protección, el cual permitirá, en alguna medida, preservarnos en nuestras obras de cualquier ataque negativo, así como lograr mantener intacta nuestra energía durante una obra.

Este círculo es llamado también "triple círculo de protección".

Lo ideal es realizarlo caminando, recorriendo el espacio a delimitar. Aquí juega un papel fundamental "la marcha". Al caminar, estamos atrayendo e irradiando energía en el astral. Si caminamos con un paso atento y decidido, esta energía queda como "un rastro", como una estela de nuestra propia presencia, la cual es percibida por las personas sensibles, así como por los espíritus invisibles. Si nuestro andar describe un círculo, estaremos formando un espacio dentro del cual mantenernos protegidos. Esta es la enseñanza de Papus al respecto:

El desplazamiento del organismo físico en el plano material, está unido al desplazamiento de las capas fluídica en el astral. A cada paso el hombre atrae o repele fluidos que sin cesar se cruzan en el plano de formación de la naturaleza. La mayoría de los hombres, verdaderos juguetes de las potencias fatales, no tienen la más insignificante preocupación ni se dan cuenta de semejante influjo, y los sombríos presen-

timientos, estas misteriosas voces de lo infinito, no impresionan, por regla general, más que a los poetas y las mujeres sometidas al despotismo de Eros. El que ha puesto en tensión su voluntad y luego ejecuta un modo de marchar especial, deja a su paso una huella fluídica y dinámica. Así el magista que describe un círculo y refuerza su poder volitivo repasando dos veces la línea seguida, levanta un recinto, una muralla, perceptible para los videntes e infranqueable para los seres astrales. Acordaos de la triple vuelta que dan en torno del caldero las brujas del Macbeth, y notad de nuevo hasta que punto todas estas tradiciones eran familiares a Shakespeare. Antes de coger una planta, antes de penetrar en un sitio terrible en el que se quiera encerrar las potencias malhechoras, el magista formula su intención, por medio del triple recinto fluídico que encierra el lugar de la operación".

Para formar este círculo es necesario dar tres vueltas en sentido anti horario. Luego, al terminar la obra que se realice, se debe desarmar repitiendo las tres vueltas en sentido contrario. Según nuestra experiencia, la fuerza o tención de este círculo va estar en estrecha relación con los siguientes factores:

• La atención del operador al realizarlo.
• Que sea trazado con un elemento energéticamente potente.

Con respecto al primer punto, diré que cuanto más atento esté el operador, más poderoso será el círculo. Es importante mantener una marcha serena y pausada. Para fortalecer el poder protector del círculo, se puede "visualizar" el mismo a medida que se avanza.

En torno al segundo factor, debemos tener en cuenta que todo acto o símbolo mágico que se realiza con un "soporte material" es más potente que aquel que se realiza con la sola imaginación o solamente con el gesto. Por esto, si trazamos el círculo llevando en la mano una vela encendida o el incensario con incienso, el círculo tendrá más poder. También será más fuerte, si dibujamos en el suelo un círculo con una soga o con carbón o tizas, y luego realizamos la triple vuelta. Todo esto se verá ampliamente incrementado en su poder, si el círculo se recorre y dibuja en el astral con una espada consagrada o si se lo dibuja en el suelo con tizas o carbones, también debidamente consagrados.

Si el espacio a trabajar es muy pequeño, en vez de caminar, gire sobre usted mismo con la mano derecha extendida, sosteniendo en esta una vela encendida. Manténgase atento, tal como si lo realizara caminando.

Siempre es importante recordar que se debe desarmar el círculo al culminar la obra, ya que si no lo hacemos, algo, una pequeña porción de nuestra energía quedará un tiempo en él, debilitándonos en alguna medida.

Si se desea reforzar el poder protector del círculo, le recomiendo, antes de comenzar el triple recorrido anti horario, recitar la plegaria de consagración del círculo mágico.

La siguiente es una plegaria tradicional de la magia antigua, la cual es sumamente efectiva para proteger al operador de energías negativas.

Plegaria de consagración del círculo mágico

En el nombre de la Santa, Bendita y Gloriosa Trinidad, procedemos con nuestros trabajos sobre estos misterios para que se cumpla lo que anhelamos; por tanto y por el Nombre de Dios, consagramos este trozo de tierra para nuestra defensa, para que ningún espíritu sea capaz de romper estos lazos, ni pueda causar daño a quien se encuentra dentro de este círculo. Esto lo pedimos por El, quien vive por siempre y para siempre; aquel que dijo, Yo soy el Alfa y el Omega, el Principio y el Fin, el que es, el fue y el que será, el Todopoderoso quien dijo: Yo soy el Primero y el Último, el viviente y el que fue muerto; y el que vive por siempre y para siempre; Yo tengo las llaves de la muerte y el infierno. ¡Bendice, oh Señor!, a esta criatura de la tierra; ¡Oh, Dios!, que tu fuerza sea con nosotros y que ningún adversario o mal alguno nos haga caer, lo pedimos por los méritos de Jesucristo. Amén.

CAPÍTULO VI

Los cuatro instrumentos mágicos

Todo está encerrado en una palabra, y en una palabra de cuatro letras. Es el tetragrama de los hebreos, es el azoe de los alquimistas, es el thot de los bohemios, es el tarot de los cabalistas. Esa palabra, de tan diversa manera manifestada, quiere decir Dios para los profanos, significa el hombre para los filósofos, y ofrece a los adeptos la última palabra de las ciencias humanas y las llaves del poder divino; pero sólo al que sabe servirse de él y comprende la necesidad de no revelarlo nunca.

Si Edipo en lugar de hacer morir a la esfinge la hubiera domado y enganchado a su carro para entrar en Tebas, hubiera sido rey sin incesto, sin calamidades y sin exilio.

Eliphas Levi

El sagrado Nombre de Dios Tetragrammaton y los cuatro instrumentos mágicos

Los cuatro instrumentos mágicos principales son: *la vara, la copa, la espada y los talismanes,* estos están ligados al sagrado Nombre de Dios de cuatro letras YHVH. יהוה razón por la cual debemos referirnos primeramente a él.

Es difícil tener una idea cabal de la trascendencia de este Sagrado Nombre el cual es entendido como la clave de todos los misterios y (al decir de Papus) de todas las ciencias divinas y humanas. De él a dicho C. Agrippa que es el nombre que define a Dios desde lo que Él es en su propia esencia. Dice el mago alemán que este *se llama el nombre separado, que se escribe y no se lee, y que no expresamos sino sólo nombramos, y que significa, según el lenguaje de lo alto, lo que pertenece a Dios y tal vez también a los ángeles.*

Según lo explica el célebre hebraísta Fabre d'Olivet en *La lengua hebrea restituida* este nombre de Dios significa *"el Ser que es, que fue y que será".*

Respecto a este mismo nombre divino dice Papus:

"Si nos basamos en la antigua tradición oral de los hebreos denominada Kábala, existe una palabra sagrada, la cual confiere al mortal que logra descubrir su verdadera pronunciación, la clave de todas las ciencias divinas y humanas. Esta palabra nunca es pronunciada por los israelitas y sólo el Gran Sacerdote la pronuncia una vez al año, en medio de los gritos del pueblo profano. Es por otra parte la misma palabra la que se encuentra en la cima de toda iniciación, aquella que irradia en el centro del triángulo flameante en el emblema del grado XXXIII de la masonería escocesa. Y también la encontramos sobre el portal de nuestras antiguas catedrales.
Está formada por cuatro letras hebreas y se lee de la siguiente forma: Yod - Hé- Vau- Hé.
En el Sepher Bereshit o Génesis de Moisés, ha servido esta palabra para designar la divinidad, y su construcción gramatical es de tal forma peculiar, que incluye por su misma estructura los atributos que los hombres han otorgado desde siempre a Dios".

Las aplicaciones simbólicas de este Nombre de Dios se encuentran (como lo expresa Papus) tanto en la cábala, el cristianismo y la masonería. Asimismo, este nombre es la llave que abre la puerta de acceso a los misterios de la alquimia y la magia. Papus ha demostrado en sus textos la tesis sostenida por todo el ocultismo de que es el tarot la herramienta que permite comprender las implicancias de este sagrado nombre ya que la estructura simbólica del tarot está basada en él.

El nombre YHVH, el cual es traducido comúnmente como Jehová, es llamado en la tradición del hermetismo *Tetragrammaton*[66]. Los hebreos –dada la santidad del nombre– lo remplazan por el nombre Adonay para evitar pronunciarlo. Según Arnau de Vilanova en su "discurso sobre el nombre de Dios", este sagrado nombre *ninguna criatura es digna de pronunciarlo, y en su lugar se lee **Adonai**, que se traduce como **Señor**.*

Cada una de las letras del sagrado nombre Tetragrammaton se vincula con uno de los cuatro elementos tradicionales de este modo: la Iod (י) con el fuego, la primera He (ה) con el agua, la Vav (ו) con el aire y la segunda He (ה) con la tierra.

Retornando a los instrumentos de la magia, debemos tener presente que estos son mucho más que simples objetos. Los mismos están íntimamente ligados a la energía del mago, siendo de algún modo una expresión de las distintas potencias de este, y de las fuerzas espirituales que lo asisten. Estas potencias y estas fuerzas están también íntimamente ligadas a los cuatro elementos tradicionales ya citados: el fuego, el agua, el aire y la tierra.

El Tarot

La estructuración cuádruple en torno a lo que hace a los instrumentos mágicos, está instalada en la magia moderna en gran medida gracias a la inmensa fluencia ejercida por E. Levi y en la relación trazada por el maestro francés entre el tarot y la magia. E. Levi –y a partir de él la mayoría de los magos del siglo XIX– relaciona los cuatro palos del tarot con los cuatro instrumentos mágicos.

---

66   Palabra que significa "nombre de cuatro letras".

Muchas de estas escuelas han basado su trabajo en torno a los cuatro elementos y su relación con los instrumentos mágicos y los palos del tarot. Distintas escuelas utilizan diversas analogías entre los instrumentos, los palos o colores del tarot y los cuatro elementos. Debemos tener en cuenta en torno a esto, que el tarot es (entre otras cosas) un libro de magia, asimismo, es utilizado como base simbólica para el trabajo mágico.

Con respecto a estas relaciones entre el tarot y los instrumentos mágicos, el maestro suizo O. Wirth dice que ***Basto, Copa, Espada y Oro*** *constituyen, en efecto, un cuaternario mágico, en el cual* ***Basto,*** *Varilla o Cetro corresponde al poder de mando;* ***Copa*** *al éxtasis dionisíaco, fuente de inspiración adivinatoria;* ***Espada*** *al discernimiento que aleja el error; y el* ***Oro*** *al apoyo que los pentáculos ofrecen al pensador que, a su juicio, no es un iletrado.*

Aquí O. Wirth relaciona los palos del tarot y las herramientas mágicas, adjudicándoles algunas de sus funciones tradicionales. Según el comentario del gran maestro, la vara está ligada al poder, la copa a la sensibilidad y a la inspiración, la espada al discernimiento intelectual y los oros o pentáculos a la solidez expresada aquí como "apoyo".

י *BASTOS, bastón augural o varita mágica, insignia de mando, cetro de dominación viril, emblema del poder generador masculino: el* ***Padre.***

ה *COPAS, copa adivinatoria, receptividad femenina tanto intelectual como física: la* ***Madre.***

ו *ESPADAS, estoque del evocador, arma que dibuja una cruz y recuerda así la unión fecunda de los dos principios masculino y femenino; efusión, cooperación de los contrarios. La espada simboliza además una acción penetrante como la del Verbo o del* ***Hijo.***

ה *OROS, disco pantacular, signo de apoyo de la voluntad, materia condensadora de acción espiritual; síntesis que reduce el ternario a la unidad,* ***Trinidad o Tri-unidad.***

En esta elección hay algo más que una coincidencia, y nadie puede dudar de que el inventor del tarot aplicado al juego fuera un iniciado en las ciencias misteriosas de su tiempo.

Podemos ver a continuación las relaciones trazadas por Papus en su libro dedicado al simbolismo hermético del tarot llamado "el tarot de los bohemios". Notemos el vínculo existente entre las obras de la magia y los palos del Tarot, así como su filiación al Tetragrama, la cual, como lo expresa Papus, fue manifestada por G. Postel y E. Levi en sus obras.

"Si consideramos ahora los cuatro colores del Tarot, resultarán nuevas deducciones. Recordemos que esos cuatro colores son: los Bastos, las Copas, las Espadas y los Oros.

*El **Basto** representa el macho o el activo.*

*La **Copa** es la imagen del pasivo o de la femineidad.*

*La **Espada** representa la unión de ambos en su forma crucial.*

*Por último, el **Oro** representa la segunda hé.*

Todos los autores que han estudiado el aspecto filosófico del Tarot reconocen unánimemente la correspondencia entre el tetragrama y los cuatro colores. Guillermo Postel, y sobre todo Eliphas Levi, han desarrollado estos estudios con provecho y nos muestran las cuatro letras del tetragrama aplicadas al simbolismo de todos los cultos.

Citemos de paso las correspondencias de estas letras con los símbolos de la religión cristiana.

La iod o Bastos del Tarot, representa la cruz episcopal.

La 1a. hé o Copas, el cáliz.

La vau o Espadas, la cruz, que afecta la misma forma.

La 2a. hé u Oros, la hostia; transición del mundo natural al mundo sobrenatural.

La serie que acabamos de estudiar en un solo color, se corresponde por igual a los cuatro colores tomados en su conjunto, así:

Bastos
Iod

Copas   **Oros**
Primera He   Segunda He

Espadas
Vav

Las cuatro pruebas mágicas

Cada uno de los elementos remite asimismo a una de las cuatro pruebas iniciáticas, las cuales permiten la adquisición de las denominadas "virtudes mágicas": *saber, osar, querer y callar,* signo del verdadero mago. Como dice E. Levi: *La iniciación por la lucha y por las pruebas es, pues, indispensable para llegar a la ciencia práctica de la magia.* Según la tradición, la superación de cada una de estas pruebas tiene por objeto lograr ordenar y dirigir las energías de cada uno de los elementos y ser obedecido por los seres que los habitan, los llamados "elementales", conocidos de manera genérica por los nombres de *salamandras, ondinas, silfos y gnomos.* Sortear cada una de las pruebas implica acceder a sus respectivos instrumentos.

El verdadero mago, aquel que puede llevar este nombre, es quien ha dominado en sí mismo a los cuatro elementos, venciendo los aspectos negativos de cada uno de ellos y practicando los positivos. Quien logra esto adquiere el acceso al *Sanctum Regnum* al que refiere E. Levi como *"la ciencia y el poder de los magos".* Acceder al Sanctum Regnum es el ideal de la alta magia. Así se refiere E. Levi sobre esto:

*Volviendo al **Sanctum Regnun**, es decir, a la ciencia y al poder de los magos, diremos que se les son indispensables cuatro cosas: una inteligencia esclarecida por el estudio, una audacia sin límites, una voluntad inquebrantable y una discreción que no pueda corromperse o enervarse por nada.*

Saber, Osar, Querer y Callar. He ahí los cuatro verbos del mago, que están escritos en las cuatro formas simbólicas de la esfinge. Estos cuatro verbos pueden combinarse juntos de cuatro maneras, y se explican cuatro veces los unos por los otros.

Saber, osar, querer y callar configuran la labor necesaria de quien desea ser mago; así lo explicita el maestro francés:

*Es necesario **saber** para osar*
*Es necesario **osar** para querer*

*Es necesario **querer** para tener el Imperio*
*Y para reinar, es necesario **callar**.*

Podemos decir entonces que el mago es quien sabe, osa, quiere y calla.

Como dice E. Levi, estos·son *los cuatro verbos del mago, que están escritos en las cuatro formas simbólicas de la esfinge.* [67]

Los cuatro elementos y sus respectivas virtudes están personificados por los llamados "animales santos", los cuales representan las energías más elevadas de cada elemento. Así es que el fuego está representado por el león, el agua por el ángel, el aire por el águila y la tierra por el buey. La adquisición de las cuatro virtudes es como ya dijimos el ideal del mago. Vemos aquí en un dibujo realizado por E. Levi, a los cuatro animales santos dentro de la estrella de Salomón.

---

67   Esta idea de que el mago es quien ha vencido en sí mismo a los cuatro elementos encuentra también presente en el *Fausto* de Goethe. Dice el doctor Fausto que "*aquel que nada sabe sobre los elementos, sobre su enorme fuerza, sobre sus propiedades, nunca logrará dominar a los espíritus*".

Los cuatro instrumentos mágicos son un modo de expresar el dominio del mago sobre los elementos, dominio que ha adquirido gracias a la práctica de las cuatro virtudes antedichas. Adquirirlas, con los sacrificios y las dificultades que esto implica, es un modo de pasar las pruebas iniciáticas propias de la magia. Estas pruebas poseían en la antigüedad una formalidad que ya se ha perdido, pero su sentido se mantiene en la actualidad. Según E. Levi, las pruebas antiguas implicaban vencer a los elementos superando el temor natural a los mismos. De este modo, el mago se hace "respetar" por los espíritus elementales de ese elemento, los cuales pasan a considerarlo "digno", razón por la cual lo obedecen. Dice al respecto E. Levi:

"Para dominar a los espíritus elementales y convertirse en rey de los elementos ocultos, es preciso haber sufrido primero las cuatro pruebas de las antiguas iniciaciones y como las iniciaciones no existen ya, haber sufrido por análogos actos, como exponerse sin temor en un incendio, atravesar un torrente sobre el tronco de un árbol o sobre una tabla; escalar una montaña a pie durante una tempestad, tirarse a nado en una catarata o en un torbellino peligroso. El hombre que tenga miedo al agua no reinará jamás sobre las Ondinas; el que tema el fuego, nada podrá mandar a las Salamandras; en tanto que tenga pavor al vértigo, necesitará dejar en paz a los Silfos y no irritar a los Gnomos, porque los espíritus inferiores no obedecen más que a un poder probado, demostrándose su dueño hasta en sus propios elementos.

Cuando se ha adquirido por la audacia y el ejercicio este poder indisputable, es necesario imponer a los elementos el verbo de su voluntad por consagraciones especiales del aire, del fuego, del agua y de la tierra, y este es el comienzo indispensable de todas las operaciones mágicas"[68].

En el arcano uno del tarot o "libro de Hermes", se encuentra expresada esta misma idea. Así es que en él vemos al mago con los cuatro instrumentos mágicos a la vez que con su cuerpo forma la letra hebrea Aleph, la cual remite al concepto de "unidad" y

---

68 Nos encontramos aquí con una referencia a "el conjuro de los cuatro" el cual es *el comienzo indispensable de todas las operaciones mágicas*. Ver capítulo XI.

"creación" ya que el mago es quien, dominando en sí a los cuatro elementos, logra dominarlos en el afuera, modificando así la realidad[69]. Nuevamente citaremos a E. Levi:

"En la primera página del libro de Hermes, el adepto está representado cubierto con un vasto sombrero que, al bajarse, puede cubrirle toda la cabeza. Tiene una mano elevada hacia el cielo, al cual parece mandar con su varilla, y la otra mano sobre el pecho; presenta ante sí los principales símbolos o instrumentos de la ciencia, y oculta otros en un cubilete de escamoteador. Su cuerpo y sus brazos forman la letra Aleph, la primera del alfabeto que los hebreos tomaron de los egipcios…".

Vemos aquí el arcano antedicho dibujado por el mismo E. Levi. Podemos notar en el mismo: al mago con sus instrumentos formando con su cuerpo la letra hebrea Aleph.

Los espíritus elementales son de algún modo: buenos con los buenos y malos con los malos, en esto se parecen a los animales, los cuales pueden ser obedientes y benéficos con las personas elevadas espiritualmente, así como crueles y rebeldes con quienes los pudieran dañar. Al respecto dice C. Agrippa de estas criaturas que ellas *no causan mal alguno a la gente de bien y a los amigos de la pureza, pero sí lo producen a los malvados e impuros.*

---

69 Es notorio que el primer arcano del tarot ha sido llamado de diversos modos como: el mago, el alquimista etc. Asimismo, en ciertos mazos del siglo XIX, el mismo lleva puesto un delantal a modo de "mandil masónico".

La adquisición de los cuatro instrumentos implica un trabajo espiritual sobre cada uno de los elementos a fin de conquistar las virtudes mágicas correspondientes a cada uno de ellos. Este "trabajo" debe ser realizado a modo de labor personal, superando las pruebas de cada elemento. Esta labor individual es la que permite acceder a aquella iniciación a la que se refiere E. Levi cuando dice que para llegar a la ciencia práctica de la magia es "imprescindible" *la iniciación por la lucha y por las pruebas.*

Creo importante recalcar que este trabajo al que hacemos referencia, puede ser realizado dentro o fuera del circuito tradicional de las escuelas iniciáticas, aunque estas son de gran ayuda para realizarlo. Asimismo, este trabajo nunca se realiza solo o sin la asistencia de un maestro. En esto tampoco debemos engañarnos. Sin la mano de un maestro experimentado no es posible profundizar en los misterios de ninguna ciencia espiritual sin correr riesgos reales. El maestro es quien ha recorrido y recorre este camino junto al discípulo. Por lo tanto, encontrar un verdadero maestro es un punto clave de nuestro trabajo espiritual.

Adquirir la iniciación por las pruebas y el esfuerzo implica entrar en un proceso llamado por los magos antiguos "dignificación"[70]. Este proceso implica realizar un sincero y real trabajo sobre uno mismo.

Las cuatro pruebas mágicas implican la adquisición de las cuatro virtudes mágicas, las cuales se adquieren gracias a un esfuerzo personal. Como dice E. Levi: aunque las antiguas iniciaciones mágicas ya no existan, las pruebas deben ser superadas igual, gracias a actos análogos. Así es que quien quiera dominar a los espíritus de los elementos, deberá superar las pruebas que estos le coloquen. Así, aunque ya no sea el recipiendario lanzado a cruzar un río a nado o a atravesar un incendio, igualmente deberá realizar el trabajo correspondiente a ese elemento y superar la prueba del mismo.

Veamos aquí unas referencias en torno a las labores a realizar en cada una de las cuatro pruebas mágicas.

---

70   C. Agrippa dedica el capítulo 3 de su tercer libro de la *Filosofía Oculta* a "la dignificación necesaria para convertirse en mago verdadero".

Las pruebas de Tierra

Implican adquirir las virtudes de los seres de tierra llamados Gnomos y evitar sus vicios. Las virtudes del elemento tierra están sintetizadas en la virtud mágica denominada *"Callar"*.

Las pruebas de tierra son aquellas en las que se pone en juego nuestra capacidad de "sostener" y "adquirir".

Virtudes: Paciencia. Perseverancia. Laboriosidad. Generosidad. Practicidad. Abundancia.

Vicios: Terquedad. Egoísmo. Inflexibilidad. Chatura. Materialismo. Ver para creer. Superficialidad.

Callar implica, no sólo que no se debe revelar aquello que es secreto. El símbolo del callar es el buey, el cual trabaja en silencio. La capacidad de trabajar es muy propia de los duendes, quienes son también muy parcos. Podemos decir que quien habla no hace y quien hace no habla.

La virtud "callar" se relaciona también con la necesidad de "discreción" propia de todo trabajo hermético. Todos los maestros de todos los tiempos nos aconsejan poseer una gran discreción en torno a la labor a realizar. Como dice E. Levi, el mago debe poseer *una discreción que no pueda corromperse o enervarse por nada*.

Las obras mágicas se fortalecen en el secreto y se debilitan al divulgarse. Dice C. Agrippa que *toda experiencia de la Magia aborrece lo público, quiere estar oculta, se fortalece mediante silencio, pero se destruye mediante la declaración, sin que se obtenga el efecto completo; pues se pierden todos sus beneficios al exponerlas a los incrédulos*. El callar entendido como "discreción" es condición clave del éxito en las obras mágicas. Es por esto que el maestro alemán aconseja a quien quiera obtener logros en sus obras mágicas lo siguiente:

"Es preciso que, quien opere en la Magia y quiera sacar provecho, guarde el secreto, no comunique a nadie su obra, ni el lugar, ni el tiempo, ni lo que desea, ni su voluntad, sino a su maestro, a su coadjutor o asociado que deberá ser también fiel, creyente, reservado y digno de esa ciencia, mediante naturaleza o

instrucción; pues también la excesiva garrulería de un asociado, su incredulidad y su indignidad impiden la operación y hacen abortar el efecto".

Las pruebas de Aire

Implican adquirir las virtudes de los seres del aire llamados Silfos y evitar sus vicios. Las virtudes mágicas del aire se sintetizan con la palabra *"saber".*

Las pruebas de aire son aquellas en las que se pone a prueba nuestro "ingenio", nuestra capacidad de "crear" y nuestra "habilidad".

Virtudes: Ingenio. Curiosidad intelectual. Expresividad. Locuacidad. Rapidez. Sentido del humor.

Vicios: inconstancia. Falta de concentración. Confusión. Intelectualidad. Hablar y no hacer.

Las pruebas de Agua

Implican adquirir las virtudes de los seres del agua llamados Ondinas y evitar sus vicios.

Las pruebas de agua son aquellas en las cuales se prueba nuestra capacidad de "sentir", ligada a la virtud mágica llamada *"querer".*

Virtudes: Sensibilidad. Afecto. Intuición. Calidez. Adaptabilidad. Empatía.

Vicios: Tristeza. Abandono. Queja. Pesimismo. Negatividad. Susceptibilidad.

Las pruebas del agua son pruebas en el orden de lo emocional. Estas implican superar las aguas de nuestra emocionalidad sin hundirnos en ellas.

El mago deber ser sensible sin ser débil.

Dice Papus que la palabra española **querer,** significa al propio tiempo **amar y desear.** *Podemos, parafraseando al maestro español, decir que "querer" no es otra cosa que saber desear aquello que se ama y amar plenamente aquello que se desea.*

Las pruebas de Fuego

Implican adquirir las virtudes de los seres del fuego llamados Salamandra y evitar sus vicios.

Las pruebas de fuego son las más trascendentes de las cuatro ya que son aquellas que podemos considerar como "pruebas de fe". Los antiguos creían con razón, que la fe auténtica es aquella fe que ha sido puesta a prueba. En esto radica la diferencia entre fe y credulidad. La primera es una fe que ha pasado por la prueba, razón por la cual es una fe adulta; la segunda es aquella fe más cercana a la ingenuidad, infantil y débil.

Las virtudes mágicas del fuego se sintetizan con la palabra *"osar"*.
Virtudes: Intrepidez. Valentía. Osadía. Autoestima. Motivación. Voluntad. Fe. Confianza en lo superior.
Vicios: Necedad. Agresividad. Ira. Fanatismo. Inquietud. Ansiedad. Despotismo.

Una persona puede haber superado las pruebas iniciáticas a las que hacemos referencia, sin haber sido necesariamente "iniciado" en algún tipo de institución iniciática. Haber superado una prueba ligada a uno de los cuatro elementos implica haber adquirido la virtud propia de ese elemento. Quien osa, sabe, quiere y calla ha conquistado a los elementos y ha superado las pruebas, de no ser así, la prueba no ha sido pasada aun que se posea una iniciación formal. No debemos confundirnos: *ser iniciado en una orden o institución iniciática, no implica necesariamente haber realizado esta labor de la que hablamos.*

El ideal del mago es adquirir las cuatro virtudes mágicas. Estas se obtienen por medio del trabajo personal el cual puede ser "favorecido" por la iniciación formal en alguna "orden iniciática" pero nunca puede ser "remplazado".

Para Papus, la función de las órdenes iniciáticas es la de favorecer la instrucción en torno al conocimiento de las antiguas ciencias. Según él, esta instrucción se puede adquirir por medio del trabajo personal, siendo este imprescindible. Dice Papus al respecto:

"¿Cuáles son los medios que un curioso puede emplear, al presente, para aprender la ciencia antigua u oculta? Esos medios son de dos órdenes distintos: primero la instrucción personal; segundo la instrucción por las sociedades.

La instrucción personal es la única verdadera, útil, y el trabajo de las sociedades debe limitarse a guiar el postulante.

Uno adquiere tal instrucción estudiando ya la naturaleza, ya en los libros, una vez en posesión de ciertos datos. Estos datos constituyen el fondo de todas las iniciaciones...".

Como lo expresa Papus, el trabajo personal es la piedra de toque para adquirir el conocimiento. El esfuerzo sincero en torno a la adquisición de las cuatro virtudes mágicas es absolutamente imprescindible.

Con respecto a todo lo antedicho no debemos tampoco equivocarnos considerando que podemos acceder solos al trabajo mágico. Ya lo hemos dicho: aunque la labor es estrictamente personal, es imprescindible la presencia de un maestro que nos guíe en el sendero. Debemos recalcar también que no existe la llamada "auto/iniciación", y que no podemos iniciarnos a nosotros mismos. Asimismo, el solo pertenecer a una orden iniciática no es suficiente para adquirir las virtudes antedichas. El ideal es aquel en el cual la iniciación formal en una orden o escuela se encuentra unida a un verdadero trabajo espiritual.

Los instrumentos mágicos deben ser conquistados, adquiridos, gracias a un esfuerzo. Según nos lo ha demostrado la experiencia, cada uno de estos instrumentos es conquistado de un modo distinto, acorde a su propia naturaleza. Así es que: el talismán se "adquiere" en el callar, la espada se "forja" en el saber, la copa se "recibe" en el querer y la vara se "crea" en el osar.

Dado todo lo antedicho, podemos afirmar que estos instrumentos no pueden ser comprados como meros objetos que se adquieren en una tienda. Comprar un instrumento mágico no es condición de poseerlo realmente ya que las virtudes espirituales a las que están ligados no pueden ser adquiridas por dinero.

Se puede comprar –por ejemplo– el sacerdocio, pero no la santidad. Se puede comprar la iniciación, pero no la virtud.

Los instrumentos mágicos a los que aquí nos referimos no deberían ser elaborados más que por personas iniciadas en el arte mágico, las cuales –al igual que los antiguos artistas medievales– deben poseer los conocimientos astrológicos, alquímicos y energéticos correspondientes a su elaboración.

La vara, la copa, la espada y los talismanes, si han sido elaborados de manera correcta, poseen una carga vibracional muy poderosa. Lo más recomendable es que el mago elabore él mismo sus instrumentos o que estos sean elaborados en un taller o laboratorio mágico siguiendo ciertas reglas[71].

En lo posible, se debe intentar disponer de cada instrumento por par, como dice E. Levi: *Todos los instrumentos mágicos deben ser dobles, es preciso tener dos espadas, dos varitas, dos copas, dos braserillos, dos pantáculo y dos lámparas.*

Los instrumentos mágicos se relacionan con los elementos, las virtudes mágicas y los seres elementales del siguiente modo[72]:

Elementos	Instrumentos	Palos / Tarot	Elementales	Virtudes
Fuego	Vara	Bastos	Salamandras	Osar
Agua	Copa	Copas	Ondinas	Querer
Aire	Espada	Espadas	Silfos	Saber

---

71   Es en torno a esta labor que trabajamos en nuestro laboratorio mágico/alquímico Hermes. Elaborando herramientas e instrumentos mágicos siguiendo la tradición de los magos.

72   Estas atribuciones resultan ser –a nuestro entender– las más acertadas, ya que poseen una clara relación con el tarot y sus "palos".

Tierra	Talismanes	Oros	Gnomos	Callar

Más allá de los cuatro instrumentos, se utilizan una gran cantidad de objetos mágicos, a los cuales para no confundirlos con los cuatro instrumentos es preferirle llamarlos "herramientas". Dentro de estas podemos contar el uso de: Talismanes, vestiduras, velas, lámparas, perfumes, inciensos, cuadernos, plumas, dagas, tridentes, esferas de cristal, espejos así como muchos otros.

Veamos a continuación las "herramientas" de que podemos disponer con facilidad en la práctica mágica.

CAPÍTULO VII

Las herramientas de la magia

Siendo las ceremonias, los vestidos, los perfumes, los caracteres
y las figuras, como ya lo hemos dicho, necesarias para emplear la
imaginación en la educación de la voluntad, el éxito de las obras
mágicas depende de la fiel observación de todos los ritos.

E. Levi.

Las vestiduras

Un elemento de fundamental importancia en la práctica mágica
son las vestiduras. Para poder operar adecuadamente es imprescindible disponer de vestiduras específicas para este fin.

Es notorio en la tradición religiosa el uso de vestimentas especiales; tanto en el caso de aquellas que se utilizan sólo en el ámbito
ritual, como ocurre con las capas, las casullas y otros ornamentos
sacerdotales; como aquellas que se usan permanentemente como
ocurre con los "hábitos" monacales.

Desde el siglo VIII, momento histórico en el cual se determina
el uso de las vestiduras rituales, en la iglesia se acostumbró rea-
lizarlas en lino o seda. El lino es la tela sagrada de Occidente, su

aplicación en las vestiduras de orden religioso es ancestral. En las culturas antiguas, las ropas que las personas dedicadas a lo sagrado debían llevar, eran siempre de lino puro. C. Agrippa dice que los pitagóricos *vestían túnicas blancas, de lino, pues juzgaban profana una vestidura de lana, como si fuese excremento, abono animal de ganado.*

En la magia, existe una vestidura para cada obra mágica, las cuales son siete según la clasificación clásica en torno a los planetas. Así es que existen siete tipos de vestiduras, cada una acorde en su color a un planeta determinado.

Estas son las determinaciones dadas por E. Levi para las vestiduras y ornamentos que el mago deberá utilizar siguiendo su relación con los planetas y los días de la semana que le corresponden:

- **Sol**: *estará revestido de un traje púrpura, con tiara y brazaletes de oro.*
- **Luna:** *llevará un traje blanco laminado de plata con un triple collar, de perlas, de cristales y de selenitas.*
- **Marte:** *el traje será de color de fuego… con un cinturón y brazaletes de acero.*
- **Mercurio:** *el traje será verde o de una tela que sea tornasolada de distintos colores; el collar será de cuentas de vidrio hueco, conteniendo mercurio.*
- **Júpiter:** *el traje será de color de escarlata, y se llevará en la frente una lámina de estaño con los caracteres del espíritu de Júpiter.*
- **Venus:** *el traje será de un color verde azulado; las tinturas serán verdes y rosas; los adornos de cobre pulido.*
- **Saturno:** *el traje será negro o pardo, con caracteres bordados en seda, color de naranja; se llevará al cuello una medalla de plomo con el carácter de Saturno.*

En las obras mágicas de cierta importancia, así como en las consagraciones, se utilizan las vestiduras correspondientes al planeta regente de la obra. Estas vestiduras, como ocurre con los instrumentos mágicos, deben ser elaboradas bajo ciertas condiciones especiales y consagradas en tiempos astrológicos afines al planeta correspondiente. De este modo, cuando se utiliza una "capa" o una vestidura consagrada a un planeta y su ángel, el mago se encuentra dentro del campo de energía de ese planeta y es custodiado de manera especial por ese ángel.

Las vestiduras, al igual que los otros elementos mágicos son dobles. Se debe poseer en lo posible dos vestiduras para cada planeta.

Vestidura básica

Comúnmente, debajo de las capas se utiliza una túnica blanca, en lo posible de lino. Esta túnica es la vestidura básica con la cual se puede operar sin necesidad de otro tipo de vestimenta ritual. Papus, inspirado en el texto de magia hebrea las "Claviculas de Salomón" recomienda que esta túnica sea elaborada del siguiente modo:

"Se hará el traje de tela de lino blanca y en forma de camisón, sin ninguna abertura, excepto la del cuello, y de un largo suficiente para que llegue hasta los pies; algo amplio por la parte inferior y provisto de dos mangas de la propia tela, que se recogen al nivel de los puños, donde ajustan. Se requiere que este traje resulte de inmaculada blancura[73]".

Estas son las condiciones básicas que debe tener la túnica. Lo ideal es que la misma cuente también con una capucha o un "amito" que cubra la cabeza. La túnica puede elaborarse en lino o, en su detrimento, en algodón.

Esta túnica no debe ser utilizada con otros fines que no sean los de la práctica mágica. También es fundamental el cuidado energético de las vestiduras, para lo cual es recomendable que sea el mismo operador quien las lave y mantenga en condiciones, así como que el lavado se realice con una mezcla de agua y vinagre blanco para que estás no se saturen de energías negativas.

---

73   Esta túnica es similar al "alba" que se utiliza en la tradición religiosa cristiana.

Antes de comenzar a utilizar las vestiduras es importante prepararlas para su aplicación en las obras mágicas, purificándolas. Para esto, se debe incensarlas y luego, colocando sobre estas las manos, se puede recitar la siguiente plegaria a modo de consagración de las mismas:

¡Oh! Padre amable, Creador de los astros, Sabiduría infinita, dígnate a santificar por todas las fuerzas y por todas las virtudes, este vestido preparado en honor tuyo. Yo te exorcizo por el verdadero Dios viviente y eterno que ha hecho todas las cosas de la nada, para que no haya nada de impuro en esta mi operación; antes bien, que resulte llena de virtudes! Amén[74].

En ciertas tradiciones, es común la utilización de una túnica negra debajo de las otras vestiduras a manera de la "sotana" utilizada por los sacerdotes católicos. Esta costumbre posee ciertas virtudes ya que así como el color blanco exalta las capacidades espirituales, el negro protege a quien lo porta, ya que las vestiduras negras implican la idea de "muerte ritual", razón por la cual las vestiduras negras nos hacen ser "indiferentes" a las energías negativas y a las fuerzas que pudieran "tentarnos"[75].

En muchas tradiciones, se considera fundamental la utilización de un cordón a modo de cinto similar a los "cíngulos" propios de la tradición religiosa, o un cinturón especial, diferente para cada obra.

Los perfumes

Los perfumes son fundamentales en la práctica mágica. De ellos existen dos tipos: aquellos que son líquidos, los cuales se

---

74   Esta plegaria al igual que muchas otras es recomendada por Papus en su *Tratado elemental de magia práctica*, las cuales son tomadas por el mago español de las *Clavículas de Salomón*.

75   Dentro de las escuelas que recomiendan la utilización de vestiduras negras debajo de las blancas se encuentra la tradición teúrgica de Martínez de Pasqually quien indicaba la utilización de túnica, pantalones y medias negras debajo de una túnica blanca con signos propios de la orden.

elaboran para ungir, y los "turíferos" que son sólidos y deben ser quemados sobre carbones encendidos. Los perfumes, tanto en la tradición religiosa como en la mágica, no son tratados como meros "aromatizantes", sino que cumplen funciones muy específicas dentro de los rituales.

La virtud mágico/espiritual de los perfumes radica en el hecho de que estos entran en íntima relación con el alma de la criatura que lo aspira. Dice C. Agrippa que: *el alma, hija e imagen de Dios mismo, se deleita con los perfumes y fumigaciones, captándolos con las mismas narices por las que entró en el hombre corporal.* El hombre ha recibido, según el Génesis, el hálito de vida insuflado por Dios mismo. Según el texto mosaico: *Yahveh Dios formó al hombre con polvo del suelo, e insufló en sus narices aliento de vida, y resultó el hombre un ser viviente.* Esto ha llevado a los magos de la antigüedad a considerar el olfato como el sentido más elevado y espiritual de todos. Cuanto más excelso es un espíritu, más sensible es su olfato.

El soplo o "insuflamiento" es una práctica muy utilizada en la magia antigua, en especial en las consagraciones, así como para "vivificar" objetos inanimados. Esto se basa en la idea de que el soplo es un modo de transmitir vida, de dar vida, de "animar". En ciertos rituales religiosos de la tradición cristiana, también se aplican soplos como un modo de transmitir el Espíritu; de hecho, Jesús, al manifestarse a sus discípulos ya resucitado, sopla sobre ellos para que estos reciban el Espíritu Santo[76].

Los antiguos cabalistas hebreos decían que la nariz es divina y la boca es humana. Este sentido trascendente de la nariz se liga al hecho de que la nariz es vertical y la boca horizontal. Asimismo, la nariz se relaciona con la respiración. Respirar implica entrar en contacto con el espíritu. Tengamos presente que el término griego *pneuma* que define al "espíritu", es el mismo que define al "soplo" y al "aire". En torno a esto, la mayoría de las tradiciones espirituales han desarrollado técnicas específicas de respiración, muchas de las cuales están ligadas a las mismas técnicas de meditación u oración interior.

---

76   Juan. 20: 22.

Según C. Agrippa, al ser el aire similar al alma; los perfumes que se expanden por el aire logran tomar las energías de las estrellas y comunicarlas en el alma llegando hasta el corazón[77].

La cualidad olfativa no es patrimonio exclusivo de la persona humana, sino también de los seres invisibles. Según la tradición de los textos sagrados, los demonios, los ángeles y los elementales poseen olfato y pueden ser invocados o expulsados por medio de perfumes.

Es una regla de la magia considerar que los espíritus de luz son atraídos por los perfumes delicados y los espíritus de oscuridad por los aromas pestilentes. Así se expresa C. Agrippa al respecto:

"Es menester saber que según opiniones de los magos, en toda buena obra, como el amor y la benevolencia, la fumigación debe ser buena, olorosa y preciosa; y en una mala operación como el odio, la cólera, la desdicha y semejantes, la fumigación debe ser fétida y de vil precio".

En la tradición judeo/cristiana, los perfumes utilizados como defumaciones son una expresión del culto a la divinidad. Esto queda demostrado en el hecho de que los magos de Oriente llevan como "ofrenda" a Jesús en su nacimiento, como signo de adoración, junto al oro, dos perfumes: incienso y mirra.

La quema de perfumes era una de las prácticas rituales más importantes en el culto de los antiguos hebreos. En el libro del Éxodo encontramos referencias sobre la elaboración de perfumes sagrados y su composición, así como la normativa dada por Yahveh a Moisés de que construya en el templo un altar hecho de madera de acacia, exclusivamente para la quema de perfumes. En el mismo libro, Dios revela a Moisés el modo correcto de elaborar un perfume que era encendido en el templo en su honor.

Dijo Yahveh a Moisés: Procúrate en cantidades iguales aromas: estacte, uña marina y gálbano, especias aromáticas e incienso puro.

---

77   C. Agrippa define al alma y al aire como "vapores". Tengamos presente la ya citada relación fonética entre los término *pneuma*, aire y espíritu.

Prepara con ello, según el arte del perfumista, un incienso perfu-
mado, sazonado con sal, puro y santo; pulverizarás una parte que
pondrás delante del Testimonio, en la Tienda del Encuentro, donde
yo me encontraré contigo. Será para vosotros cosa sacratísima.

Y en cuanto a la composición de este incienso que vas a hacer, no la
imitéis para vuestro uso. Lo tendrás por consagrado a Yahveh.

Cualquiera que prepare otro semejante para aspirar su fragancia,
será exterminado de en medio de su pueblo.

El perfume revelado a Moisés es denominado por Yahveh "cosa
sacratísima". Dada la santidad del mismo, Dios prohíbe a Moisés
la utilización de este perfume fuera del culto divino.

Yahveh explicita también en el Éxodo la elaboración del "óleo
de unción" con el cual ungir los objetos y lugares sagrados con
el fin de hacerlos santos. Con el mismo perfume, se unge al sacerdote consagrándolo. En la tradición del antiguo testamento,
"ungido" es sinónimo de "consagrado a Dios".

"Habló Yahveh a Moisés, diciendo:

Toma tú aromas escogidos: de mirra pura, quinientos siclos; de ci-
namomo, la mitad, o sea, 250; de caña aromática, 250; de casia,
quinientos, en siclos del Santuario, y un sextario de aceite de oliva.

Prepararás con ello el óleo para la unción sagrada, perfume aromático
como lo prepara el perfumista. Este será el óleo para la unción sagrada.

Con él ungirás la Tienda del Encuentro y el arca del Testimonio, la mesa
con todos sus utensilios, el candelabro con todos sus utensilios, el altar del
incienso, el altar del holocausto con todos sus utensilios y la pila con su base.

Así los consagrarás y serán cosa sacratísima. Todo cuanto los toque
quedará santificado.

Ungirás también a Aarón y a sus hijos y los consagrarás para que
ejerzan mi sacerdocio.

Hablarás a los israelitas, diciendo: Este será para vosotros el óleo de
la unción sagrada de generación en generación.

No debe derramarse sobre el cuerpo de ningún hombre; no haréis
ningún otro de composición parecida a la suya. Santo es y lo tendréis
por cosa sagrada.

Cualquiera que prepare otro semejante, o derrame de él sobre un laico, será exterminado de su pueblo". (Éxodo 30. 17 a 33)

En la tradición religiosa cristiana se utiliza el aceite de oliva para la elaboración de tres tipos de óleos: el llamado "de los enfermos", el "de los catecúmenos" y el "santo crisma". El primero se elabora para favorecer la salud de los enfermos y para aplicar la extremaunción a los moribundos. El segundo es con el que se unge a las personas que van a ser bautizadas, a los sacerdotes y los reyes. El tercero es una mezcla de aceite y "bálsamo". El santo crisma sirve para ungir a los bautizados y a quienes se confirman. De igual modo se aplica para la consagración de obispos, así como en la dedicación de las iglesias, la consagración de los elementos sagrados como cálices y altares, así como en las campanas. Todos estos "óleos" son consagrados por los obispos el Jueves Santo.

Una de las funciones de los perfumes y aromas que se utilizan como turíferos es la de que se eleven hasta el "trono de Dios". Aquí debemos tener presentes las "oblaciones" del antiguo culto hebreo, las cuales elevan su aroma a Yahveh a fin de glorificarlo[78].

Dentro de los perfumes y resinas utilizadas como defumaciones, es el "incienso" la que se aplica en mayor medida en el culto cristiano. La utilización del incienso en el ritual cristiano posee la virtud de purificar y preservar de energías negativas los templos, los objetos y las personas.

La incensación del templo y de los objetos sagrados, aunque en la actualidad ha caído en gran medida en desuso, es sumamente importante para que un rito sea desarrollado eficazmente. La razón por la cual es el "incienso" y no otra la resina utilizada, no es fortuita, el incienso posee virtudes energéticas muy específicas de las que hablaremos más adelante.

Como ya hemos dicho, los seres espirituales aspiran los aromas de los perfumes sintiéndose atraídos o rechazados por estos.

---

78   Ver capítulo II.

Ciertos perfumes poseen la virtud de no poder ser soportados por determinados espíritus oscuros, los cuales son por esto expulsados al olerlos. Ejemplo claro de esto se encuentra en el libro del Antiguo Testamento denominado Tobías. En el relato, Tobías es instruido por el arcángel Rafael, de cómo debe, a fin de expulsar al demonio llamado Asmodeo, quemar sobre carbones encendidos el hígado y el corazón de un pez, logrando de este modo que este demonio se retire:

"Recordó Tobías las palabras de Rafael y, tomando el hígado y el corazón del pez de la bolsa donde los tenía, los puso sobre las brasas de los perfumes.

El olor del pez expulsó al demonio que escapó por los aires hacia la región de Egipto. Fuese Rafael a su alcance, le ató de pies y manos y en un instante le encadenó". (Tobías 8: 2 y 3)

Los perfumes en la magia

En la magia, existe una verdadera ciencia de los perfumes. Esta ciencia implica el conocimiento de las virtudes que cada perfume posee para atraer o rechazar ciertas y determinadas entidades, así como la capacidad de estos de generar cambios en energía y la conciencia de quien los aspira ya que los perfumes modifican el cuerpo astral y accionan directamente sobre nuestros chakras.

En la práctica mágica, existe un perfume para cada obra. En especial, están clasificados en torno a los planetas y las obras mágicas que cada planeta rige.

Las recetas de los perfumes mágicos de los planetas son diversas. Los diferentes maestros han elaborado las propias y han interpretado y adaptado las de los magos anteriores a ellos según su saber. Existe una gran diferencia entre las recetas de los magos renacentistas y medievales y los magos más cercanos a nuestro tiempo como los del siglo XIX, en especial en torno a lo que hace a incluir en las mismas elementos animales, los cuales estaban presentes en las recetas de los primeros, así como los encontramos presentes en la fumigación que Rafael arcángel indica a Tobías[79].

A modo de ejemplo de los distintos modos de elaborar un perfume, podemos ver las hierbas incluidas en la elaboración del perfume del Sol según C. Agrippa y E. Levi:

C. Agrippa: azafrán, ámbar, almizcle, aloe, bálsamo, frutos de laurel, con clavo, mirra e incienso[80].
E. Levi: cinamomo, incienso macho, azafrán y sándalo rojo.

Los grandes magos de todos los tiempos han elaborado sus recetas de perfumes. Estas recetas nunca son improvisadas, sino que (en el caso de los maestros tradicionales) han sido elaboradas gracias a un profundo conocimiento de las virtudes ocultas de las hierbas o los elementos a utilizar.

El célebre teúrgo Martínez de Pasqually se valía en sus rituales de un perfume cuyos ingredientes eran, según se cree: azafrán, incienso, azufre, semillas de amapola blanca y negra, clavos de olor, canela blanca, mastic, sándalo, nuez moscada y esporas agáricas.

E. Levi recomienda en su "Ritual" purificar diariamente el lugar del gabinete mágico con una mezcla de laurel, sal, alcanfor, resina blanca y azufre[81].

En el recetario mágico tradicional, encontraremos fumigaciones aptas para purificar, para favorecer la videncia, para atraer las lluvias, para favorecer la manifestación de los espíritus invisibles, etc.

Los perfumes son incluidos en todos los rituales mágicos importantes. Los elementos mágicos están asimismo ligados a cier-

---

79   Ver cita 7 del capítulo II en relación a la no utilización de sangre de ninguna criatura en la magia actual.

80   El almizcle es quizás el único elemento tomado del reino animal utilizado en la magia contemporánea. El almizcle se extrae de los cuernos del ciervo almizclero.

81   Dada la alta toxicidad del azufre, no es recomendable la utilización del mismo. Los componentes tóxicos son los dos óxidos : SO_2 (dióxido de azufre) y SO_3 (trióxido de azufre u óxido sulfúrico) se desprenden en estado gaseoso y buscan combinarse con agua para formar ácidos sulfuroso y sulfúrico respectivamente, lo pueden hacer con la humedad del ambiente, por eso son tan venenoso.

tos perfumes ya que en las consagraciones de los mismos como en los rituales en los que se los aplica, se utilizan fumigaciones adecuadas. La espada, la copa, los talismanes y otros objetos rituales son permanentemente fumigados con perfumes específicos, tanto para mantenerlos purificados como para "imantarlos" con las energías necesarias para su fin.

La fuerza y virtud de los perfumes radica en la relación de estos con lo invisible. Los perfumes permiten atraer e irradiar energías hacia los lugares y los objetos con los que entran en contacto. En este sentido, los perfumes son "imantadores" de energía. Esta virtud de las fumigaciones se debe a su relación con "el alma del mundo" que es un nexo entre lo visible y lo invisible.

Por medio de los perfumes de cada planeta, atraemos la energía de ese planeta. La cantidad y calidad de energía que podemos atraer por medio de un perfume, depende de la calidad de los elementos a utilizar, su correcta elaboración y su consagración.

Cada planeta posee una relación simpática con determinados elementos de la naturaleza que le son afines. Esto se aplica no solo a los planetas sino también a los signos. Para C. Agrippa, *Los doce signos del Zodíaco tienen también sus perfumes; a saber: Aries, mirra: Tauro, hierba de Santa María; Géminis, almácigo; Cáncer, alcanfor; Leo, incienso: Virgo, sándalo; Libra, resina; Escorpio, opopónaco: Sagitario, aloe; Capricornio, asaro; Acuario, euforbia; Piscis, tomillo.*

El Incienso

Dadas las características de esta resina y sus virtudes, debemos dedicar unas líneas a ella[82].

Según Papus, el incienso puede ser aplicado en todas las obras de magia ya que el mismo es una síntesis de todo lo bueno.

---

82   Al referirnos al "incienso" nos estamos refiriendo a la resina extraída del árbol llamado *Juniperus Thurifera,* la cual es conocida como "incienso olíbano".

Lo primero y principal a tener en cuenta es que: *El incienso es la única resina que no puede ser aplicada para obras de oscuridad.*

El incienso no puede ser utilizado con resultados positivos en obras de brujería o de magia negra. Por otro lado, las características exorcísticas y purificadoras del incienso han sido reconocidas por los magos de todas las épocas. Su utilización ritual ha estado presente entre los griegos, los romanos, los hindúes y los egipcios entre otras culturas sagradas.

Los perfumes que se utilizan con el fin de dominar o alejar a los espíritus oscuros, no funcionan de igual manera y con igual efecto en todas las épocas y en todas las culturas. Cada sistema de creencias, cada estructura espiritual posee sus propios demonios y sus propios antídotos ante estos, los cuales no actúan necesariamente en otros sistemas de creencias. Así es que los objetos protectores de una religión, están dotados de fuerza espiritual para contrarrestar los embates de los demonios de ese mismo sistema de creencia y se manifiesta efectivo en ese culto, pero no necesariamente en otro. El incienso ha demostrado ser en la tradición judeo/cristiana el perfume más eficaz para purificar.

Las entidades de oscuridad, al igual que los insectos y los roedores, tienden a volverse inmunes a los elementos con que se los combate. Así como las ratas generan anticuerpos contra los venenos, así los demonios se van inmunizando ante determinados elementos exorcísticos. El incienso ha manifestado ampliamente su poder purificador, razón por la cual se encuentra presente en todos los perfumes que se elaboran mezclando o combinando elementos. Amén de esto, una de sus mayores propiedades radica en el hecho de que su poder no puede ser inhabilitado por el uso continuo[83].

El incienso es además un dinamizador del plexo o chakra cardíaco el cual está relacionado con las energías del Sol. Esta es una de las razones de su utilización en los templos. El aroma del incienso hace que nuestras energías se centren en nuestro cora-

---

83   Este poder lo comparte el incienso con otros muy pocos elementos de la naturaleza dentro de los cuales debemos contar la sal y el vinagre.

zón, centro de la devoción y lugar de encuentro con lo divino. Esta condición es similar a la que produce el canto gregoriano en el ámbito musical. Dentro del reino vegetal la vid y el trigo son también solares, razón por la cual están presentes en el gran ritual solar del cristianismo. El pan y el vino, fruto del trigo y de la vid, también son dinamizadores de las energías espirituales, haciendo que nuestro ser se centralice en el corazón.

La utilización del incienso en la magia es inmensa. Su función purificadora no es la única. El incienso es aplicado también para "elevar la energía de los objetos sagrados o mágicos". Por esto es importante incensar el altar antes de comenzar las plegarias, incensar el recinto mágico antes de una operación, así como los instrumentos o herramientas a usar en un ritual e incluso a las personas que participan del mismo.

El incienso se encuentra en las fórmulas de los magos de todos los tiempos. Tal como nos lo ha demostrado la experiencia, en la práctica mágica cotidiana es suficiente con quemar incienso puro.

Botánica oculta

El estudio de las virtudes mágicas y energéticas de las hierbas y las resinas es denominado "botánica oculta". En esta ciencia mágica, se abordan, no sólo las cualidades que cada hierba posee en su aplicación mágica, sino también el modo correcto en que estas deben ser sembradas y cosechadas, así como las condiciones astrológicas que se deben tener en cuenta en el momento de hacerlo. Todo esto, a fin de garantizar la fuerza energética de las hierbas y aumentar su fuerza mágica.

Veremos a continuación la virtud energética y espiritual de algunas de las hierbas y resinas más utilizadas en la magia:

Mirra
Aplicaciones: Superación de duelos. Profundización. Purificación. Paz. Fortaleza. Luz. Pedidos por difuntos.
Planeta: Saturno y Venus.

Benjuí
Aplicaciones: Bienestar. Salud. Alegría. Equilibrio. Salud.
Planeta: Júpiter.

Canela
Aplicaciones: Estudio. Viajes. Devoción. Amor. Vitalidad. Amor
de pareja.
Planeta: Mercurio y Venus.

Laurel
Aplicaciones: Protección. Purificación. Visión. Fuerza.
Planeta: Sol

Mostaza
Aplicaciones: Devoción. Fe. Alegría. Reconciliación.
Planeta: Marte y Sol.

Angélica
Aplicaciones: Evitar contagios energéticos. Pedidos al ángel cus-
todio. Plegaria. Meditación.
Planeta: Sol y Mercurio.

Romero
Aplicaciones: Remplaza al incienso cuando este falta. Purificación. Intuición. Viajes. Espiritualidad. Peregrinar. Pedidos a
la Virgen.
Planeta: Mercurio y Luna.

Pino
Aplicaciones: Serenidad. Paz. Meditación. Oración.
Planeta: Saturno.

Almizcle
Aplicaciones: Fuerza emocional. Atracción de cosas buenas.
Amor. Devoción.
Planeta: Sol y Venus.

Tabaco
Aplicaciones: Fuerza. Voluntad. Protección.
Planeta: Marte.

Tomillo
Aplicaciones: Devoción. Alegría.
Planeta: Sol.

Enebro
Aplicaciones: Purificación y protección.
Planeta: Sol y Marte.

Fórmulas tradicionales

A continuación, veremos algunas fórmulas tradicionales de defumaciones.

Perfume sintético

La siguiente es una fórmula recomendada por Papus. En ella encontraremos tres elementos: incienso, tabaco y almizcle. Cada uno de estos elementos, permite dinamizar los diversos centros energéticos. El centro superior, la cabeza, centro de la vida intelectual, el cual está ligado a la acción del tabaco. El centro inferior, lugar de las pasiones y la vida orgánica, ubicado en el vientre, vinculado al almizcle. Finalmente, el incienso, dinamizador del centro espiritual, el cual se ubica en el pecho.

Este perfume puede ser utilizado con eficacia para las prácticas mágicas en las que se requiere "vitalizar", "energizar" personas o lugares. Es ideal para las prácticas de "sanación".

Las proporciones son:
• Incienso: 60 por ciento del preparado.
• Tabaco: 30 por ciento del preparado.
• Almizcle: 10 por ciento del preparado.

Perfume de purificación

La siguiente receta pertenece a C. Agrippa.

Mezclar en iguales cantidades: Incienso, mirra, verbena, valeriana, llantén y clavo de olor. Todo esto machacado en un mortero en partes iguales.

Este perfume es apto para todo tipo de purificación tanto de personas como de lugares.

Perfumes y plantas de los planetas

Daremos aquí las funciones mágicas de ciertas hierbas en relación a los planetas y sus virtudes.

Es recomendable elaborar un perfume para cada planeta realizando una mezcla de incienso a la cual se le agrega una planta del planeta en cuestión, ambas machacadas en un mortero. Estos perfumes pueden ser quemados cada día de la semana según el planeta que le corresponda. También se puede elaborar un perfume "sintético planetario" cuya fórmula encontraremos más adelante.

Sol
Hierbas: Almácigo, Laurel, caléndula, todas las flores de pétalos amarillos o naranjas.
Día de la semana: domingo.
Ángel: Miguel.
Funciones: Purificación. Inspiración espiritual. Energía. Para aplicar en todas las obras del Sol

Luna
Hierbas: Mirra, Olivo, Salvia, todas las flores de pétalos blancos.
Día de la semana: lunes.
Ángel: Gabriel.
Funciones: Introspección, adivinación. Para aplicar en todas las obras de la Luna.

Marte

Hierbas: Aloe, Enebro, tabaco, ruda, todas las flores de color rojo.

Día de la semana: martes.

Ángel: Sanael.

Funciones: Purificación y protección de lugares o personas. Para aplicar en todas las obras de Marte.

Mercurio

Hierbas: Canela, eucalipto, menta, lavanda, todas las flores que poseen pétalos de colores múltiples.

Día de la semana: miércoles.

Ángel: Rafael.

Funciones: Estudio, viajes, escritura, inspiración intelectual. Para aplicar en todas las obras de Mercurio.

Júpiter

Hierbas: Nuez moscada, Benjuí, tilo, estoraque. Las flores de todas las plantas frutales. Todas las flores azules.

Día de la semana: jueves.

Ángel: Zachariel.

Otras funciones: Pedidos u operatorias relativas a la prosperidad. Funciones. Purificación y protección de lugares o personas. Para aplicar en todas las obras de Júpiter.

Venus

Hierbas: Azafrán, Verbena, Valeriana, Azahar, Rosa, Jazmín. Todas las flores de gran virtud aromática.

Día de la semana: viernes.

Ángel: Anael.

Funciones: Obras vinculadas a la vida amorosa o afectiva. Para aplicar en todas las obras de Venus.

Saturno

Hierbas: Hierba de Santa María, Estoraque negro, Comino. Todas las flores de colores oscuros.

Día de la semana: sábado.

Ángel: Orifiel.

Otras funciones: Para todas las obras en las que se requiera ordenar energías vinculadas con la muerte. Para pedir por la elevación de las almas de los difuntos. Para todas las obras de Saturno.

Perfume sintético de los planetas

Esta receta es enseñada por C. Agrippa.

Mezclar y triturar incienso y en iguales cantidades: hierba de santa María, nuez moscada, aloe, almácigo, azafrán, canela y mirra. Es ideal para toda obra espiritual. Este perfume puede quemarse todos los días y ser utilizado en todas las obras ya que contienen hierbas pertenecientes a cada uno de los planetas. En caso de no disponer de las resinas y hierbas antedichas, se debe tomar una planta de cada planeta, incluyendo entre estas al incienso, todas en partes iguales.

Plegaria de los perfumes

Cuando van a comenzarse las plegarias, o va a iniciarse una obra mágica, es recomendable incensar el lugar de la operación, así como el altar. Al quemar el incienso o los perfumes se puede recitar alguna de las siguientes fórmulas a modo de consagración. Estas pequeñas plegarias se recitan en el momento en que se coloca el perfume sobre los carbones.

"Que mi oración ascienda hacía ti, Señor, como el incienso que arde en tu presencia". Amén.

"Ser de los seres; sacrificador del Universo, bendice y consagra este incienso hasta ti. Dígnate también acoger benévolamente mis plegarias". Amén.

También es útil para este mismo fin, la siguiente plegaria tomada del tradicional libro de magia *Enchiridión:*

"Dios de Abraham +, Dios de Isaac +, Dios de Jacob +, bendice a esta criatura para que se multiplique su virtud. Bendice Señor estos perfumes, a fin de que ellos puedan atraer a los espíritus a quien llamo en tu nombre, para la perfección de mi obra y mi bien.

Esto es lo que te pido por tu Único Hijo, nuestro Señor Jesucristo, que vive y reina contigo en unión del Espíritu Santo, por los siglos de los siglos +. Amén".[84]

La siguiente plegaria, tomada del Heptámeron, es también recomendable. La misma debe pronunciarse colocando las manos sobre los perfumes antes de encenderlos.

"El Dios de Abraham, el Dios de Isaac, el Dios de Jacob, bendiga las criaturas con estas substancias, y que desarrolle completamente todo el poder y la virtud de sus aromas. Por Nuestro Señor Jesucristo. Amén".

Si el incienso o el perfume serán quemados con el fin de purificar un sitio, recomendaremos la siguiente fórmula:

"Dios de Moisés, Dios de Aarón, Dios de Abraham, bendice y purifica esta criatura, a fin de que te sea agradable y purifique todos los sitios donde fuere encendido". Amén

Velas, cirios y lámparas

Las velas y lámparas, por ser los elementos que involucran el fuego, están ligados al misterio y al poder de la "luz", la cual es un atributo de Dios mismo.

De todos los elementos aplicados en la práctica mágica, el fuego de las velas o las lámparas es el único que podemos considerar "imprescindible".

---

84   Donde se encuentra cada cruz, debe trazarse la misma con la mano sobre el humo de los perfumes.

El fuego visible es una imagen en este plano del fuego invisible que es Dios. Antes de comenzar cualquier obra mágica se debe encender fuego. Este atraerá las fuerzas espirituales que invocamos y alejará las energías de oscuridad. De las propiedades espirituales del fuego dice C. Agrippa:

"Las propiedades del fuego en lo bajo son el ardor que consume todo, así como la oscuridad torna todo estéril. Mas el fuego celeste y reluciente expulsa a los espíritus tenebrosos; lo mismo efectúa nuestro fuego que tiene el parecido y el aspecto de esa luz superior de la que se dice "Yo soy la luz del mundo", que es el verdadero fuego, padre de las luces, del que hemos recibido todas las cosas buenas, que ha venido a esparcir el esplendor de su fuego, comunicándolo primeramente al sol y a los otros cuerpos celestes, influyendo con su capacidad y propiedades, a través de instrumentos mediadores, a nuestro fuego"[85].

La luz del fuego que es Dios, es transmitida por este a los cuerpos celestes y a los espíritus, llegando a expresarse de algún modo en el fuego común. Al ser el fuego reflejo de un fuego superior, no sólo es capaz de iluminar sino que también posee la capacidad de expulsar la oscuridad y a los espíritus de esta. Con la luz, los espíritus de luz acrecientan su fuerza y poder y los de oscuridad se debilitan. Esta idea pertenece a la más pura doctrina mágica y así lo explica C. Agrippa:

Tal como los espíritus de las tinieblas son más fuertes en las tinieblas mismas, lo mismo ocurre con los espíritus buenos que son los ángeles de la luz que se tornan más fuertes por la luz no sólo divina, solar y celeste, sino también por el fuego que está entre nosotros. Es por esa razón que los primeros autores de las religiones y las ceremonias ordenaron no efectuar oraciones, salmodias ni ceremonia alguna antes de encender cirios (por ello dijo Pitágoras que no debía hablarse de Dios sin tener luz) y quisieron que se tuvieran cirios y luces cerca de los cadáveres para expulsar a los espíritus malignos, y pretendieron que no podía alejárselos ni depositárselos en tierra sino por medio de

---

85   Agrippa se refiere aquí con "nuestro fuego" al fuego común.

ceremonias misteriosas; y el mismo Omnipotente quiso, en la antigua Ley, que todos los sacrificios que le fuesen ofrecidos se hiciesen con fuego, y que éste brillase siempre sobre el altar; esto lo hacían corrientemente las vestales entre los romanos; ellas lo conservaban y custodiaban continuamente.

La utilización de velas, cirios y lámparas de aceite es fundamental en los ritos y ceremonias de la magia así como en las religiosas.

Antes de comenzar cualquier obra o plegaria se debe encender una luz, sea esta de una vela, un cirio o una lámpara de aceite[86]. En el trabajo en el laboratorio mágico, toda obra es precedida por el encendido de fuego y una invocación realizada en el altar. Todas las obras se realizan siempre con este fuego encendido.

En el antiguo testamento Yahveh indica a Moisés que debe colocar en el templo un candelabro y lámparas especiales. En el capítulo 25 del libro del Éxodo, Dios pide que se elaboren: un candelabro de oro puro de siete brazos y siete lámparas de aceite.

En el templo de la antigua tradición hebrea, el fuego del altar debía arder permanentemente.

En muchos rituales de magia, es común que los cirios o las lámparas deban permanecer encendidos durante la cantidad de días que dure el ritual sin apagarse nunca. Asimismo, en el oratorio mágico deben arder en lo posible dos lámparas permanentemente, una al Oriente y otra al Occidente.

En los ritos de las liturgias y ceremonias cristianas, el encendido de las lámparas y cirios precede todo acto ritual. En especial, debemos tener presente la virtud mágico/espiritual del Cirio pascual[87], el cual se enciende en la noche del sábado de gloria, víspera de Pascua. En la noche del sábado de gloria se enciende este cirio que expresa en nuestro plano la Luz de Cristo y aleja la oscuridad.

---

86   La luz de las velas, los cirios y las lámparas de aceite, no puede ser reemplazada en lo ritual por la de las lámparas incandescentes con igual virtud. Aunque ambas luces son cálidas e iluminan, las dos no son fuego. Las entidades que atraen una y otra, no son del mismo orden ni de la misma jerarquía. La luz generada a causa de "electricidad" atrae espíritus de fuego no siempre positivos.

87   Ver capítulo 2 y el poder de los ritos religiosos.

En ese momento son también atraídos los elementales de fuego benéficos, las salamandras que custodian los lugares sagrados, los cuales se vivifican con esta luz[88]. En los templos cristianos, brilla de manera perpetua, en el lugar más santo del mismo, llamado "sagrario", una lámpara que indica la presencia de Cristo[89]. Esta luz brilla perennemente de igual manera que lo hacía el fuego en el antiguo altar judío[90].

Las condiciones para que la luz de una vela, un cirio o una lámpara de aceite, pueda vibrar con determinada fuerza mágica, dependen en gran medida de los materiales con que estos elementos hayan sido realizados, así como de su consagración. Al igual que con todos los elementos que se aplican en la magia, la consagración eleva la fuerza espiritual de estos elementos, haciendo que su fuego posea de manera más clara la virtud de atraer luz y expulsar oscuridad. Una luz consagrada es como un faro en el mundo invisible.

La distinción correcta entre "vela" y "cirio" depende de los materiales con que están realizados. A ciencia cierta, solo podemos denominar como cirio a aquellos que hayan sido elaborados a base de cera de abejas, la cual debe encontrarse obligatoriamente en cierta cantidad en los cirios que utilizan en los ritos de la iglesia.

En la práctica mágica, los cirios se elaboran con cierta cantidad de "cera virgen[91]" que ha sido previamente consagrada. Las "Clavículas de Salomón", recomienda que las mismas sean elaboradas con luna creciente, bajo el día y la hora de Mercurio.

A diferencia de los cirios que están confeccionados con cera, las velas pueden ser elaboradas a base de otros materiales dentro de los cuales, los más comunes son la parafina y el cebo.

---

88   El cirio pascual expresa la presencia de Cristo en este plano entre el tiempo que va desde la noche del sábado de gloria, en la cual se enciende, hasta el día de "ascensión" en el cual se apaga de forma definitiva hasta comenzar el circuito nuevamente al año siguiente.

89   Lamentablemente, esta lámpara es reemplazada comúnmente por una mera lámpara eléctrica, que aun siendo más cómoda es menor en vibración espiritual.

90   El "sagrario" de las iglesias católicas, lugar donde se encuentra el "cuerpo de Cristo", está emparentado con el "santo de los santos" del antiguo culto judío.

91   La cera virgen es cera de abejas que no ha sido utilizada previamente.

En la práctica mágica como en la religiosa, se elaboran cirios sobre los cuales se graban inscripciones. El caso más conocido es el del ya nombrado "cirio pascual" encendido en la noche del Sábado de Gloria, en el cual se imprime el signo de la cruz junto a la fecha del año. Amén de esto, se clavan en el cirio cinco clavos de incienso bendecido, los cuales representan los clavos de Cristo.

En la magia es común realizar cirios sobre los cuales se graban diversos signos, amén de que se elaboran con hierbas o plantas adecuadas las cuales están incluidas en el mismo. En los cirios mágicos suelen grabarse o imprimirse signos o "glifos" planetarios, figuras geománticas, sigilos y nombres de ángeles, talismanes y cuadrados mágicos entre muchos otros símbolos. Todo lo escrito se inscribe generalmente en hebreo y en letras y caracteres mágicos.

Vemos a continuación –a modo de ejemplo– las imágenes que recomiendan las "Clavículas de Salomón" grabar en los cirios a utilizar en un ritual.

Los cirios que se aplican para los ritos religiosos adquieren su fuerza mayor al ser bendecidos. En el caso de los cirios utilizados en la magia, los mismos se consagran del modo adecuado según la obra en que se los utilizará.

Al quemarse el cirio, la fuerza del símbolo impreso en el mismo, se expande en el plano astral irradiando aquella virtud para la cual fue elaborado.

En la magia antigua, se utilizaban velas elaboradas a modo de figuras de personas o de objetos. De esta práctica derivan las actuales "velas de forma". A ciencia cierta, el trabajo con este tipo de velas, requiere de un gran conocimiento mágico sin el cual su poder es prácticamente nulo.

Además de las velas y cirios son de uso común, tanto en la magia como en los rituales religiosos, las lámparas de aceite. Estas arden a base de aceite consagrado o bendecido. En la tradición religiosa de los antiguos hebreos, las lámparas debían arder, según la prescripción de Yahveh, exclusivamente a base de aceite de oliva. En torno a lo que hace a las virtudes energéticas, una lámpara que arde con aceite de oliva posee una fuerza vibracional incomparablemente más poderosa que la de una simple vela. Una lámpara de aceite de oliva y un cirio que posea una cierta cantidad de cera de abeja son los elementos ideales.

Las velas, como los otros elementos que expresan fuego, atraen e irradian energías similares a ellas mismas, nunca contrarias. Por esto es que la magia ha desarrollado un arte en torno a la correcta elaboración de las mismas. En la práctica mágica, las velas y cirios suelen llevar inscripciones, símbolos, elementos consagrados como sal o incienso, hierbas, etc, todo esto a fin de que las mismas sean un "imán" de aquello para lo que han sido elaboradas y consagradas. El ejemplo más claro es el ya citado "cirio pascual", el cual es elaborado ritualmente con inscripciones y signos referentes a la luz de Cristo. Al encenderse, esta luz se expande en el lugar donde se coloca, siendo su luz una presencia en el mundo visible y el invisible.

Dado lo antedicho, es un error ritual encender velas que portan signos negativos con la creencia de que estos serán "purificados por el fuego". Así es que si encendemos velas que poseen la forma de un nudo, no estaremos "desatando" ese nudo, sino que estaremos "atándolo en el astral" por lo tanto, haciéndolo más fuerte. Según nuestra experiencia personal, no recomendamos tampoco el uso en ninguna ceremonia o ritual de velas negras ni "torneadas".

Para entender lo que estamos explicando aquí, debemos profundizar en la virtud mágica del fuego.

El fuego es ciertamente un elemento "purificador", pero no en el sentido en que esto suele ser entendido. El fuego hace que todo se torne más puro, más perfecto y más fuerte. Esto es así para todo lo creado. En este sentido, el fuego es un "exaltador de energías", él hace que todo se torne más vivo, vitaliza y dinamiza. Una medicina o un veneno pueden ser purificados, esta purificación lo que logra es que la medicina sea más curativa y el veneno más letal. Así es que opera el fuego.

Por otro lado, debemos tener presente que todo lo que se quema pasa a ocupar un espacio en el astral con su esencia fortalecida. Es por esto que todo lo que se quema de manera ritual debe ser siempre de condición luminosa. Al quemar un cirio con un signo de luz, estamos esparciendo esa luz; al quemar un elemento que posee signos de oscuridad estamos esparciendo esa oscuridad[92].

Una de las virtudes fundamentales de la luz es su relación con el color.

En la práctica mágica se utilizan tanto velas de colores como lámparas de colores. Estas últimas son preferibles para algunas obras, dado que –a diferencia de lo que ocurre con las velas o cirios– su luz es "coloreada".

Los magos del siglo XIX han desarrollado todo un sistema de trabajo con lámparas de colores. Asimismo, en la versión del altar mágico descripto por Papus, se utiliza también una "linterna mágica". La función de esta es la de dirigir la luz hacia el "espejo mágico"[93] que se encuentra sobre el altar a fin de favorecer la visión de los seres del astral.

A continuación, daremos algunas recomendaciones con respecto al uso correcto de las velas en los rituales mágicos.

Si la vela o el cirio está consagrado o bendecido, el mismo puede apagarse una vez terminada la plegaria y ser nuevamente encendido.

En caso de que un cirio o una vela consagrado o bendecido se utilice en un ritual que dure una determinada cantidad de días, el mismo debe dejarse arder hasta el final el último día del ritual.

---

92   Dado esto, nunca se deben quemar los objetos portadores de energía negativa o aquellos que se han ritualizado para dañar a una persona. Los objetos cargados de energías negativas, así como los "despachos" de brujería deben ser tirados al agua que corre y nunca ser quemados.

93   Es importante el trabajo del discípulo de Swedemborg L. A. Cahagnet: sobre el uso de los espejos en la magia. Este célebre esoterista del siglo XIX le ha dedicado un gran espacio a su estudio y su práctica en especial en su libro *Magia magnética*.

Si la vela o el cirio a utilizar no son consagrados o bendecidos, los mismos deben ser purificados antes de ser aplicados a un ritual. Para esto, es necesario pasar la vela o el cirio por el humo de incienso y guardarlos separados en una caja, o envueltos en papel o tela hasta ser utilizados.

Si la vela o el cirio a utilizar no son consagrados o bendecidos, es preferible dejar que la vela o el cirio se quemen en totalidad.

Si la vela o el cirio a utilizar no son consagrados o bendecidos y se desea realizar un ritual que dure varios días, debe consumirse una vela completa cada uno de estos días.

Las luces que se encienden para uso ritual deben encenderse con un "fuego virgen", esto es: con un fuego recién encendido que no haya sido utilizado con anterioridad.

En lo posible, es recomendable apagar los cirios y las velas con un "apaga cirios" o en caso de no poseerlo, con una cuchara separada para este fin.

Las velas y sus colores

Si es posible, las velas pueden ser elaboradas con los colores. Esto hace que el fuego de las mismas esté de algún modo "coloreado". Este color al estar en afinidad y simpatía con determinadas fuerzas planetarias, va a atraer e imantar energías de ese orden. Vamos a trazar aquí un pequeño esquema de referencia:

Blanco
Para las obras de la Luna.
Pedidos de: Bienestar familiar, hijos, hogar, vivienda, viajes largos, intuición, adivinación.
Arcángel Gabriel.
Día de la semana: lunes.
Se aplican las mismas características para el color plateado.[94]

---

94   Las velas blancas son las que se utilizan para aquellas obras que no poseen un fin determinado así como para nuestra plegaria cotidiana. De igual manera, las velas

Amarillo

Para las obras del Sol.

Pedidos de: luz, protección, bienestar, alegría, salud, protección, espiritualidad, autoestima, hijos.

Arcángel: Miguel.

Día: Domingo.

Se aplican las mismas características para el naranja y el dorado.

Verde

Para las obras de Venus.

Pedidos de: afecto, amor de pareja, arte, alegría, belleza.

Día: Viernes.

Arcángel: Anael.

Se aplican las mismas características para el color rosado.

Azul

Para las obras de Júpiter.

Pedidos de: bienestar económico, prosperidad, abundancia, logros, profesión, justicia.

Día: Jueves.

Arcángel: Zachariel.

Rojo

Para las obras de Marte.

Pedidos de: protección, fortaleza, voluntad, vitalidad, paz.

Día Marte.

Arcángel: Sanael.

Violeta

Para las obras de Saturno.

Pedidos de: Serenidad, claridad, paciencia, cortar con lo nocivo, auto/control, pedidos por el bienestar de los fallecidos.

Día: Sábado.

---

blancas pueden ser aplicadas en toda obra donde no dispongamos de velas del color adecuado o no desconozcamos cual es el mismo.

Arcángel. Orifiel.
Se aplican las mismas características para las velas de color marrón.

Multicolor
Para las obras de Mercurio.
Pedidos de: Salud, sanación, viajes, estudios, amistades, escritos, papeles.
Día: Miércoles.
Arcángel: Rafael.
Se aplican las mismas características para las velas "tornasoladas".
Para dar a las velas un cierto poder, recomendamos adquirirlas en el día del planeta correspondiente, y ese mismo día, incensarlas y colocarlas cada una en una caja apartada con este fin hasta el momento en que serán utilizadas.

Cantidad de velas a utilizar en un ritual

En la tradición religiosa cristiana, los cirios que se colocan en el altar son siempre en número par, sean estos dos, cuatro o seis, excepto en determinados rituales celebrados por los obispos, en los cuales se enciende un candelero más sumando en este caso siete.

Siete son las lámparas que Dios solicita a Moisés que brillen en el candelabro del templo. Siete son también los candelabros que Juan ve el Apocalipsis arder ante el trono de Dios.

De igual modo, siete son los brazos de la lámpara mágica tradicional.

En el altar mágico tradicional, arde una lámpara sola, en el lado superior derecho del mismo[95].

En ciertas tradiciones iniciáticas, los cirios que se encienden son principalmente tres, siendo este un número ligado a la misma Divinidad.

En las ceremonias y rituales mágicos, suele encenderse una sola vela o lámpara, salvo en determinados rituales en los cuales puede utilizarse una cantidad específica según el tipo de obra a realizar.

---

95   Ver Capítulo 6.

Cuando no se dispone de un altar mágico, la vela o la lámpara debe colocarse en el centro del altar. Esta luz, debe brillar siempre en nuestro altar cuando realizamos nuestras plegarias.

La cantidad de velas a utilizar en un ritual, puede ser determinada por el tipo de obra a realizar, teniendo en cuenta la relación de los números con los planetas de este modo[96]:

- 8 para las obras de Saturno.
- 3 para las obras de Júpiter.
- 9 para las obras de Marte.
- 1 o 4 para las obras del Sol.
- 6 para las obras de Venus.
- 5 para las obras de Mercurio.
- 2 o 7 para las obras de la Luna.

Plegaria del fuego

Antes de encender un fuego es importante que el mismo sea "dedicado" al ser de Luz para quien se enciende. De este modo, estamos "ordenando" y "dirigiendo" esa luz, para que la misma atraiga a las criaturas espirituales que deseamos y no a otras.

La luz que brilla en nuestros altares, está representando la presencia de aquel ser de luz a quien invocamos.

Más allá de su accionar en lo invisible, la luz de una vela, un cirio o una lámpara consagrada o dedicada a un ser de luz, protege al lugar y a las criaturas donde se encuentra encendida, de la presencia de entidades negativas, llegando esta protección hasta donde llega la luz de la misma. Todas estas virtudes se encuentran también presentes en los fuegos de las "hogueras" como las que se realizan en la fiesta de San Juan en el solsticio.

---

96   Esta es la relación de los planetas y los números según la numerología ligada a la tradición hermética.

A continuación transcribimos la adaptación de una plegaria del *Enchiridión,* la cual puede pronunciarse al encender aquellas luces que aplicaremos en nuestras obras o para nuestras plegarias a modo de consagración, con el fin de que su luz esté bendecida.

"Dios de Abraham +, Dios de Isaac +, Dios de Jacob +, bendice a esta criatura de fuego, para que, santificada por ti, aleje toda oscuridad de este lugar y haga brillar tu luz en las obras que emprendo con tu benevolencia.

Esto es lo que te pido por tu Único Hijo, nuestro Señor Jesucristo, que vive y reina contigo en unión del Espíritu Santo, por los siglos de los siglos +. Amén".[97]

Recordemos también que la posesión de la luz interior, simbolizada por la lámpara del ermitaño del noveno arcano del tarot, es uno de los tres signos del iniciado. La luz que indica el camino sin encandilar… Tal como dice E. Levi: *El iniciado es aquel que posee la* **lámpara de Trismegisto,** *el manto de Apolonio y el bastón de los patriarcas.* Todos estos atributos se encuentran en el verdadero maestro, representado en el Tarot por el arcano IX, el ermitanio.

Arcano 9 del mazo de tarot de Courth de Gebelin.

---

97   Donde se encuentra cada cruz, debe trazarse la misma con la mano sobre el fuego de la vela.

Junto las vestiduras, los perfumes y las velas, son de suma importancias en la práctica mágica los talismanes, a los cuales le hemos dedicado un capítulo especial.

Debemos tener presente que Dios, como Luz que es, iluminará finalmente sobre todas las criaturas. Según el Apocalipsis, Dios mismo será "la lámpara que iluminará todas las cosas", no habiendo ya necesidad de Sol ya que él será el Sol y la lámpara del cosmos, ardiendo eternamente en el templo de su creación.

"Noche ya no habrá; no tienen necesidad de luz de lámpara ni de luz del sol, porque el Señor Dios los alumbrará y reinarán por los siglos de los siglos". (Apocalipsis 22, 5)

La música y su aplicación en la magia

El uso de la música en la magia antigua era de gran trascendencia aunque lamentablemente no parece haber ocupado el mismo lugar en la magia contemporánea. Grandes magos como el mago renacentista Robert Fluud han tratado las relaciones de la música con el arte mágico y la espiritualidad en general. El concepto del encantamiento remite a la acción de cantar, de hecho, según lo entiende por ejemplo C. Agrippa, ciertos ritos, en especial la evocación de elementales debe hacerse solo si se utiliza la música. El arte de encantar, de hecho, se basa en la combinación de dos elementos básicos de la poesía y la música cantada que son el ritmo y la rima.

La palabra y la voz humana poseen una virtud muy grande muy superior en su fuerza espiritual que cualquier instrumento por esto el canto es fundamental en todo tipo de rito mágico y religioso. El canto, cuando es realizado con ciertas reglas posee la fuerza y la capacidad de modificar la energía de las personas y los lugares[98]. Existe una forma de música para cada planeta

---

98   En Occidente estas reglas se encuentran entre otros en el gregoriano.

por lo que cada una de estas es un ordenador o motivador de la energía de un centro energético diferente. Cada música atrae energías y espíritus diversos. El ya citado canto gregoriano es un gran amplificador de la energía del plexo cardíaco, el corazón espiritual, favoreciendo la actitud devocional y la invocación de entidades solares.

Papus opina que la plegaria realizada por el mago en su oratorio era realizada de modo más eficaz si era acompañada con música. El mago español al referirse a este dice que *conviene en lo posible que a la oración acompañen las armonías de un instrumento musical, en cuyo caso se cantan las palabras del rezo en grave y lento compás, escogiendo entre los trozos de música adecuada...*

La utilización de instrumentos no queda fuera de la práctica mágica. Según C. Agrippa los instrumentos musicales que se utilizan en la magia deben ser elaborados ritualmente con materiales escogidos de manera especial. Los antiguos hebreos utilizaban diez instrumentos distintos para diez prácticas litúrgicas. El más conocido de todos es el Halleluiah, instrumento dedicado a la adoración divina y la contemplación razón por la cual esta palabra hebrea ha permanecido en la liturgia cristiana como sinónimo de alabanza.

Se debe tener presente un elemento muy importante que hace a la virtud mágica de la música y es el de la afinación. Sabemos que nuestro planeta y nuestro cuerpo vibran en una determinada frecuencia. La música altera y modifica esta vibración sea para bien como para mal. La música antigua, la cual estaba cargada en muchos casos de una fuerte impronta mágico/espiritual, se realizaba con la afinación conocida como "La 432". En el siglo XX esta afinación ha sido cambiada y estandarizada por la del "La 440" lo cual altera toda producción musical y sus efectos sobre nosotros y sobre el mundo ya que esta es una afinación "desarmónica". La frecuencia del La 432 es la frecuencia adecuada a la vibración humana. Toda música espiritual debería ser afinada en esa frecuencia.

Siguiendo la tradición pitagórica se adjudica a cada planeta y sus influencias espirituales una nota musical. Nuestra estructura basada en siete notas está ligada a la idea de que estas poseen una relación con el cielo. Esto está ligado a la idea antigua de la "música de las esferas" según la cual la distancia de los planetas se relaciona con los intervalos de nuestra escala musical.

Las campanas

Un lugar especial dentro de la práctica mágica y de la religiosa ocupan las campanas. Existe toda una tradición ligada al uso de las mismas con fines rituales. Las campanas de los templos conllevan una bendición y consagración especial que hace que posean el poder de atraer a los espíritus de luz y alejar a los de oscuridad. En la antigüedad la consagración de una campana se realizaba bajo el nombre de "bautismo". En este caso se realizaban los mismos rituales que en el bautismo de un niño teniendo la campana un nombre e incluso padrinos. Es costumbre de considerar protegido un lugar donde llegan a escucharse las campanas de un templo. Podemos decir que hasta donde llega este sonido llega de algún modo su influencia espiritual. Por medio del sonido de campanas bendecidas se solía en la iglesia antigua atraer la lluvia y conjurar a los espíritus negativos que provocan las tempestades. En la práctica mágica las campanas se utilizan tanto en lo que hace a su sonido específico (la nota en que está afinada) y en lo que hace al uso de un ritmo (la cantidad de veces que es tañida), en este último caso, se aplican números ligados a la matemática sagrada y su relación con los planetas y sus ángeles.

CAPÍTULO VIII

La astrología y el tiempo sagrado

Todo tiene su momento, y cada cosa su tiempo bajo el cielo:
Su tiempo el nacer, y su tiempo el morir; su tiempo el plantar,
y su tiempo el arrancar lo plantado.
Su tiempo el matar, y su tiempo el sanar;
su tiempo el destruir, y su tiempo el edificar.
Su tiempo el llorar, y su tiempo el reír;
su tiempo el lamentarse, y su tiempo el danzar.
Su tiempo el lanzar piedras, y su tiempo el recogerlas;
su tiempo el abrazarse, y su tiempo el separarse.
Su tiempo el buscar, y su tiempo el perder;
su tiempo el guardar, y su tiempo el tirar.
Su tiempo el rasgar, y su tiempo el coser;
su tiempo el callar, y su tiempo el hablar.
Su tiempo el amar, y su tiempo el odiar;
su tiempo la guerra, y su tiempo la paz.
Eclesiastés 3: 1 a 8.

Todo tiene su momento, y cada cosa su tiempo bajo el cielo

Para el hombre moderno, es muy difícil dimensionar el tiempo bajo la concepción con que lo hacían los antiguos. Para el primero, el tiempo es algo para gastar, es algo para consumir. Para los segundos, es algo para "experimentar" ya que el tiempo está "cargado", "impregnado de cierta fuerza la cual es distinta en un tiempo y otro. Así es que existen dos cuestiones ligadas al tiempo que tanto el mago como el hombre espiritual debe tener en cuenta: *Cuándo es el tiempo propicio para realizar una obra y cuánto es el tiempo necesario para cumplimentarla.* Así que nos encontramos con las dos virtudes mágicas del tiempo: su virtud cualitativa, o sea, qué cualidad posee un momento, distinta a la de los otros momentos; y su virtud cuantitativa que es aquella que nos lleva a observar los procesos por los cuales las cosas maduran en el tiempo hasta llegar a concretarse.

"La obra es obra del tiempo". Así resume Paracelso las virtudes del tiempo en la magia y la alquimia.

Para tener éxito en toda labor mágica es necesario, por tanto, saber "cuándo" debe comenzarse una obra así como "durante cuánto tiempo" debe ser sostenida o realizada.

Cuándo comenzar o realizar una obra

Tal como lo indica el texto del eclesiástico: *Todo tiene su momento bajo el cielo.* Existe así un tiempo propicio para cada cosa. Conocer y aplicar correctamente este tiempo es una de las obras del mago, el cual opera siempre a favor de los ciclos cósmicos, respetándolos y uniéndose a ellos y nunca en contra de ellos. Saber respetar los ciclos del cosmos es algo que el mago, así como el alquimista debe hacer, ya que de este modo, logra unir lo terrestre a lo celeste. Así se expresa C. Agrippa con respecto a la importancia de la elección del tiempo adecuado para una obra:

"Toda virtud natural realiza en verdad cosas muy maravillosas cuando está compuesta no sólo por una proporción física sino también cuando está animada y acompañada por la Observación de las cosas Celestes escogidas y adecuadas para este efecto (es decir, cuando se hace ver que la virtud de las cosas celestes es la más fuerte para el efecto que anhelamos, y que también es ayudada por muchas cosas celestes) some-

tiendo totalmente las cosas inferiores a las celestes, como las hembras apropiadas para los machos, a fin de ser fecundadas. Es preciso, pues, observar en toda operación mágica las situaciones, movimientos y aspectos de las estrellas y los planetas en sus signos, y en sus grados, y en qué disposición están todas estas cosas respecto de la longitud y latitud del clima; puesto que ello cambia las cualidades de los ángulos que constituyen los rayos de los cuerpos celestes sobre la figura de la cosa, pues según el estado de ellos infunden las virtudes celestes".

Tanto el mago como el alquimista se comportan como un agricultor, el cual observa al tiempo y a los astros para esperar los momentos adecuados para realizar sus labores. Esto es tan así que la alquimia ha sido definida como una "agricultura celeste" y como una "baja astronomía". Es así que en la alquimia la observación del cielo es imprescindible para operar la Gran Obra. Así lo expresa el alquimista Pierre Dujols (Magophon):

"El trabajo del hombre es inútil sin el concurso del cielo. No se injerten los árboles ni se siembre el grano en cualquier estación. Cada cosa a su tiempo. No es por nada que la Obra filosofal es llamada la Agricultura Celeste: uno de los mayores autores ha firmado sus escritos con el nombre de Agrícola, y otros dos excelentes adeptos son conocidos como el Paisano Mayor y el Paisano Menor".

¿Cuándo comenzar una obra mágica? Esta pregunta es sumamente importante ya que determina en gran medida el éxito de la misma.

La ciencia astrológica dedicada a la determinación del tiempo adecuado para cada obra es la "astrología electiva". Manejar los fundamentos de esta ciencia supera los límites de la presente obra por lo que nos referiremos aquí tan sólo a aquellas cuestiones que hacen al manejo mágico del tiempo que no requieran de un arduo conocimiento astrológico.

En principio, determinar la elección del momento adecuado para realizar una obra mágica requiere de tener en cuenta los siguientes puntos:

- La fase de la Luna.
- El día de la semana.
- La hora mágica del día.

Las fases de la Luna

Una de las cuestiones fundamentales a tener en cuenta cuando se desea tener éxito en cualquier operación mágica es la condición celeste y en especial la fase en que se encuentra la Luna.

La Luna, al ser su satélite, posee una relación especial con nuestro planeta. Ella rige todo lo que acontece en nuestro mundo, el cual es llamado por esto "mundo sublunar". Todas las energías cósmicas que entran a nuestro sistema lo hacen por medio de la Luna. Toda acción planetaria, por benéfica que fuere, se encuentra supeditada a actuar en nuestro plano terrestre a través de la Luna, razón por la cual es imprescindible para toda labor mágica operar siempre con la Luna favorable. Esta enseñanza es claramente expresada por Papus:

"(La Luna) Domina especialmente sobre lo que denominamos en la tierra el mundo físico, y que en la técnica hermetista recibe el nombre de mundo sublunar. Este cuerpo, que por su pequeño volumen forma una insignificante porción del sistema solar, adquiere no obstante una importancia grandísima para el habitante de la tierra, y es tal que en Magia practica equivale a la del Sol, de manera que en rigor basta guiarse por estos astros únicamente, para obtener el triunfo en cuantas operaciones se emprendan.

La Luna es la matriz astral de todas las producciones terrenas respecto de las cuales el Sol es el padre viviente. Ya hemos dicho algo a propósito del influjo ejercido por los satélites, considerándolos como los ganglios nerviosos del organismo planeta de que dependen. Todo cuanto a la tierra llega, fluidos y almas, pasa por la Luna, y todo lo que de la tierra sale, por la Luna pasa también".

Papus enseña aquí la más pura doctrina tradicional con respecto al lugar que ocupa el gran astro de la noche sobre nuestro sistema planetario y sobre todo lo que en él habita. Toda energía, entidad o fuerza que entra a nuestro planeta desde el cosmos lo hace por medio de la Luna, ¡incluso las almas! Teniendo esto en cuenta, ¡cuánta importancia posee la Luna en nuestro mapa natal! Esto es tan así, que según la tradición de los magos renacentistas, la posición de la Luna en nuestro nacimiento indica –entre otras cosas– las condiciones y características de nuestro ángel custodio personal.

El éxito o fracaso de nuestras obras mágicas se encuentra en gran medida, entonces, supeditado a la acción benéfica de la Luna. En esto se debe tener en cuenta en principio sus fases, luego: la ubicación en signos y moradas así como los aspectos que generan con los otros planetas, en especial con el que sea significador de la obra a realizar, como dice Agrippa en su segundo libro de Filosofía Oculta: *pues nada se logrará sin la luna favorable.*

Teniendo todo esto en cuenta podemos formular nuestra primera regla mágica ligada al uso de la Luna en nuestras obras y esta es la que indica que: *de las cuatro fases que esta posee (nueva, creciente, llena y menguante) sólo las fases de nueva y creciente son aptas para comenzar las obras mágicas de Luz.* Para confirmar esta afirmación recurriremos otra vez más a la pluma de Papus:

"Analógicamente, la Luna reproduce en sus fases la ley universal de involución y evolución dividida en cuatro periodos. Durante la primera mitad de su giro (Luna nueva a Luna llena) aparentemente crece. Este es el positivo y único periodo que el magista debe aprovechar para sus operaciones de luz, e igualmente el solo propio para que las influencias lunares resulten ciertamente dinámicas".

La misma idea es expresada por Eliphas Levi:

"El sabio que quiere leer en el cielo debe observar también los días de la luna, cuya influencia es muy grande en astrología. La luna atrae y repele sucesivamente el fluido magnético de la tierra, siendo así como produce el flujo y reflujo del mar; es preciso conocer bien las

fases y saber discernir de ellas los días y las horas. **La nueva Luna es favorable para el comienzo de todas las obras mágicas".**

En la tradición religiosa también la luna nueva juega un papel de peso. En las fiestas judías –por ejemplo– se celebran los novilunios, las neomenias. Así se ve expresado en Isaías cuando dice *"De novilunio en novilunio y de sábado en sábado, toda carne vendrá a prosternarse ante mi rostro"*, oráculo de Yahvé. *Isaias 66: 22-23.*

Toda obra mágica importante se comienza en la fase de luna nueva. Incluyendo –por ejemplo– la consagración de la vara mágica[99].

Las cuatro fases de la luna son cuatro semanas completas, cuatro septenarios, lo que suma un total de veintiocho días. Cuando la luna se encuentra en conjunción al Sol comienza la fase llamada "nueva" que es aquella en la cual la luna no es vista en el cielo, la cual suele asimismo graficarse con el signo de un círculo negro. Estos siete días son sucedidos por otros siete, los cuales configuran la fase denominada "luna creciente". Como ya lo hemos indicado, estas fases son las más favorables para comenzar cualquier obra mágica, siendo la fase de "luna nueva" la más favorable de todas. Luego de estas dos semanas le siguen las fases de "llena" y "menguante", las cuales ya hemos dicho, deben ser evitadas para comenzar cualquier obra mágica de importancia. Es bueno señalar el hecho de que la tradición popular relaciona la luna llena, no con la luz, sino con el mundo de lo fantasmal y el inframundo; así es que con luna llena se manifiestan las criaturas de la oscuridad como el lobizón y los espíritus de oscuridad se hallan a sus anchas. Podemos afirmar, junto a la tradición, que la luna llena es la luna de la brujería y la locura, la cual exalta a los espíritus de oscuridad, así como al psiquismo de las personas insanas[100].

---

99   Según E. Levi, la consagración de la varita debe durar siete días, comenzando en la luna nueva.

100   El arcano XVIII del tarot, llamado la Luna, expresa este misterio en su dibujo, en el cual vemos al cangrejo o escorpión entre las aguas ponzoñosas junto a los perros que "ladran a la luna".

Los veintiocho días que configuran las cuatro fases poseen cada uno una virtud mágica especial[101]. La virtud de cada uno de estos días no está necesariamente ligada a la fase lunar en que se encuentra.

Las moradas de la luna

Los magos antiguos, siguiendo la enseñanza de la astrología árabe, dividieron el cielo en veintiocho porciones a las cuales le adjudicaron un ángel. Cada una de estas porciones del cielo son las llamadas "moradas de la luna". Cada vez que la Luna entra en una de ellas se manifiesta en nuestro plano la fuerza del ángel correspondiente a esa morada. Asimismo, la tradición le adjudica a cada una de ellas virtudes espirituales específicas así como figuras para elaborar talismanes. Las veintiocho moradas son una división del cielo en cuatro partes, las cuales se dividen a su vez en siete. Las primeras siete moradas se encuentran entre el grado cero de Aries y el cero de Cáncer, las segundas siete entre el cero de Cáncer y el cero de Libra, las siguientes entre el cero de Libra y el cero de Capricornio y las últimas siete desde el cero de Capricornio al cero de Aries.

Todos estos elementos corresponden a aquella rama de la magia que se denomina "magia lunar" ya que es aquella en la cual la luna es observada como astro principal para las operaciones.

Debemos también tener presente que la Luna rige el mundo vegetal y sus cualidades mágico/terapéuticas por lo cual es el planeta principal que debemos observar en la práctica de la alquimia vegetal, llamada también "espagiria".

Los días de la semana

A diferencia de la tradición hebrea para la cual el día se inicia con la primera estrella vespertina, para la tradición cristiana, el

---

101   Eliphas Levi relaciona cada uno de estos días con los veintidós arcanos del tarot a los cuales les suma el septenario de los planetas sumando así los veintinueve días promedio en que la Luna tarda en alcanzar al Sol.

día comienza al amanecer, a partir del momento en que el Sol asoma en el horizonte.

Es importante remarcar que *el día mágico comienza al amanecer.*

Para la práctica mágica, el uso oficial o civil según el cual el día comienza a las cero horas no posee ningún valor ni debe ser tenido en cuenta. Todo tiempo mágico está ligado a los astros, ellos son "el reloj del mago".

La semana es un modelo arquetípico ligado al septenario de los planetas. Ya los antiguos hebreos poseen la semana de siete días como un esquema sagrado en el cual el séptimo día estaba dedicado a Yahveh según el designio que él mismo indicara en Levíticos 23 cuando dice: *"Seis días se trabajará, pero el séptimo día será de descanso completo, reunión sagrada en la que no haréis trabajo alguno. Será descanso de Yahveh donde quiera que habitéis..."*.

En la tradición cristiana el día sagrado es el domingo ya que es en este día que Cristo resucitó.

La semana es un "génesis en miniatura", una nueva creación en la cual los siete días se suceden tal como en el principio de los tiempos.

Cada día de la semana se relaciona con un planeta. Esto lo liga a todo aquello que Dios ha puesto bajo la égida del mismo. Así es que cada día posee sus ángeles y espíritus los cuales son regentes de ese día en el cual poseen la potestad divina de operar en nuestro plano de manera más fuerte que en los otros seis. A cada día de la semana le está asignada una obra mágica, aquella que corresponde a su planeta[102]. A modo de ejemplo, diremos que si el operador desea realizar una obra de protección, le conviene esperar el día martes (si fuera posible en Luna Nueva) y comenzar allí su obra ya que el planeta Marte y su ángel otorgan protección y vigor, entre otras cosas.

Cada día de la semana está adjudicado a uno de los siete grandes arcángeles desde tiempos inmemoriales, así lo atestigua E. Levi:

---

102   Ver capítulo II.

*"El mundo, a juzgar por lo que creían los antiguos, está gobernado por siete causas secundarias, como las llama Trithemo, secundæ y son las fuerzas universales designadas por Moisés, por el nombre plural de Eloim, los dioses. Estas fuerzas análogas y contrarias entre sí, producen el equilibrio por sus contrastes y regulan el movimiento de las esferas. Los hebreos Michael, Gabriel, Raphael, Anael, Samael, Zadkiel y Oriphiel. Los gnósticos cristianos nombran a los cuatro últimos, Uriel, Barachiel, Sealtiel y Jehudiel[103]. Los demás pueblos han atribuido a esos espíritus, el gobierno de los siete planetas principales y les han dado los nombres de sus grandes divinidades. Todos han creído en su influencia relativa y **la astronomía les ha repartido el cielo antiguo y les ha atribuido el gobierno de los siete días de la semana**".*

Cada día de la semana, invocamos al ángel regente de ese día pidiéndole que nos asista por aquella obra sobre las cual opera.

Colocamos a continuación una tabla con las regencias de cada día y sus ángeles:

Día	Planeta	Ángel
Domingo	Sol	Miguel מיכאל
Lunes	Luna	Gabriel גבריאל
Martes	Marte	Sanael סנאל
Miércoles	Mercurio	Rafael רפאל
Jueves	Júpiter	Zachariel זכריאל
Viernes	Venus	Anael אניאל
Sábado	Saturno	Orifiel עריפיאל

La noche y el día poseen asimismo sus cualidades espirituales, tanto una como otra parte del día puede ser utilizada en la magia. Es un error considerar que el mago no debe o no puede operar en las horas de la noche. Ya hemos dicho que el momento espiritualmente más alto de todo el día es el amanecer, esto no indica que los demás momentos del día no posean su fuerza. En especial, la no-

---

103   Para profundizar en los nombres y funciones de los siete arcángeles planetarios, ver capítulo IX.

che es el momento en que se realizan obras en las que se "vela", en las cuales se permanece despierto o trabajando acompañado de la luz encendida.[104] Estar en vela implica estar despierto, atento, dispuesto para evitar que la oscuridad pueda aplicar su fuerza durante la noche. El siguiente es un misterio muy grande: Cristo nace y resucita ritualmente en la noche; nace en la Noche Buena y resucita en la noche del Sábado de Gloria. Esto posee una importancia radical para la magia ya que desee ese momento, la oscuridad de la noche le es arrebatada al mal para que pueda también ser aplicada en obras de luz. La noche es el momento en el cual nuestras energías se concentran hacia dentro, hacia el interior, a diferencia del día en el cual se encuentran hacia fuera. Así es que nuestros plexos: de día son irradiantes y de noche son receptivos. Nuestros plexos (denominados por el hermetismo del siglo XX: flores de loto) de día son centrífugos y de noche centrípetos. Esta verdad mágica se encuentra expresada en un pequeño detalle de los tarots Marsella en los cuales se puede ver que el Sol, astro del día, irradia gotas de energía que salen de sí, y que la Luna, astro de la noche, atrae hacia ella esta misma energía representada a modo de pequeñas gotas.

104   De aquí el término "velar".

La persona humana es un cosmos en miniatura. De día estamos más capacitados para desarrollar obras solares y de noche lunares. No por nada, Jesús oraba de noche y obraba de día[105]. La noche es el momento del día en el cual el mago se retira en lo posible a orar y entrar en comunión con Dios.

La noche está ligada al ámbito "de lo secreto", no del secreto de aquello que se oculta, sino aquello secreto a lo que Jesús se refiere cuando dice, *cuando vayas a orar, entra en tu aposento y, después de cerrar la puerta, ora a tu Padre, que está allí, **en lo secreto**; y tu Padre, que ve **en lo secreto**, te recompensará*[106].

El día domingo y sus virtudes mágicas

Debemos tener presente la fuerza espiritual del día domingo, el día de las obras del Sol.

Existen testimonios como los de San Justino, del siglo II, en los cuales se afirma que los cristianos ya dedicaban el domingo como día del Señor. El domingo, el primer día de la semana, es aquel en el que Cristo resucitó y es analógico al primer día de la creación en la cual Dios creó la Luz.

Para la magia, el domingo es el día dedicado a la práctica del arte mágico. En este día, nos separamos de nuestros quehaceres mundanos para ocuparnos de lo sagrado. Energéticamente, el domingo es el día de mayor poder espiritual.

Con respecto a esto expresa Papus lo siguiente:

*"El día del Sol debe ser, en lo posible, el día consagrado exclusivamente a la **ocupación** y no a la profesión. Recordemos que el descanso verdadero, desde el punto de vista intelectual, es el ejercicio de la ocupación escogida, porque la cesación absoluta de toda clase de trabajo físico o intelectual podrá ser la suprema aspiración de las bestias, más no la de un hombre de inteligencia bastante desarrollada".*

---

105   Esto no indica que no podamos o debamos realizar obras de bien durante la noche, ni que Jesús no las realizara.

106   Mateo. Capítulo 6. Versículo 8.

Seguido a esto, Papus considera –haciéndose eco de la tradición– que en el día del Sol, debemos dedicar nuestro tiempo en la mayor medida posible a la práctica de la plegaria y a las obras mágicas.

"Este día, la plegaria se hará de un modo tan completo y solemne como fuere practicable, sea en el cuarto mágico, sea en el templo, y esto es lo que debe preferirse, porque la iglesia es un magnífico laboratorio de la Magia, siempre abierto para toda clase de persona, lo mismo para los ricos que para los pobres".

En este punto, puede notarse la dimensión en que Papus coloca la práctica de la plegaria. Aquí se refleja nuevamente la relación existente entre magia y religión considerando al templo, la iglesia, como un laboratorio de magia abierto a ricos y pobres.

Como ya se ha dicho más arriba, el domingo está ligado al misterio y al poder de la resurrección ya que este es el día de la semana según las escrituras, en que Jesús resucita de entre los muertos. En este sentido, el domingo está conectado con la Pascua, siendo de algún modo la pascua semanal, tal es así que en las iglesias orientales, el domingo es llamado *anastásimos heméra*, lo que significa "día de la resurrección"[107].

Las horas mágicas

Las horas mágicas son una forma de división del tiempo diario tomada de la astrología, muy utilizada por la magia y la alquimia desde hace siglos en la cual cada hora está atribuida a un planeta en particular durante la cual este manifiesta mayor fuerza y virtud.

En la tradición mágica, el día posee una división de veinticuatro horas llamadas "horas mágicas" las cuales no tienen relación con las horas de uso civil.

---

107   La práctica del domingo como día central de la tradición cristiana, es seguida desde los primeros siglos del cristianismo. Diversos son los testimonios históricos al respecto, como el de Plinio el Joven, gobernador de Bitinia del siglo II.

Las horas mágicas son una división del día en la cual hay doce horas diurnas, las que se cuentan desde el amanecer, y doce horas nocturnas que se computan a partir del atardecer.[108]

Según la magia tradicional, cada hora mágica posee un nombre propio.

Las doce horas mágicas diurnas se llaman, siguiendo su orden: *Yayn. Janor. Nasnia. Salla. Sadedali. Thamur. Ourer. Thaine. Jayo. Abay. Natalón. Beron.*

Las doce nocturnas se llaman asimismo: *Barol. Thanu. Athir. Mathon. Rana. Netos. Tafrac. Neron. Sassur. Aglo. Calerna. Salam.*

Ya hemos dicho al referirnos a los días de la semana que cada uno de ellos se encuentra ligado a un planeta y sus ángeles, siendo en ese día su regencia, razón por la cual se manifiesta en nuestro plano más plenamente su poder y virtud espiritual. Asimismo, cada hora mágica está ligada a un planeta y su ángel, siendo en esa hora más fuerte y clara su influencia.

La primer hora del día le pertenece siempre al planeta regente de ese mismo día el cual es llamado "señor del día".

Los planetas se van sucediendo de uno a uno en el orden tradicional: Saturno, Júpiter, Marte, Sol, Venus, Mercurio y Luna. Así es que en cada día vamos a encontrar varias horas mágicas en las cuales el regente es el "señor del día"[109].

Las mismas son: la primer *(Yayn)*, la octava *(Thaine)*, la decimoquinta *(Athir)* y la vigesimosegunda *(Aglo)*. Estas cuatro son las horas más fuertes del día, asimismo, de las cuatro, la primera es

---

108   La división del día en 24 horas repartidas en doce nocturnas y doce diurnas es muy antigua. Ya en el mismo Evangelio, en Juan 11, vers 9, Jesús dice: "¿No son doce las horas del día? Si uno anda de día, no tropieza, porque ve la luz de este mundo".

109   El sistema de las "horas mágicas" es un sistema cerrado. Cada día comienza con el planeta regente del día llamado "señor del día". Al sucederse los planetas de manera continua el planeta regente rige la primera, la octava, la decimoquinta y la veintidosava. De las 168 horas que posee la semana cada planeta rige por lo tanto 24 de ellas durante la semana. Esto se realiza en un circuito sin fin en el cual nunca se repiten ni se altera el orden.

siempre la más fuerte, razón por la cual es la que debemos privilegiar para realizar nuestras labores mágicas.

Así que otra regla de la magia práctica es aquella que indica que **en la primera hora del amanecer de cada día (Yayn), los espíritus ligados al señor del día y sus obras se encuentran más fuertes y poderosos**[110]. Siendo el día domingo el día más luminoso de la semana, es su amanecer el que más virtudes mágicas posee.

Esta es la razón por la cual el amanecer es llamado "aurora" u "hora de la luz". Como decían los antiguos: *el amanecer lleva oro en la boca*[111]. En este momento del día, toda actividad espiritual ligada a Dios y a la luz se ve favorecida, razón por la cual se suelen comenzar o realizar al amanecer los rituales importantes. Es en el amanecer que se comienzan las obras de alquimia y se cortan las hierbas que van a utilizarse en los preparados ya que en este momento del día la fuerza vital de las plantas se encuentra exaltada. Todo esto nos lleva a recomendar que los ritos sean siempre comenzados en la primera hora del día del planeta correspondiente al ángel a invocar o la obra a realizar.

Cálculo de las horas mágicas

Las horas mágicas se pueden medir como "horas fijas o artificiales" o como "horas móviles". Las horas fijan son aquellas según las cuales cada hora dura sesenta minutos. Con este sistema, si –por ejemplo– la primera hora mágica del día comienza a las 7:35 hs, la siguiente comenzará a las 8:35 hs. Este modo de medir las horas mágicas puede ser llamado de "horas iguales" ya que la duración de las horas es invariable. Las doce horas del día duran lo mismo entre sí, así como las nocturnas.

La magia antigua utilizaba el sistema de "horas móviles" el cual es más efectivo y recomendable. Este sistema requiere de un cálculo con el cual se obtiene un tiempo de duración de las horas

---

110   En este momento, el Sol se encuentra, astrológicamente, en el Ascendente, lo cual es para la astrología un signo de fuerza.

111   *Aur* remite a oro en latín y a luz en hebreo.

diurnas y nocturnas el cual no es siempre igual ya que dependiendo del momento del año, las diurnas y las nocturnas pueden variar en duración.

Para poder calcular correctamente las horas móviles, se debe conocer con exactitud el momento en el cual amanece y atardece en el lugar que nos encontramos al realizar la obra. Sabido esto, se suma la cantidad de minutos que se encuentran entre el amanecer y el atardecer y se los divide por doce. De este modo obtendremos un valor el cual indica la duración de las horas diurnas. Lo mismo se realiza para las horas nocturnas computando y dividiendo los minutos van desde el atardecer al amanecer. De este modo, dado que en verano el día es más largo y las noches más cortas, obtendremos horas diurnas cuya duración supera los sesenta minutos y horas nocturnas cuya duración es inferior En el caso de los equinoccios (aquel momento del año en que el día dura igual que la noche) las horas diurnas y nocturnas poseen la misma cantidad de minutos.

Existe otra forma de cálculo según la cual las horas diurnas o nocturnas no poseen necesariamente la misma duración entre sí. Este sistema que puede ser llamado de "horas desiguales" está regido por los grados del zodíaco y su ascenso en el ascendente. Según este sistema, cada hora mágica dura lo que tardan en ascender quince grados en el ascendente. Este sistema requiere de mayor conocimiento de la ciencia astrológica y es –según Agrippa– el que se debe intentar seguir.

		Domingo	Lunes	Martes	Miércoles	Jueves	Viernes	Sábado
1	**Yayn**	Sol	Luna	Marte	Mercurio	Júpiter	Venus	Saturno
2	**Janor**	Venus	Saturno	Sol	Luna	Marte	Mercurio	Júpiter
3	**Nasnia**	Mercurio	Júpiter	Venus	Saturno	Sol	Luna	Marte
4	**Salla**	Luna	Marte	Mercurio	Júpiter	Venus	Saturno	Sol
5	**Sadedali**	Saturno	Sol	Luna	Marte	Mercurio	Júpiter	Venus
6	**Thamur**	Júpiter	Venus	Saturno	Sol	Luna	Marte	Mercurio
7	**Ourer**	Marte	Mercurio	Júpiter	Venus	Saturno	Sol	Luna
8	**Thaine**	Sol	Luna	Marte	Mercurio	Júpiter	Venus	Saturno
9	**Jayo**	Venus	Saturno	Sol	Luna	Marte	Mercurio	Júpiter
10	**Abay**	Mercurio	Júpiter	Venus	Saturno	Sol	Luna	Marte
11	**Natalón**	Luna	Marte	Mercurio	Júpiter	Venus	Saturno	Sol
12	**Beron**	Saturno	Sol	Luna	Marte	Mercurio	Júpiter	Venus

		Domingo	Lunes	Martes	Miércoles	Jueves	Viernes	Sábado
13	**Barol**	Júpiter	Venus	Saturno	Sol	Luna	Marte	Mercurio
14	**Thanu**	Marte	Mercurio	Júpiter	Venus	Saturno	Sol	Luna
15	**Athir**	Sol	Luna	Marte	Mercurio	Júpiter	Venus	Saturno
16	**Mathon**	Venus	Saturno	Sol	Luna	Marte	Mercurio	Júpiter
17	**Rana**	Mercurio	Júpiter	Venus	Saturno	Sol	Luna	Marte
18	**Netos**	Luna	Marte	Mercurio	Júpiter	Venus	Saturno	Sol
19	**Tafrac**	Saturno	Sol	Luna	Marte	Mercurio	Júpiter	Venus
20	**Neron**	Júpiter	Venus	Saturno	Sol	Luna	Marte	Mercurio
21	**Sassur**	Marte	Mercurio	Júpiter	Venus	Saturno	Sol	Luna
22	**Aglo**	Sol	Luna	Marte	Mercurio	Júpiter	Venus	Saturno
23	**Calerna**	Venus	Saturno	Sol	Luna	Marte	Mercurio	Júpiter
24	**Salam**	Mercurio	Júpiter	Venus	Saturno	Sol	Luna	Marte

La división ritual del día se utiliza también en la tradición religiosa. Siguiendo una enseñanza atribuida a San Benito, los monjes medievales dividían el día en siete momentos los cuales se aplicaban al culto divino[112]. Estas son las llamadas "horas canónicas". Estas horas se encuentran también ligadas a los ciclos del cosmos ya que más que estar regidas por el reloj civil, están ligadas al sol en su puesta y salida ya que el monje medieval, no oraba solo, sino en concordancia con el cielo y la naturaleza[113].

Otras escuelas espirituales ligadas a la tradición del hermetismo dividen el culto divino diario en cuatro partes las cuales serían una analogía diaria del proceso del año: amanecer-primavera, mediodía-verano, atardecer-otoño, anochecer-invierno.

El tiempo sagrado

Existe un tiempo al que se denomina "sagrado" y es aquel instituido por los dioses, aquel que la Divinidad ha delimitado según su propia voluntad o aquel en el cual se conmemoran hechos y acontecimientos en los que esta ha realizado una obra divina.

Es el caso del relato del antiguo testamento según el cual Yahveh indica a los israelitas a guardar y separar un tiempo especial, un tiempo sagrado[114], apartado y delimitado del tiempo ordinario, el cual estaba dedicado al culto.

«*Que los israelitas celebren la Pascua a su tiempo.*
La celebrarán el día catorce de este mes, entre dos luces, al tiempo debido. La celebrarán según todos sus preceptos y normas». *Números 9: 2 y 3.*

---

112   Esta división septenaria del tiempo ritual se inspira en el versículo 164 del salmo 119 que dice: "*siete veces al día te alabó por tus justos juicios*".

113   Las horas canónicas son: Maitines: a la medianoche. Laudes: cerca de las tres de la mañana. Prima: al amanecer. Tercia. Después de salir el sol, cerca de las 9 Hs. Sexta: al mediodía. Nona: cerca de las 15 Hs. Vísperas: Al atardecer. Completas: antes del reposo.

114   Aquí podemos notar una de las acepciones de la idea de lo "santo", la cual indica que significa "lo separado", en el sentido de "separado de lo profano".

El tiempo sagrado está ligado a los ciclos de los astros. Por ejemplo, en el caso específico de la Pascua judía, esta se celebra según el designio de Yahveh el día catorce de la primera Luna nueva del mes de Nissan, primer mes del año judío, mes ligado al signo astrológico de Aries. La Pascua cristiana, esta se celebra asimismo el primer domingo posterior al día catorce de Nissan.

Las fiestas judías y cristianas, al igual que las antiguas fiestas paganas, están sujetas a los ritmos del cosmos y a los ciclos de restauración de la naturaleza, los cuales se centran en los solsticios y equinoccios así como en las fases de la luna. ¡Es que las fiestas sagradas son fiestas cósmicas, y no solo humanas! La celebración de cada solsticio y equinoccio los cuales indican los cambios de estaciones se encuentran presentes en las llamadas "témporas", antiguos ritos de la iglesia en los cuales se bendicen los frutos de cada estación.

Las celebraciones o fiestas sagradas

Dentro de las cuestiones que hacen al valor y la fuerza espiritual del tiempo, se debe tener en cuenta muy en especial aquellos tiempos que se denominan sagrados en los cuales se celebran las "fiestas religiosas". Así se refiere C. Agrippa al tiempo sagrado:

"Hay también Tiempos sagrados, siempre observados con grandísima veneración por las naciones de toda clase de religiones, que los dioses nos ordenaron santificar, o que nuestros padres y superiores los dedicaron en conmemoración de un bien recibido de ellos y en perpetua acción de gracias; así, los hebreos tienen sus sabbaths y los gentiles sus ferias; así recibimos los días solemnes de nuestros misterios sagrados, para celebrarlos siempre con gran solemnidad".

A pesar de que el tiempo sagrado está indicado por los astros, el mismo no puede ser menguado en su virtud espiritual por la mala disposición de estos. De algún modo, toda fiesta sagrada es perfecta, sin mengua y sin mancha, ya que sus luces descienden de Dios mismo. Según C. Agrippa, el mago debe observar tanto los tiempos astrológicos como los sagrados aunque estos últimos poseen más fuerza y poder espiritual que los primeros:

"Los magos ordenan observar estos días sagrados y religiosos, igual que los días de los planetas y las disposiciones celestes; dicen también que son muy eficaces para adquirir virtudes espirituales y divinas, porque su potente influjo no desciende tanto de los elementos y cuerpos celestes cuanto del mundo inteligible y superceleste, y ayudada por los comunes sufragios de los dioses, no quebrantada por disposición contraria alguna de los cuerpos celestes ni menguada por el contagio corruptible de los elementos, siempre que se tenga fe firme y veneración religiosa…".

En las grandes fiestas espirituales es cuando la Luz Divina se manifiesta de manera más clara y potente en el tiempo. La fuerza especial de estas fiestas ha sido verificada por la experiencia de grandes magos y alquimistas. Muchos de estos últimos consideran el día de Pascuas como aquel en el cual se finaliza la Gran Obra. Por ejemplo, el teósofo Johann Georg Gichtel, dice haber recibido en el día de Navidad la iluminación interior y el éxtasis espiritual.

En la tradición cristiana los tiempos sagrados más importantes están ligados a las fiestas de Navidad, Pascua y Pentecostés. Asimismo existen muchas otras fiestas especiales en las cuales se manifiesta también una gran fuerza espiritual como es el caso de asunción, ascensión, transfiguración etc. Todas estas fiestas son la actualización y el recuerdo ritual – como diría C. Agrippa– de un bien recibido de los dioses o el memorial de un acto divino específico.

Durante cuánto tiempo debe realizarse una obra

La duración del tiempo está vinculada al tema de los "ciclos". No sólo debemos preguntarnos cuando debemos comenzar una obra, sino que también debemos profundizar en "cuánto tiempo" la misma debe ser realizada. La cantidad de tiempo que debe realizarse. El mago determina el "ritmo" a utilizar en una obra dependiendo de distintos tópicos. En especial se tiene en cuenta que cada cantidad de tiempo está ligada a un planeta, así como a un determinado tipo de espíritu. Los tiempos utilizados en la magia están regidos por el movimiento de los astros y la virtud espiritual de los números. ·

Operaciones de cinco días:

El número cinco es el de la cruz. Por la virtud de este número se dominan a las entidades de oscuridad y a los espíritus elementales. Cinco días es un tiempo ideal para realizar toda labor que implique protecciones y purificaciones. Este número está ligado al nombre de Dios de cinco letras יהשוה que es el nombre místico de Cristo. Dice C. Agrippa que *Este número tiene incluso mucha virtud en las ceremonias, pues en los sacrificios expulsa a los malos demonios; en las cosas naturales cura y preserva de los venenos. También se le llama número de felicidad y gracia, y es el sello del Espíritu Santo, y el lazo que lo liga todo, y el número de la cruz; se distingue a través de las llagas principales del Cristo, que éste quiso conservar en su cuerpo glorificado.*

Las operaciones de cinco días son denominadas "quinarios".

Operaciones de siete días:

El ciclo de una semana completa, por lo cual transcurren los siete días y una fase completa de la Luna. Al transcurrir los siete días de la semana, se pasa por la regencia de cada uno de los siete ángeles planetarios, por esto es ideal para toda labor ligada al trabajo con ellos los cuales según la magia cristiana son: Miguel, Gabriel, Sanael, Rafael, Zachariel, Anael y Orifel.

En relación al número siete y sus cualidades mágicas dice C. Agrippa que *este número tiene mucha eficacia y virtud tanto en las ceremonias como en las cosas naturales y demás* y asimismo que *este número tiene grandísima virtud tanto para el bien como para el mal.*

La presencia del número siete se manifiesta en el ámbito de lo sagrado y lo natural en innumerables situaciones dentro de las cuales cabe citar: los siete días de la semana de Moisés, los siete planetas, los siete ángeles que según Tobías se encuentran frente al trono de Dios. En el Apocalipsis encontramos siete iglesias, siete ángeles, siete ríos, etc. Siete son los orificios de la cara, las virtudes y los vicios, las artes liberales, las órdenes religiosas, las horas canónicas etc.

Las operaciones de siete días son denominadas "septenarios". Realizar una labor siete veces da a la misma una gran fuerza ya que en alguna medida siete es un ciclo culminado, cerrado, completo. Todo lo bueno se torna aún más bueno gracias al número septenario.

Operaciones de nueve días:

Nos encontramos en el ritmo de las célebres "novenas". Este número se vincula con el hecho de que nueve son los coros de ángeles, razón por la cual nueve días consecutivos es un tiempo ideal para elevar pedidos a cualquiera de estos coros, así como lo es en especial para trabajar pedidos o realizar labores con el ángel custodio personal[115].

Según C. Agrippa *durante nueve días los antiguos celebraban los funerales de los difuntos.* Esta costumbre se mantiene aún en los rituales funerarios cristianos según los cuales se vela a la persona durante nueve días o se realizan novenas peticionando por la elevación de su alma.

Operaciones de veintiocho días:

Este el tiempo completo en que se desarrolla una "lunación", tiempo en el cual la Luna ha traspasado sus veintiocho moradas y ha cumplimentado sus cuatro fases. Dice C. Agrippa que *"El Veintiocho nos señala el favor de la Luna, pues su movimiento diferente del curso de los demás astros, es el único que se cumple en veintiocho días; en ese lapso vuelve al mismo punto del Zodíaco de donde saliera. Por ello, en cuestiones celestes contamos las veintiocho casas de la Luna, que tiene influencia y virtud totalmente singulares".*

---

115   Ver capítulo IX.

Veintiocho días es una revolución lunar. Dado que la Luna está ligada al arcángel Gabriel este tiempo es ideal para elevar pedidos a este, así como para realizar obras mágicas ligadas a este planeta las cuales se relacionan con los ámbitos domésticos, la vida familiar, la protección de casas y campos etc. Veintiocho son también los ángeles de las moradas de la Luna[116].

Operaciones de cuarenta días:

El cuarenta es un número de "purificación". Ciclos de cuarenta días han sido utilizados tanto en la magia como en la religión con el fin de purificarse y liberarse de las energías negativas. Es el caso de la "cuaresma", tiempo previo a la semana santa el cual dura exactamente cuarenta días.

En torno a la virtud purificadora de este número y su aplicación en la práctica mágica se refiere E. Levi en su ritual:

"Aquel que quiere entregarse seriamente a la obra mágica después de haber afirmado su espíritu contra todo peligro de alucinación o de espanto, debe purificarse interior y exteriormente durante cuarenta días. El número cuarenta es sagrado y hasta su misma figura es mágica. En cifras árabes, se compone del círculo, imagen de lo infinito y del 4 que resume el ternario por la unidad. En cifras romanas, dispuestas de la siguiente manera, representa el signo fundamental de Hermes y el carácter del sello de Salomón. La purificación del mago debe consistir en la abstinencia de las voluptuosidades brutales en un régimen vegetariano y dulce, en la privación de licores fuertes y en la reglamentación de las horas de sueño. Esta preparación ha sido indicada y representada en todo los cultos por un tiempo de penitencia y de pruebas que precede a las fiestas simbólicas de la renovación de la vida".

---

116   Ver capítulo IX.

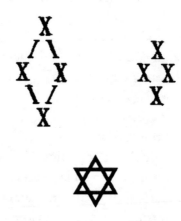

Asimismo, C. Agrippa exalta las virtudes de este mágico número:

"El número cuarenta significa, en religión, expiación, penitencia y muchos grandes misterios; ya que el Señor, en la época del Diluvio, hizo llover sobre la tierra durante cuarenta días y cuarenta noches; los hijos de Israel permanecieron cuarenta años en el desierto; los santos santificaron este mismo número de días mediante sus ayunos, ya que Moisés, Elías y el Cristo ayunaron durante cuarenta días. El Cristo fue llevado en el seno de la Virgen durante cuarenta semanas; el CRISTO permaneció desde su nacimiento, durante cuarenta días, en Belén antes de ser presentado en el templo; predicó públicamente durante cuarenta meses; estuvo oculto en el sepulcro durante cuarenta horas; ascendió a los cielos cuarenta días después de su resurrección. Nuestros teólogos aseguran que todo aquello no se realizó sin la mediación de un misterio o una propiedad oculta en este número".

Toda purificación profunda debe ser realizada en lo posible durante cuarenta días consecutivos y comenzando en Luna nueva. La recitación del Salmo 51 (50) seguido de un baño de agua con agua marina o agua en la que se ha disuelto sal marina es ideal.

De igual manera, debemos recomendar la realización de purificaciones en el tiempo de "cuaresma" dada la fuerza espiritual de este. No es azaroso que la misma comience el día denominado "miércoles de cenizas" en el cual se traza sobre la frente de la persona con cenizas el signo de la cruz. Cuarenta es número de purificación a nivel micro y macro cósmico. No por nada, Yahveh hace llover sobre la tierra cuarenta días en el diluvio[117].

Otra opción de trabajo, aunque más ardua es aquella que dura un año solar, una revolución completa del Sol que es lo que tarda este en llegar al mismo grado del zodíaco.

Como hemos podido notar, el conocimiento y manejo de las reglas ligadas a la ciencia astrológica es una herramienta fundamental para quien quiera operar de manera eficaz en la práctica mágica. Lamentablemente, los límites impuestos por nuestra obra no nos permiten profundizar en esta debiendo recomendar al lector interesado que no desatienda el estudio de esta ciencia sagrada.

---

117   *"Porque dentro de siete días haré llover sobre la tierra durante cuarenta días y cuarenta noches, y exterminaré de sobre la faz del suelo todos los seres que hice"*. Génesis 7: 4.

CAPÍTULO IX

Los espíritus de la magia

El mundo necesita ángeles que presidan los ejércitos de la tierra, los reinos, provincias, hombres y bestias, el nacimiento y evolución de los animales, los arbustos, las plantas y otras cosas, y que reciban esa virtud que se dice que existe en las cosas a través de una propiedad oculta.

Orígenes

Los nueve coros angélicos

La relación con el mundo de lo sutil es propia de la ciencia mágica, en especial todas las tradiciones mágicas de la antigüedad han dado un espacio preponderante al trabajo con el mundo de los espíritus angélicos. Esto ha dado en el tiempo la formación de una "magia angélica" en la cual se ha desarrollado todo un modo de invocarlos y operar con ellos.

Existen diversas maneras de clasificar a los ángeles, la tradición cristiana se basa para esto en la enseñanza de Dionisio el Areopagita quien clasifica a los ángeles en torno al número tres. Según Dionisio existen tres jerarquías angélicas, las cuales se subdividen en coros. Así es que se cuentan tres jerarquías de tres coros cada una. Unido a esta enseñanza C. Agrippa dice que *"en comunión de espíritu con Dionisio, (los teólogos) concretan tres diferencias de*

ángeles y las dividen a cada una en tres órdenes, creando así tres dife-
rencias y nueve órdenes en total; a los órdenes los llaman Jerarquías,
y a las diferencias, Coros. Proclo también los divide en nueve".

A continuación vamos a los nueve coros y sus funciones según la magia. La primera jerarquía la configuran los siguientes coros: serafines, querubines y tronos. Estos tres coros son los más cercanos a la divinidad.

Serafines

Este coro de ángeles es el más cercano a la Divinidad. Estos seres que la tradición ha descripto como criaturas de seis alas plagadas de ojos habitan en la intimidad de la Divinidad en perpetua contemplación y alabanza. Por esto son los custodios de los contemplativos y la vida mística. Los serafines están ligados al signo astrológico de Aries y la primera sefirah del árbol de la vida cabalístico cuyo nombre es Kether.

Querubines

Según C. Agrippa, los querubines son ángeles inspiradores de la luz divina, otorgando al hombre pensamientos elevados y sabiduría. Asimismo, la tradición los considera ángeles de inspiración artística. La imagen de estos ángeles es la de niños alados. Son quienes mantienen el cosmos en movimiento y custodian el paraíso según se indica en Génesis 3: 24.

Los querubines están ligados al signo astrológico de Tauro y a la segunda sefirah denominada Chokmah.

Tronos

Los ángeles tronos poseen la particularidad de que sus alas son circulares y esplendorosas como los colores del arcoíris. Según C.

Agrippa, *los tronos nos dan la unión para reunirnos y recogernos, y fijar nuestra memoria en los espectáculos de la eternidad.* Dan al hombre capacidad de reflexión, concentración y discernimiento. Llamados los "valientes", se relacionan con el signo astrológico de Géminis y la tercera sefirah del árbol de la vida: Binah.

La segunda jerarquía es la de los ángeles denominados: dominaciones, potestades y virtudes.

Dominaciones

Conocidos como los médicos celestes, los ángeles dominaciones se relacionan con todo proceso de sanación asistiendo tanto a los enfermos como los médicos y todos aquellos que colaboran en pos de la salud. Junto a esto, las dominaciones nos ayudan a domesticar nuestros vicios y defectos internos a fin de poder alcanzar la perfección y la paz. Se relacionan con el signo de Cáncer y la cuarta sefirah cuyo nombre es Chesed.

Potestades

Ángeles soldados, portadores de espadas y armaduras, su función es la de proteger al hombre en el combate contra la oscuridad. Son criaturas imponentes y majestuosas. La tradición religiosa americana los representó como "ángeles arcabuceros" llevando en vez de espadas arcabuces. Se los invoca en todo ritual que implique purificaciones o protecciones de lugares o personas. Se los liga al signo astrológico de Leo y la sefirah Geburah, quinta del árbol de la vida.

Virtudes

Estos son los ángeles de los milagros. Dada la velocidad de su accionar son representados como criaturas cuyo cuerpo es un rostro alado. Se los invoca en toda situación de extremo peligro, en catástrofes y en aquellos momentos en que se necesita la asistencia de Dios de forma inmediata. Ayudan al hombre en la obtención del "autoconocimiento". Están relacionados con el signo de Virgo y la sexta sefirah: Tifereth.

Finalmente, nos encontramos con la tercera y última jerarquía, la cual se encuentra más cercana al plano humano y más vinculada a sus intereses. Los coros que la configuran son los principados, arcángeles y ángeles custodios.

Principados

Estos ángeles son considerados los custodios de la naturaleza. Los territorios naturales y sus criaturas están bajo el cuidado de ellos. Son también quienes asisten a los seres de la naturaleza como los duendes y las hadas a poder cumplir con sus labores. Han sido representados con tiaras de flores en sus cabezas. Se los suele invocar para favorecer las cosechas, evitar sequias o inundaciones y para preservar al hombre y sus obras ante las manifestaciones climáticas adversas las cuales siempre se relacionan con la presencia de entidades "elementales" negativas. Los principados pueden ocupar el espacio de kilómetros así como mimetizarse con la naturaleza por lo que se los puede confundir con nubes o montañas.

Estos ángeles se encargan de proteger y bendecir a las naciones, las ciudades, los pueblos y quienes los habitan y gobiernan. Se relacionan con el signo astrológico de Libra y la sefirah séptima cuya denominación es Netzach.

Arcángeles

Se cree que los arcángeles son ángeles que Dios ha seleccionado de los otros coros y a los cuales les ha adjudicado una misión especial.

Aquellas personas que bajo la guía de Dios han encarnado para guiar a la humanidad poseen la custodia y la guía de un arcángel especial. Esta enseñanza la manifiesta C. Agrippa diciendo que (entre otros) Raziel fue el ángel de Adan, Zadkiel el de Moises, Peliel el de Isaac y Jacob, Metattrón el de Moisés, y Miguel el de Salomón.

También suele ocurrir que estas personas designadas por la Divinidad para guiar a la humanidad poseen la asistencia de un arcángel, el cual lleva un nombre derivado del de su custodiado. Dice C. Agrippa al respecto que el ángel guía del profeta Jeremias es llamado Ieremiel, así como Zachariel el del profeta Zacarías. Siguiendo esta enseñanza, consideramos que hay ciertos arcángeles que son la expresión angélica del espíritu o el carisma de una persona espiritual o un maestro. Por esto, se entiende que hay un ángel llamado "Francisquiel" quien asiste a San Francisco en sus obras, el cual opera cuando invocamos al santo de Assis. Igualmente, existe un ángel cuyo nombre es "Pioel" ligado a la obra del santo padre Pío de Pietralcina. Estos ángeles son de algún modo "asistentes" angélicos de estas personas; colaborando con ellas en el cumplimiento de la voluntad de Dios.

Para C. Agrippa, los arcángeles *asisten los sacrificios, dirigen el culto divino de cada hombre, y ofrecen, en presencia de los dioses, las plegarías y los sacrificios de los hombres.* Por esta razón, se cree que los mismos participan de todos los rituales religiosos, favoreciéndolos y protegiéndolos, custodiando también los templos y los objetos sagrados. Los arcángeles, a diferencia de lo que ocurre con los otros coros" se los invoca por medio de sus "nombres propios". Más adelante, en este mismo capítulo nos referiremos a cada uno de los grandes arcángeles.

El coro de los arcángeles se relaciona con el signo astrológico de escorpio y la octava sefirah cuyo nombre es Hod.

Ángeles custodios

Nos adentramos finalmente en el último de los nueve coros angélicos, el de los ángeles propiamente dichos, llamados también custodios o guardianes.

Según la enseñanza tradicional, todos poseemos un ángel custodio, el cual nos asiste en nuestra encarnación actual.

El papel que cumplen los ángeles custodios en nuestro desarrollo espiritual no puede ser comparado con el de ningún otro ser del mundo angélico.

Nuestro ángel custodio o ángel de la guarda pertenece a uno de los nueve coros de ángeles, precisamente el último. Esta condición se debe al hecho de que estos están más íntimamente ligados al mundo humano que los otros ocho coros.

La tradición del hermetismo cristiano enseña que estos ángeles poseen cualidades muy diferentes a todos los demás, en especial la de ser en alguna medida femeninos. Esto se debe a que los ángeles custodios ejercen sobre sus protegidos un papel maternal. Así es que aquellas representaciones de ángeles en los cuales se los ve con características femeninas corresponden a ángeles de este coro. Esta condición de femineidad no va en detrimento del hecho de que todos los ángeles son "andróginos", esto es, ni macho ni hembra sino ambas cosas ya que en ellos lo masculino y femenino se encuentra equilibrado.

Desarrollar una relación con nuestro ángel custodio debería ser la primera labor a realizar por quien quiera acercarse al mundo de los ángeles; de hecho, en torno al vínculo con ellos se ha forjado toda una práctica ritual en ciertas tradiciones mágicas.

Nuestro ángel nos acompaña en todo el camino de nuestra encarnación salvo excepciones en los cuales acontece el llamado "cambio de ángel". Es sabido y enseñado por la tradición que aquellas personas que logran alcanzar cierto nivel espiritual, en determinado momento dejan de tener como custodio a un ángel del noveno coro, para pasar a tenerlo dentro de los ángeles del octavo coro que son los "arcángeles". Esto solamente ocurre en casos excepcionales, a los verdaderos maestros, aquellas personas que tienen bajo su cuidado la guía espiritual de otros. Según esta misma tradición, es posible que en esta vida, una persona –gracias a su permanente desarrollo espiritual– vaya adquiriendo como custodio a un ángel de un coro superior cada vez más alto, llegando así al de los "serafines". Esta situación es muy excepcional. Las personas que adquieren este don, son aquellas que se han "serafinizado", aquellas que al igual que estos ángeles supremos, se encuentran internamente en una perpetua contemplación de lo divino. Estas personas son llamadas por la tradición religiosa los "seráficos". Es el caso de San Francisco de Asís entre otros, quien recibió esta condición junto con las cinco llagas de Cristo en el monte Alvernia. En la imagen pintada por Gioto, Cristo le transmite a San Francisco las llagas portando él mismo seis alas como un serafín.

Los ángeles de la guarda poseen al igual que los otros ángeles varios nombres propios. Suele ocurrir que algunas personas han recibido de su ángel un nombre o un modo de ser "llamado". El conocimiento del nombre de nuestro ángel nos permite un contacto más íntimo con el mismo. Igualmente, si no sabemos cuál es su nombre, la relación con el ángel se mantiene igual ya que este nos asiste de manera permanente más allá de nuestra conciencia de ello.

Es muy importante comprender que el ángel de la guarda no puede ser "llamado", que no debemos solicitar su presencia dado que él está siempre presente. Nuestro ángel puede ser "invocado", lo que implica solicitar su acción protectora sobre nosotros y nuestras obras[118].

Según nuestra experiencia personal y de allegados a nosotros, podemos asegurar entre otras cosas: que el ángel de la guarda posee un rostro similar al nuestro y que uno de sus nombres suele ser el de algún "amigo invisible" de nuestra infancia. El hecho de que nuestro ángel sea semejante en sus facciones y hasta en su voz a nosotros es una tradición muy antigua. Esto queda también atestiguado –por ejemplo– en el relato bíblico en el cual Pedro es confundido con su propio ángel[119].

Los ángeles custodios se relacionan con el signo de sagitario y la novena sefirah: Yesod.

La tradición religiosa le ha adjudicado un día al año que es el 2 de octubre.

La novena

La forma tradicionalmente más aplicada en la magia angélica para invocar a los ángeles de cualquier coro es la "novena", la cual es un ritual liado al ritmo y la virtud del número nueve, número de los coros angélicos.

Una novena es un ritual de nueve días durante los cuales –generalmente– se recitan las mismas plegarias y se eleva el mismo pedido a el o los mismos ángeles.

El modo más sencillo de realizar una novena es el siguiente:

Durante los nueve días encienda una vela de la mayor calidad posible, utilizando una completa para cada día[120]. Cada día se puede también quemar en un incensario una porción

---

118   Ver la diferencia entre "evocación" e "invocación" en el capítulo XI.

119   Hechos 12. 15.

120   Ver capítulo VII.

de incienso olíbano puro o un perfume adecuado al planeta regente del coro angélico con que se ha de trabajar. Los perfumes y los perfumes de las velas pueden ser los siguientes según el coro:

- Serafines: Incienso y mirra. Velas de color rojo, amarillo o blanco.
- Querubines: Incienso y azafrán. Velas de color verde o blanco.
- Tronos: Incienso y anís. Velas multicolores o blancas.
- Dominaciones: Incienso y alcanfor. Velas de color blanco, celeste o verde claro.
- Potencias: Incienso y benjuí. Velas de color rojo, amarillo, naranja o blanco.
- Virtudes: Incienso y sándalo. Velas multicolores, moradas o blancas.
- Principados: Incienso y verbena. Velas de color verde.
- Arcángeles: Incienso y ruda. Velas de color rojo.
- Ángeles: Incienso y angélica. Velas de color azul.

Cada día durante los nueve días se opera del siguiente modo:

- Se arma un altar mágico en el cual se enciende un cirio del color correspondiente al coro angélico en cuestión. En caso de no disponer se utiliza un cirio blanco. Se puede quemar sobre carbones incienso olíbano o el perfume recomendado para el coro correspondiente.
- Se traza la cruz mágica.
- Se recita una vez el Padrenuestro. Luego el Ave María.
- Se eleva el pedido al coro angélico en cuestión.
- Se recita nueve veces la plegaria denominada Gloria.
- Para culminar, trazar nuevamente la cruz mágica.

Esta sencilla invocación nos ha revelado en los años su efectividad, razón por la cual la recomendamos ampliamente.

Los grandes arcángeles

Como hemos dicho, los arcángeles son ángeles especiales de los cuales, por voluntad de Dios, conocemos sus nombres.

Todos los ángeles poseen varios nombres. Asimismo, los nombres propios de los ángeles sólo son conocidos por Dios. Los nombres con que los llamamos no son sus únicos nombres sino que poseen muchos otros que sólo la divinidad conoce.

Los arcángeles se ordenan en una escala jerárquica en la cual se encuentra en la cima el arcángel Miguel, príncipe de la milicia celeste, primero entre iguales. El lugar central que ocupa este gran y poderoso ángel queda de manifiesto en el hecho de que la tradición mágica cristiana le adjudica la regencia del Sol, astro central del sistema, signo de Dios mismo. Luego de San Miguel arcángel, los ángeles que siguen en el orden jerárquico son los que conforman junto a él la tétrada de los elementos: Gabriel, Rafael y Uriel. Luego se ordenan los ángeles regentes de los siete planetas[121] a los cuales les siguen los de los doce signos del zodiaco. Veremos a estos grandes ángeles en sus cualidades particulares.

Arcángel Miguel: סיכאל

Como dijimos más arriba, Miguel arcángel posee la "primacía" del reino angélico. Su nombre significa "quien como Dios".

Miguel arcángel junto a Rafael y Gabriel arcángeles, son los únicos ángeles a los cuales se les suele adjudicar el epíteto "San" llamándolos: san Miguel, san Rafael y san Gabriel, cuestión que no ocurre con otros ángeles. La razón de esto radica en la dignidad de los mismos junto al hecho de ser ángeles tomados de la tradición bíblica.

---

121   Estos siete arcángeles son aquellos que según el libro del Apocalipsis se encuentran frente el trono de Dios.

El arcángel Miguel ha sido el protector del pueblo de Israel. En el libro del Apocalipsis, Miguel es quien lucha contra las fuerzas del mal, arrojándolas por la voluntad de Dios en la tierra.

"Entonces se entabló una batalla en el cielo: = Miguel = y sus Ángeles combatieron con Dragón. También el Dragón y sus Ángeles combatieron, pero no prevalecieron y no hubo ya en el cielo lugar para ellos. Y fue arrojado el gran Dragón, la Serpiente antigua, el llamado Diablo y Satanás, el seductor del mundo entero; fue arrojado a la tierra y sus Ángeles fueron arrojados con él".

En la magia es el regente del planeta Sol dado que representa lo más elevado del reino angélico. En el orden del microcosmos, de la persona humana, es el regente del plexo cardíaco, el corazón que es el "templo de la presencia de Dios en el hombre". Por su relación con el Sol, se le adjudica como día el domingo.

El arcángel Miguel, empuñando su espada, es quien protege a las almas tras la muerte de los ataques de las fuerzas de oscuridad que quisieran dañarlas. Asimismo, según una tradición enseñada por los magos antiguos, Miguel arcángel es quien en el momento de la muerte, cumple la función de sacerdote separando el alma del cuerpo del difunto. Dice C. Agrippa que *así como el sacerdote mortal sacrifica, en este bajo mundo a Dios, las almas de los animales, desprovistos de razón, por la separación del cuerpo con el alma, de igual manera el arcángel Miguel, sacerdote del alto mundo, sacrifica las almas de los hombres, y ello por la separación del alma respecto del cuerpo...*

Ya hemos dicho más arriba que San Miguel arcángel fue el ángel rector del rey Salomón.

Se invoca a este gran arcángel para solicitar la devoción, el reconocimiento de la presencia de Dios dentro de nosotros. Para superar la tristeza y los dolores profundos así como para toda obra que implique protección espiritual.

Miguel es el regente del elemento fuego por lo cual es quien ordena a los espíritus de este elemento llamados Salamandras.

Por ser el custodio del fuego, se le solicita a Miguel arcángel la práctica de la virtud mágica de fuego, el "osar".

Día regente: Domingo.

Arcángel Gabriel: גבריאל

Su presencia es muy grande en la escritura. Aparece en el libro de "Daniel" y en los evangelios siendo el trasmisor de la voluntad divina. En la tradición cristiana es el encargado de "anunciar" a la Virgen el nacimiento de Cristo.

San Gabriel es el arcángel regente del elemento agua razón por la cual es el encargado de ordenar a los elementales de agua, las ondinas.

Se lo invoca en toda obra ligada a la vida afectiva, la sensibilidad, la intuición. Siendo el regente del planeta Luna se lo invoca en las obras de adivinación y en todo lo que involucre la familia, las casas, los frutos de la tierra.

Gabriel arcángel nos asiste para superar las pruebas de agua y acceder a la práctica de la virtud mágica del agua, el "querer".

Su nombre significa "Fuerza de Dios".

Día regente: Lunes.

Arcángel Sanael: סנאל

Siendo Marte el planeta de la fortaleza y el vigor, son estas las características primordiales de Sanael arcángel. Su nombre quiere decir "El que ve a Dios". Lejos está este arcángel de las imágenes de tipo "naif" a las que estamos acostumbrados relacionadas con el mundo angélico. Sanael es un ángel lleno de intensidad y energía, su presencia nos transmite un sentimiento de protección. Arcángel soldado, guerrero, protector y motivador el cual nos ayuda en acrecentar la voluntad.

Día regente: Martes.

Arcángel Rafael: רפאל

Rafael quiere decir "medicina de Dios".

Es el ángel regente del elemento aire así como del planeta Mercurio.

El mismo Rafael arcángel se manifiesta en el libro bíblico "Tobías" como uno de los siete arcángeles que acceden a la presencia del Altísimo. En este texto el arcángel Rafael dice *Yo soy Rafael, uno de los siete ángeles que presentamos oraciones de los justos y tienen entrada ante la majestad del Santo.*

Las peticiones que se realizan al arcángel Rafael se relacionan con la salud en todas sus áreas, sea para pedir por los enfermos como por las personas dedicadas al arte de curar. Por esto, es el protector de los sanadores y de los médicos. Es tradicional considerar también que el mismo es protector de las parejas que sufren ataques de fuerzas de oscuridad.

Como ángel del aire rige sobre los espíritus de este elemento que son llamados Silfos.

Como ángel del aire, es quien nos favorece la práctica del "saber", virtud mágica ligada a este elemento.

Día regente: miércoles.

Arcángel Zachariel: זכריאל

Arcángel regente del planeta Júpiter. Zachariel significa "justicia de Dios". Siendo Júpiter el "gran benefactor de la astrología" se lo puede invocar al arcángel Zachariel en todo aquello que requiera acrecentamiento, bienestar, logros, abundancia y prosperidad.

Día regente: jueves.

Arcángel Anael: אניאל

El nombre de Anael quiere decir "concédeme Señor". Es el ángel regente del planeta Venus, el planeta de la belleza, el amor de pareja, el arte y el bienestar. Es el favorecedor de la 'buena suerte".

Día regente: viernes.

Arcángel Orifiel: עריפיאל

Orifiel es el ángel del planeta Saturno, el astro de la profundidad y el silencio.

Su nombre quiere decir "nube de Dios".

Favorece la introspección, la plegaria, la meditación, la superación de los duelos y el corte con aquellas cuestiones que consideramos negativas. Gracias a su ayuda podemos erradicar o combatir los vicios.

Día regente: sábado.

Arcángel Uriel: אוריאל

Este ángel misterioso merece un espacio aparte dentro de los grandes arcángeles ya que es el único de los cuatro arcángeles que rigen los elementos, que no posee a su vez regencia sobre un planeta en particular. El nombre Uriel quiere decir "luz de Dios" y es el regente del elemento tierra y todo lo que está bajo su égida. En torno a esto, se le solicita a este arcángel todo aquello que se relaciona con el ámbito de lo laboral, los logros económicos y profesionales.

Uriel es el regente del elemento tierra y quien asiste al mago en el manejo de los espíritus de tierra, los gnomos. De igual modo, Uriel arcángel nos asiste en la superación de las pruebas de tierra y la adquisición de la virtud magia de este elemento; el "callar".[122]

Los siete arcángeles planetarios pueden ser invocados por medio de un "septenario" lo que implica repetir durante siete días consecutivos las mismas plegarias tratando de comenzar el día que rige el ángel a quien se dirige la plegaria observando la fase de la Luna Nueva. Colocamos a continuación un modo muy efectivo de desarrollar un septenario a cualquiera de los ángeles de los planetas.

---

122   El arcángel Uriel está relacionado al mago y esoterista inglés John Dee (1527 - 1608) quien recibiera de manos de este arcángel un espejo de obsidiana por medio del cual poder acceder a la visión de los planos superiores. Según se cree este espejo se encuentra actualmente en el Museo Británico de Londres.

Septenario a los ángeles planetarios

Para elevar un pedido a estos ángeles se debe proceder del siguiente modo:

- Armar en altar en cual se coloca una vela del color del planeta regente del ángel. Se puede asimismo, quemar sobre carbones un perfume de este mismo planeta.
- Se traza la cruz mágica.
- Se recitan las siguientes plegarias en este orden:
  1) Padre Nuestro.
  2) A. María.
  3) Recitar durante los siete días la plegaria correspondiente al día regente del planeta[123].
  4) Gloria.

- Para culminar, trazar nuevamente la cruz mágica.

El criterio aquí utilizado implica recitar durante los siete días la plegaria correspondiente al día del planeta. Así es que si (a modo ejemplo) elevamos un septenario a Gabriel arcángel, regente del día lunes, comenzaremos el septenario un lunes recitando la plegaria de los lunes, la cual vamos a repetir (ya sin ser lunes) los otros seis días consecutivos. Lo mismo se aplica a los otros ángeles. en caso del arcángel Uriel, recomendaremos también un septenario, comenzando un sábado o un lunes y recitando (donde se recita la plegaria del día) la plegaria de los Gnomos.[124]

Los ángeles de las moradas de la Luna

Los ángeles de las moradas lunares son espíritus angélicos ligados a este astro y sus obras. Su acción es muy eficaz sobre las mismas ya que poseen cualidades netamente "lunares". Se puede

---

123 Ver capítulo IV.
124 Ver capítulo IV.

invocarlos para toda obra mágica de la luna entre las cuales podemos contar:

- Pedidos por embarazos, partos y nacimientos.
- Pedidos para las madres y los niños.
- Claridad para la adivinación.
- Intuición.
- Sensibilidad.
- Mejora en las relaciones familiares.
- Viajes largos en especial por mar.
- Salud.
- Protección de hogares y negocios.
- Prosperidad

Los veintiocho ángeles de la Luna operan sobre estas áreas de vida y –a su vez– cada uno de ellos posee un tipo de virtud especial que veremos a continuación.

Estos ángeles se encuentran todos bajo la guía del arcángel regente de la Luna que es Gabriel, por lo tanto, al invocar a cualquiera de ellos, se debe hacerlo invocando también a este arcángel.

Dado que el día de la Luna es el lunes, lo más recomendado para elevar un pedido a estos ángeles es hacerlo comenzando el "primer lunes de luna nueva". Cada uno de estos ángeles posee la regencia de una porción del zodiaco, exactamente siete ángeles por cada tres signos. La forma ideal de invocarlos y la más efectiva es aquella en la cual se lo invoca en el momento en que la luna "ocupa los grados del cielo que rige ese ángel", en este caso, puede realizarse la invocación de manera efectiva más allá de que sea o no lunes. Si usted dispone del conocimiento de la posición de la Luna en su mapa natal, puede considerar al ángel que rige el lugar del cielo donde esta se encuentra como "ángel de la luna personal", en este caso, puede elevar sus pedidos a este ángel en particular sobre cualquiera de las obras antedichas con mayor efectividad para usted que trabajando con cualquiera de los otros ángeles ya que –es una regla de la magia sagrada– los espíritus ligados a una persona, son siempre los más efectivos y los que con más prontitud la asisten.

Para invocar a estos ángeles se debe armar un altar colocando en el los elementos ya vistos[125] colocando en el mismo una vela de color blanco la cual debe consumirse por completo cada día. Se puede asimismo elaborar un perfume de la Luna el cual se quemará sobre carbones durante el ritual[126]. La plegaria a realizar implica recitar cada día durante siete o veintiocho días consecutivos:

- Trazar la cruz mágica.
- Padrenuestro.
- La plegaria del Lunes[127], la cual se recita cada uno de los días sea o no lunes.
- Para culminar, trazar nuevamente la cruz mágica.

Ángel de la morada 1
Geniel.
Favorece los viajes.
Rige: Los grados que van del 0 al 12,51 de Aries.

Ángel de la morada 2
Enediel.
Favorece la buena fortuna
Rige: Los grados que se van del 12,52 al 25,42 de Aries.

Ángel de la morada 3
Amixiel.
Favorece los viajes por mar y las operaciones de alquimia.
Rige: Los grados que van del 25,43 de Aries al 8,34 de Tauro.

Ángel de la morada 4
Azariel.
Favorece las protecciones.
Rige: Los grados que van del 8,35 al 21,25 de Tauro.

---

125   Ver capítulo V.
126   Ver capítulo VII.
127   Ver capítulo IV.

Ángel de la morada 5
Gabiel.

Favorece la protección de lugares, la instrucción de discípulos, la salud y el bienestar.

Rige: Los grados que van del 21,26 de Tauro al 4,17 de Géminis.

Ángel de la morada 6
Diraquiel.

Favorece la abundancia y la amistad.

Rige: Los grados que van del 4,18 al 17,7 de Géminis.

Ángel de la morada 7
Sejeliel.

Favorece las ganancias, la amistad y la pareja.

Rige: Los grados que van del 17,8 al 29 de Géminis.

Ángel de la morada 8
Amnediel.

Favorece el amor, la amistad y las protecciones.

Rige: Los grados que van del 0 al 12,51 de Cáncer.

Ángel de la morada 9
Barbiel.

Favorece las obras hogareñas.

Rige: Los grados que van del 12,52 al 25,42 de Cáncer.

Ángel de la morada 10
Ardefiel.

Favorece la protección de lugares, el amor y el bienestar.

Rige: Los grados que van del 25,43 de Cáncer al 8,34 de Leo.

Ángel de la morada 11
Neciel.

Favorece las ganancias comerciales y los viajes en general.

Rige: Los grados que van del 8,35 al 21,25 de Leo.

Ángel de la morada 12
Abdiznel.

Favorece las cosechas, las plantas y las sociedades.

Rige: Los grados que van del 21,26 de Leo al 4,17 de Virgo.

Ángel de la morada 13 ·
Iazeriel.

Favorece el bienestar, la abundancia y los viajes.

Rige: Los grados que van del 4,18 al 17,8 de Virgo.

Ángel de la morada 14
Ergediel.

Favorece el amor de pareja y la curación de las enfermedades.

Rige: Los grados que van del 17,9 al 29 de Virgo.

Ángel de la morada 15
Ataliel.

Favorece la amistad, el bienestar y la abundancia.

Rige: Los grados que van del 0 al 12,51 de Libra.

Ángel de la morada 16
Azeruel.

Favorece el comercio.

Rige: Los grados que van del 12,52 al 25,42 de Libra.

Ángel de la morada 17
Adriel.

Favorece las protecciones, el amor duradero y el cambio de la suerte de mala a buena.

Rige: Los grados que van del 25,43 de Libra al 8,34 de Escorpio.

Ángel de la morada 18
Egibiel.

Favorece realizar todo tipo de construcción y protección.

Rige: Los grados que van del 8,35 al 21,25 de Escorpio.

Ángel de la morada 19
Amutiel.

Favorece el parto de las mujeres y el bienestar de las mismas.

Rige: Los grados que van del 21,26 de Escorpio al 4,17 de Sagitario.

Ángel de la morada 20
Kyriel.

Favorece el trato con los animales y su bienestar.

Rige: Los grados que van del 4,18 al 17,8 de Sagitario.

Ángel de la morada 21
Bethuzel.

Favorece las ganancias, los viajes y las construcciones en general.

Rige: Los grados que van del 17,9 al 29 de Sagitario.

Ángel de la morada 22
Geliel.

Favorece la curación de enfermedades.

Rige: Los grados que van del 0 al 12,51 de Capricornio.

Ángel de la morada 23
Requiel.

Favorece la curación de enfermedades y la protección.

Rige: Los grados que van del 12,52 al 25,42 de Capricornio.

Ángel de la morada 24
Abremaiel.

Favorece el poder aumentar las ganancias, el bienestar de los animales y el amor de pareja.

Rige: Los grados que van del 25,43 de Capricornio al 8,34 de Acuario.

Ángel de la morada 25
Aziel.

Favorece el bienestar de las plantas y las cosechas.

Rige: Los grados que van del 8,35 al 21,25 de Acuario.

Ángel de la morada 26
Tayriel.
Favorece el amor y la amistad así como el afecto en general.
Rige: Los grados que van del 21,26 de Acuario al 4,17 de Piscis.

Ángel de la morada 27
Alheniel.
Favorece el bienestar de las plantas, las ganancias y la sanación.
Rige: Los grados que van del 4,18 al 17,8 de Piscis.

Ángel de la morada 28
Amnixiel.
Favorece la pesca, el comercio y el amor de pareja.
Rige: Los grados que van del 17,9 al 29 de Piscis.

Los ángeles cabalísticos[128]

Los llamados ángeles cabalísticos son 72 ángeles cuyos nombres están tomados de ciertos versículos del capítulo XIV del libro del Éxodo[129].

La tradición de la magia cabalística le ha adjudicado a cada uno de ellos cinco grados del zodíaco, comenzando en el primer grado de Aries. Así es que de este modo, el zodíaco y sus 360 grados

---

128   Recomendamos para profundizar en el trabajo mágico con los ángeles cabalísticos, la obra de Miriam Colecchio, *Oráculo de los ángeles,* de esta misma editorial.

129   Los nombres de los 72 ángeles están ocultos en tres misteriosos versículo s, 19-20 y 21, del Cap. XIV del Éxodo, cada uno de ellos formado por 72 letras hebreas. *Forma de extraer los 72 nombres: Ante todo, escribir por separado los tres versículos, en tres líneas de 72 letras cada una, con base en el texto hebreo; luego debemos tomar la primera letra del versículo 19 y del 20, comenzando por la derecha. Estas tres primeras letras forman el atributo del Genio. Siguiendo el mismo orden hasta el final, se obtendrán los 72 atributos de las virtudes divinas.*
Si añadimos a cada uno de estos nombres uno de los grandes nombres divinos: Yah יה *o El,* אל *obtendremos los 72 nombres de los ángeles, compuestos por tres sílabas que contienen cada una el nombre de Dios. (Papus. La cábala. Pag 74).*

se encuentra divididos en setenta y dos secciones de cinco grados cada una denominadas "quinarios". Cada quinario está ligado a uno de estos ángeles, razón por la cual los mismos son llamados también "ángeles de los quinarios"[130]. Vemos aquí una representación del hermetista A. Kircher en la cual se ve el nombre de cada ángel ubicados en el zodíaco junto a los respectivos nombres de Dios que le pertenecen y en el centro el nombre de Cristo (הושהי).

Cada uno de estos ángeles posee virtudes propias muy especiales por las cuales se los puede invocar. Dado que por el recorrido que hace el Sol por los trescientos sesenta grados del zodíaco, cada ángel rige cinco días al año, cada persona lleva la impronta del ángel que regía de su nacimiento. De este modo, ese ángel es un ángel protector y guía de dicha persona en esta encarnación. Para poder determinar esto, es necesario conocer el grado del zodiaco

---

130   Cada uno de estos ángeles se relaciona con un arcano menor del tarot de Marsella conformando así la rueda zodiacal completa. Sabemos que el tarot es una síntesis de las grandes ciencias sagradas de Occidente y que el mismo es un modelo simbólico en el que se combinan tanto la astrología como la angeología. Para profundizar en esto recomendamos nuestra obra *Tarot Marsellés* publicada en esta misma editorial.

en que el Sol se encontraba en nuestro nacimiento. Este ángel –así como otros– está ligado a la construcción de nuestro destino. Las virtudes del mismo son virtudes también propias de quien naciera bajo su guía. Estas virtudes es posible que se encuentren en el nativo en potencia, como virtudes a desarrollar en esta vida. Así es que –por ejemplo– si una persona naciera un día en que el Sol se encontrara dentro de los grados 10 a 14 del signo de Leo, los cuales pertenecen al ángel Ieratel, será protegido por este ángel y tendrá el gusto por las artes que este ángel inspira.

Dado que estos espíritus angélicos son muy poderosos en ciertas y determinadas cuestiones individuales, es bueno trabajar con ellos eligiendo aquel que opera específicamente sobre la obra que nos interesa realizar.

El modo correcto de invocar estos ángeles requiere tener presente el momento exacto en cada uno de ellos rige. Las cuestiones a tener en cuenta en torno a esto son las siguientes:

- Invocarlos cuando el Sol se encuentra en alguno de los cinco grados del zodíaco que le corresponde, lo que ocurre tan solo cinco días al año.
- Invocarlos durante aquel momento del día en los cuales los cinco grados regentes pasan por el ascendente.
- Esto ocurre veinte minutos por día.
- Invocarlos teniendo en cuenta el amanecer y los minutos que rige cada uno de ellos durante el día.
- Invocarlos el día de la semana ligado a su regente planetario del quinario correspondiente.

Es importante tener presente que el ángel que rige nuestro día de nacimiento, se encuentra ligado a nuestra propia estructura espiritual, razón por la cual no necesitamos esperar un momento especial para invocarlo pudiéndolo hacer de manera efectiva en todo momento. Igualmente, dado que en el momento de nuestro cumpleaños el Sol se encuentra en el mismo grado del zodíaco en que estaba en nuestro nacimiento, nuestro cumpleaños es un día de mucha fuerza para poder elevar a este ángel alguna petición especial. De aquí deriva la tradición popular de realizar en este día una triple petición, la cual se realiza para el año.

Siguiendo la tradición que enseña la existencia de nueve coros angélicos, se ha adjudicado a estos ángeles relación con un determinado coro. De este modo, cada coro angélico se vincula con ocho ángeles los cuales se ordenan siguiendo la sucesión que va desde los serafines a los custodios, comenzando por el ángel uno y culminando en el setenta y dos.

Ángel 1
Vehuiah.
Dios elevado y exaltado por encima de todas las cosas.
Salmo 3. Versículo 3: *Más tú, Yahveh, escudo que me ciñes, mi gloria, el que realza mi cabeza.*
Espíritu sutil, dotado de gran sagacidad, apasionado por las ciencias y las artes, capaz de emprender y ejecutar las tareas más difíciles. Característica principal: Energía.
Rige: Los grados 0 a 4 de Aries. Los primeros 20 minutos desde el amanecer.
Planeta: Marte. Día: Martes.

Ángel 2
Jeliel
Dios Firme
Para apaciguar las revueltas populares. Para obtener la victoria contra quienes nos atacan en forma injusta.
Salmo 21, versículo 19: *¡Más tú, Yahveh, no te estés lejos, corre en mi ayuda, oh fuerza mía!*
Espíritu alegre y jovial, de maneras galantes y agradables.
Rige: Los grados 5 a 9 de Aries. Los minutos 20 a 40 desde el amanecer.
Planeta: Marte. Día: Martes.

Ángel 3
Sitael.
Dios, esperanza de todas las criaturas
Salmo 91, versículo 2: *¡Mi refugio y fortaleza, mi Dios, en quien confío!*

Contra las adversidades.

Protege contra las armas y las bestias feroces. Amante de la verdad, sostendrá su palabra y complacerá a aquellos que tengan necesidad de sus servicios.

Rige: Los grados 10 a 14 de Aries. Los últimos veinte minutos de la primera hora desde el amanecer.

Planeta: Sol. Día: Domingo.

Ángel 4

Elémiah

Dios oculto

Contra los tormentos espirituales y para conocer a los traidores.

Salmo 6, versículo 4: *Vuélvete, Yahveh, recobra mi alma, sálvame, por tu amor.*

Gobierna sobre los viajes y expediciones marítimas. Es industrioso, afortunado en sus empresas y apasionado por los viajes.

Rige: Los grados 15 a 19 de Aries. Los primeros veinte minutos de la segunda hora desde el amanecer.

Planeta: Sol. Día: Domingo.

Ángel 5

Mahasiah

Dios salvador

Salmo 34, versículo 4: *He buscado a Yahveh, y me ha respondido: me ha librado de todos mis temores.*

Gobierna sobre: Alta Ciencia, Filosofía Oculta, Teología y Artes liberales. Aprende con facilidad y se apasiona por los placeres honestos.

Rige: Los grados 20 a 24 de Aries. Los segundos veinte minutos de la segunda hora desde el amanecer.

Planeta: Venus. Día: Viernes.

Ángel 6

Lelahel

Dios digno de alabanza

Salmo 9, versículo 11: *Salmodiad a Yahveh, que se sienta en Sión, publicad por los pueblos sus hazañas.*

Para obtener luces y curar las enfermedades. Amor, renombre, Ciencia, Artes y Fortuna. Característica principal: Ambición, Celebridad.

Rige: Los grados 24 a 29 de Aries. Los últimos veinte minutos de la segunda hora desde el amanecer.

Planeta: Venus. Día: Viernes.

Ángel 7

Akaiah

Dios Bueno y Paciente

Salmo 103, versículo 8: *Clemente y compasivo es Yahveh, tardo a la cólera y lleno de amor.*

Gobierna sobre la Paciencia y los secretos de la naturaleza.

Es amante de aprender, y muy hábil en la ejecución de los más difíciles trabajos.

Rige: Los grados 0 a 4 de Tauro. Los primeros veinte minutos de la tercera hora desde el amanecer.

Planeta: Mercurio. Día: Miércoles.

Ángel 8

Cahetel

Dios adorable

Salmo 95, versículo 6: *Entrad, adoremos, prosternémonos, ¡de rodillas ante Yahveh que nos ha hecho!*

Para obtener la bendición de Dios y expulsar los malos espíritus. Domina sobre la producción agrícola e inspira al hombre para elevarse hacia Dios. Es amante del trabajo, la agricultura y el campo.

Rige: Los grados 5 a 9 de Tauro. Los segundos veinte minutos de la tercera hora desde el amanecer.

Planeta: Mercurio. Día: Miércoles.

Ángel 9

Aziel.

Dios de Misericordia

Salmo 25, versículo 6: *Acuérdate, Yahveh, de tu ternura, y de tu amor, que son de siempre.*

Misericordia de Dios, amistad y favor de los grandes, cumplimiento de una promesa dada. Domina sobre: Buena fe y reconciliación. Son sinceros en sus promesas y perdonan con facilidad.

Rige: Los grados 10 a 14 de Tauro. Los últimos veinte minutos de la tercera hora desde el amanecer.

Planeta: Luna. Día: Lunes.

Ángel 10
Aladiah.

Dios propicio

Salmo 33, versículo 22: *Sea tu amor, Yahveh, sobre nosotros, como está en ti nuestra esperanza.*

Es favorable para aquellos que han cometido crímenes ocultos y temen ser descubiertos. Domina sobre la rabia, la peste y la curación de enfermedades. Se caracteriza por la buena salud y el éxito en sus empresas.

Rige: Los grados 15 a 19 de Tauro. Los primeros veinte minutos de la cuarta hora desde el amanecer.

Planeta: Luna. Día: Lunes.

Ángel 11
Lauviah.

Dios alabado y exaltado

Salmo 18, versículo 50: *El hace grandes las victorias de su rey y muestra su amor a su ungido, a David y a su linaje para siempre.*

Es favorable contra el rayo y para obtener la victoria. Domina sobre el renombre y la fama. Se caracteriza como un gran personaje, sabio y famoso por sus talentos personales.

Rige: Los grados 20 a 24 de Tauro. Los segundos veinte minutos de la cuarta hora desde el amanecer.

Planeta: Saturno. Día: Sábado.

Ángel 12
Hahoiah.

Dios que brinda refugio

Salmo 9, versículo 9: *¡Sea Yahveh ciudadela para el oprimido, ciudadela en los tiempos de angustia!*

Gobierna sobre los sueños y los Misterios ocultos a los mortales. Es de costumbres tranquilas, discretas y espirituales. Contra las adversidades.

Rige: Los grados 25 a 29 de Tauro. Los últimos veinte minutos de la cuarta hora desde el amanecer.

Planeta: Saturno. Día: Sábado.

Ángel 13

Iezalel.

Dios glorificado por sobre todas las cosas

Salmo 97, versículo 4: *¡Aclamad a Yahveh, toda la tierra, estallad, gritad de gozo y salmodiad!*

Gobierna sobre la amistad, la reconciliación y la fidelidad conyugal. Aprende con facilidad y goza de gran destreza.

Rige: Los grados 0 a 4 de Géminis. Los primeros veinte minutos de la quinta hora desde el amanecer.

Planeta: Júpiter. Día: Jueves.

Ángel 14

Mebahel.

Dios conservador

Salmo 9, versículo 9: *¡Sea Yahveh ciudadela para el oprimido, ciudadela en los tiempos de angustia!*

Gobierna sobre la Justicia, la Verdad, la Libertad, libera a los oprimidos y protege a los prisioneros. Es amante de la jurisprudencia y se destaca en los tribunales. Actúa contra aquellos que buscan usurpar la fortuna de otros.

Rige: Los grados 5 a 9 de Géminis y los segundos 20 minutos de la quinta hora desde el amanecer.

Planeta: Júpiter. Día: Jueves.

Ángel 15

Hariel.

Dios Creador

Salmo 94, versículo 22: *Mas Yahveh es para mí una ciudadela, mi Dios la roca de mi amparo.*

Gobierna sobre las Ciencias y las Artes. Se caracteriza por sus sentimientos religiosos y por la pureza de sus costumbres.

Rige: Los grados 10 a 14 de Géminis y los últimos 20 minutos de la quinta hora desde el amanecer.

Planeta: Marte. Día: Martes.

Ángel 16

Haquamiah.

Dios creador del Universo

Salmo 88, versículo 1: *Yahveh, Dios de mi salvación, ante ti estoy clamando día y noche.*

Gobierna sobre los reyes y generales. Otorga la victoria. Su carácter es franco, valiente, leal, susceptible en asuntos de honor y apasionado por Venus. Contra los traidores, para obtener la victoria y para librarse de aquellos que pretenden ejercer la opresión.

Rige: Los grados 15 a 19 de Géminis y los primeros 20 minutos de la sexta hora desde el amanecer.

Planeta: Marte. Día: Martes.

Ángel 17

Lauviah.

Dios Admirable

Salmo 8, versículo 1: *Oh Yahveh, Señor nuestro, qué glorioso tu nombre por toda la tierra! Tú que exaltaste tu majestad sobre los cielos.*

Contra la tristeza y los tormentos del espíritu. Gobierna sobre las Altas Ciencias y los descubrimientos maravillosos. Proporciona revelaciones durante el sueño. Es amante de la música, la poesía, la literatura y la filosofía.

Rige: Los grados 20 a 24 de Géminis y los segundos 20 minutos de la sexta hora desde el amanecer.

Planeta: Sol. Día: Domingo.

Ángel 18

Caliel.

Dios dispuesto a otorgar

Salmo 7, versículo 8: *(Yahveh, juez de los pueblos.) Júzgame, Yahveh, conforme a mi justicia y según mi inocencia.*

Hace que se conozca la verdad en los procesos judiciales; Ayuda al triunfo de la inocencia. Su carácter es justo e íntegro. Ama la verdad y la magistratura. Para obtener un rápido auxilio.

Rige: Los grados 25 a 29 de Géminis y los últimos 20 minutos de la sexta hora desde el amanecer.

Planeta: Sol. Día: Domingo.

Ángel 19

Leuviah.

Dios, auxilio de los pecadores

Salmo 40, versículo 1: *En Yahveh puse toda mi esperanza, él se inclinó hacia mí y escuchó mi clamor.*

Obra para obtener la gracia de Dios. Gobierna sobre la memoria y la inteligencia humana. Es amable, agradable, modesto, y sabe soportar con resignación las adversidades.

Rige: Los grados 0 a 4 de Cáncer y los primeros 20 minutos de la séptima hora desde el amanecer.

Planeta: Venus. Día: Viernes.

Ángel 20

Pahaliah.

Dios Redentor.

Salmo 120, versículo 2: *¡Yahveh, libra mi alma del labio mentiroso, de la lengua tramposa!*

Contra los enemigos de la religión; para convertir a los pueblos al cristianismo. Gobierna sobre: Religión, teología, moral, piedad y castidad. Tiene vocación para la vida eclesiástica.

Rige: Los grados 5 a 9 de Cáncer y los segundos 20 minutos de la séptima hora desde el amanecer.

Planeta: Venus.Día: Viernes.

Ángel 21

Nelcael.

Dios Uno y Unico

Salmo 31, versículo 18: *Yahveh, no haya confusión para mí, que te invoco, ¡confusión sólo para los impíos; que bajen en silencio al seol...*

Contra los calumniadores, los encantamientos y los malos espíritus. Gobierna sobre la Astronomía, las Matemáticas, la Geografía y todas las ciencias abstractas. Es amante de la poesía y la literatura, y apasionado por el estudio.

Rige: Los grados 10 a 14 de Cáncer y los últimos 20 minutos de la séptima hora desde el amanecer.

Planeta: Mercurio. Día: Miércoles.

Ángel 22

Yeiayel.

Salmo 121, versículo 5: *Yahveh es tu guardián, tu sombra, Yahveh, a tu diestra.*

Gobierna sobre la fama y la fortuna, la diplomacia y el comercio, *influye sobre* los viajes y descubrimientos, protege contra las tempestades y los naufragios. Es amante del comercio y la industria, de las ideas liberales y filantrópicas.

Rige: Los grados 15 a 19 de Cáncer y los primeros 20 minutos de la octava hora desde el amanecer.

Planeta: Mercurio. Día: Miércoles.

Ángel 23

Melahel.

Dios que libera de los malvados

Salmo 121, versículo 8: *Yahveh guarda tus salidas y entradas, desde ahora y por siempre.*

Protege contra las armas y hace seguros los viajes. Gobierna sobre el agua nacida de la tierra y sobre las plantas medicinales. Su carácter es intrépido por naturaleza, sus actos honorables.

Rige: Los grados 20 a 24 de Cáncer y los segundos 20 minutos de la octava hora desde el amanecer.

Planeta: Luna. Día: Lunes.

Ángel 24

Hahuiah.

Dios bondadoso por El mismo.

Salmo 33, versículo 18: *Los ojos de Yahveh están sobre quienes le temen, sobre los que esperan en su amor.*

Para obtener la gracia y la misericordia de Dios. Su dominio se extiende sobre los exiliados, los prisioneros fugitivos y los condenados que se rebelan. Protege también contra los animales perjudiciales. Preserva de los ladrones y asesinos.

Es amante de la verdad, las ciencias exactas. Es sincero en sus palabras y acciones.

Rige: Los grados 24 a 29 de Cáncer y los últimos 20 minutos de la octava hora desde el amanecer.

Planeta: Luna. Día: Lunes.

Ángel 25

Nith-Haiah.

Dios que otorga la Sabiduría

Salmo 9, versículo 1. *Te doy gracias, Yahveh, de todo corazón, cantaré todas tus maravillas.*

Es propicio para obtener la Sabiduría y la verdad cerca de los ocultos misterios.

Gobierna sobre las Ciencias Ocultas. Otorga revelaciones durante el sueño, en especial a los que han nacido en el día que regenta. Influye sobre aquellos que practican la magia de los sabios.

Rige: Los grados 0 a 4 de Leo y los primeros 20 minutos de la novena hora desde el amanecer.

Planeta: Saturno. Día: Sábado.

Ángel 26

Haaiah.

Dios Secreto

Salmo 119, versículo 145: *Invoco con todo el corazón, respóndeme, Yahveh, y guardaré tus preceptos.*

Para ganar los procesos judiciales. Protege a quienes buscan la verdad. Influye sobre la política, los diplomáticos, agentes secretos y misiones ocultas.

Rige: Los grados 5 a 9 de Leo y los segundos 20 minutos de la novena hora desde el amanecer.

Planeta: Saturno.

Día: Sábado.

Ángel 27

Ieratel.

Dios que castiga a los malvados.

Salmo 140, versículo 1: *Líbrame, Yahveh, del hombre malo, del hombre violento guárdame,*

Es propicio para confundir a los malvados y calumniadores y para libramos de los enemigos.

Su dominio atañe a la propagación de la luz y la civilización. Es amante de la paz, la justicia, las ciencias y las artes, y especialmente destacado en la literatura.

Rige: Los grados 10 a 14 de Leo y los últimos 20 minutos de la novena hora desde el amanecer.

Planeta: Júpiter. Día: Jueves.

Ángel 28

Sehaiah.

Dios que cura las enfermedades.

Salmo 70, versículo 15: *publicará mi boca tu justicia, todo el día tu salvación.*

Protege contra el trueno y las heridas, los incendios y accidentes causados por ruinas, las caídas, y las enfermedades. Gobierna sobre la salud y la sencillez. Su carácter es en extremo juicioso.

Rige: Los grados 15 a 19 de Leo y los primeros 20 minutos de la décima hora desde el amanecer.

Planeta: Júpiter. Día: Jueves.

Ángel 29
Reiiel

Dios presto a dar socorro.

Salmo 54, versículo 6: *Más ved que Dios viene en mi auxilio, el Señor con aquellos que sostienen mi alma.*

Actúa contra los impíos y los enemigos de la religión; es útil para liberar a una persona de todos sus enemigos, tanto visibles como invisibles. Se caracteriza por la Virtud y el celo por la propagación de la verdad. Pondrá todo su esfuerzo en destruir la impiedad.

Rige: Los grados 20 a 24 de Leo y los segundos 20 minutos de la décima hora desde el amanecer.

Planeta: Marte. Día: Martes.

Ángel 30
Omael.

Dios Paciente.

Salmo 71, versículo 5: *Pues tú eres mi esperanza, Señor, Yahveh, mi confianza desde mi juventud.*

Protege contra la pesadumbre y la desesperación. Otorga paciencia. Gobierna sobre el reino animal y supervisa la generación de los seres. Se relaciona con los Médicos, químicos y cirujanos. Se destaca en lo tocante a la anatomía y la medicina.

Rige: Los grados 25 a 29 de Leo y los últimos 20 minutos de la décima hora desde el amanecer.

Planeta: Marte. Día: Martes.

Ángel 31
Lecabel.

Dios Inspirador.

Salmo 71, versículo 16: *Y vendré a las proezas de Yahveh, recordaré tu justicia, tuya sólo.*

Gobierna sobre la vegetación y la agricultura. Es amante de la Astronomía, las Matemáticas y la Geometría.

Rige: Los grados 0 a 4 de Virgo y los primeros 20 minutos de la decimoprimera hora desde el amanecer.

Planeta: Sol. Día: Domingo.

Ángel 32

Vasariah.

Dios Justo.

Salmo 33, versículo 4: *Pues recta es la palabra de Yahveh, toda su obra fundada en la verdad.*

Protege contra los que nos atacan por medios judiciales. Su campo de acción es la Justicia. Goza de una memoria privilegiada y de facilidad de palabra.

Rige: Los grados 5 a 9 de Virgo y los segundos veinte minutos de la decimoprimera hora desde el amanecer.

Planeta: Sol. Día: Domingo.

Ángel 33

Iehuiah.

Dios conocedor de todas las cosas.

Salmo: *El Señor conoce la nada y la vanidad del pensamiento de los hombres.*

Ayuda a conocer a los traidores.

Rige: Los grados 10 a 14 de Virgo y los últimos veinte minutos de la decimoprimera hora desde el amanecer.

Planeta: Venus. Día: Viernes.

Ángel 34

Lehahiah.

Dios Clemente.

Salmo 131, versíulo 3: *¡Espera, Israel, en Yahveh desde ahora y por siempre!*

Es propicio contra la cólera. Es famoso por su talento y sus actos, así como su confianza y fervor en la oración.

Rige: Los grados 15 a 19 de Virgo y los primeros veinte minutos de la decimosegunda hora desde el amanecer.

Planeta: Venus. Día: Viernes.

Ángel 35

Chavaquiah.

Dios dador de alegría.

Salmo 116, versículo 1: *Yo amo, porque Yahveh escucha mi voz suplicante.*

Para entrar en gracia nuevamente con aquellos que nos han ofendido. Gobierna sobre las sucesiones, los testamentos y todo lo que se reparte en forma amistosa.

Le gusta vivir en paz con todos y recompensar la fidelidad de los que hayan estado a su servicio.

Rige: Los grados 20 a 24 de Virgo y los segundos veinte minutos de la decimosegunda hora desde el amanecer.

Planeta: Mercurio. Día: Miércoles.

Ángel 36.
Menadel.

Dios digno de adoración.

Salmo 26, versículo 8: *Amo, Yahveh, la belleza de tu Casa, el lugar de asiento de tu gloria.*

Para conservar un trabajo que ya se tenga, y los medios de vida que se posean.

Es útil contra las calumnias y para liberar a los prisioneros.

Rige: Los grados 25 a 29 de Virgo y los últimos veinte minutos de la decimosegunda hora desde el amanecer.

Planeta: Mercurio. Día: Miércoles.

Ángel 37
Aniel.

Dios de las Virtudes.

Salmo 80, versículo 7: *¡Oh Dios Sebaot, haznos volver, y brille tu rostro, para que seamos salvos!*

Para obtener la victoria y hacer que se levante el sitio a una ciudad.

Gobierna sobre las ciencias y las artes; revela los secretos de la naturaleza e inspira a los sabios y filósofos. Su carácter es el de un sabio distinguido.

Rige: Los grados 0 a 4 de Libra y los primeros veinte minutos de la decimotercera hora desde el amanecer.

Planeta: Luna. Día: Lunes.

Ángel 38

Haomiah

Dios, esperanza de todos los hijos de la Tierra.

Salmo 91, versículo 9: *Tú que dices: «¡Mi refugio es Yahveh!», y tomas a Elyón por defensa.*

Para adquirir todos los tesoros del Cielo y de la Tierra. Protege contra los fraudes, las armas, los animales feroces y los espíritus infernales. Domina sobre todo lo que se relaciona con Dios.

Rige: Los grados 5 a 9 de Libra y los segundos veinte minutos de la decimotercera hora desde el amanecer.

Planeta: Luna. Día: Lunes.

Ángel 39

Rehael.

Dios que recibe a los pecadores.

Salmo 31, versículo 9: *Tenme piedad, Yahveh, que en angustias estoy. De tedio se corroen mis ojos, mi alma, mis entrañas.*

Es propicio para la curación de las enfermedades. Gobierna sobre la salud y la longevidad. Influye sobre el amor paternal y filial.

Rige: Los grados 10 a 14 de Libra y los últimos veinte minutos de la decimotercera hora desde el amanecer.

Planeta: Saturno. Día: Sábado.

Ángel 40

Ieiazel.

Dios regocijante.

Salmo 88, versículo 14: *¿por qué, Yahveh, mi alma rechazas, lejos de mí tu rostro ocultas?*

Este Salmo tiene propiedades maravillosas. Sirve para liberar a .los prisioneros, para obtener consuelo y para librarse de los enemigos. Gobierna sobre lo relativo a imprentas y librerías. Su carácter es el propio de artistas y hombres de letras.

Rige: Los grados 15 a 19 de Libra y los primeros veinte minutos de la decimocuarta hora desde el amanecer.

Planeta: Saturno. Día: Sábado.

Ángel 41

Hahahel.

Dios en tres personas.

Salmo 120, versículo 2: *¡Yahveh, libra mi alma del labio mentiroso, de la lengua tramposa!*

Contra los impíos y calumniadores. Gobierna sobre el cristianismo. Se caracteriza por su grandeza de alma y energía; es consagrado al servicio de Dios.

Rige: Los grados 20 a 24 de Libra y los segundos veinte minutos de la decimocuarta hora desde el amanecer.

Planeta: Júpiter. Día: Jueves.

Ángel 42

Mijael.

Virtud de Dios, Casa de Dios, Semejante a Dios.

Salmo 121, versículo 7: *Te guarda Yahveh de todo mal, él guarda tu alma.*

Es propicio para viajar con seguridad. Descubre las conspiraciones. Se interesa por los asuntos políticos; su mente es muy diplomática.

Rige: Los grados 25 a 29 de Libra y los últimos veinte minutos de la decimocuarta hora desde el amanecer.

Planeta: Júpiter. Día: Jueves.

Ángel 43

Veuliah.

Rey gobernante.

Salmo 88, versículo 13: *Mas yo grito hacia ti, Yahveh, de madrugada va a tu encuentro mi oración.*

Para protegerse del enemigo y ser liberado de la esclavitud. Es amante de la gloria y del estado militar.

Rige: Los grados 0 a 4 de Escorpio y los primeros veinte minutos de la decimoquinta hora desde el amanecer.

Planeta: Marte. Día: Martes.

Ángel 44
Ielahiah.

Dios Eterno.

Salmo 119, versículo 118: *Acepta los votos de mi boca, Yahveh, y enséñame tus juicios.*

Proporciona el éxito en una empresa útil. Protege de los magistrados y los procesos judiciales. Protege contra las armas y otorga la victoria. Es amante de viajar, con el fin de instruirse; todas sus empresas se ven coronadas por el éxito; se distingue por su talento militar y su coraje, y su nombre llegará a ser famoso en los anales de la gloria.

Rige: Los grados 5 a 9 de Escorpio y los segundos veinte minutos de la decimoquinta hora desde el amanecer.

Planeta: Marte. Día: Martes.

Ángel 45
Saliah.

Motor de todas las cosas.

Salmo 94, versículo 18: *Cuando digo: «Vacila mi pie», tu amor, Yahveh, me sostiene.*

Es propicio para confundir a los malvados y los orgullosos, y elevar a quienes son humildes y desposeídos. Gobierna sobre la vegetación. Es amante de aprender y tiene gran facilidad para ello.

Rige: Los grados 10 a 14 de Escorpio y los últimos veinte minutos de la decimoquinta hora desde el amanecer.

Planeta: Sol. Día: Domingo.

Ángel 46
Ariel.

Dios revelador.

Salmo 145, versículo 9: *Bueno es Yahveh para con todos, y sus ternuras sobre todas sus obras.*

Para obtener revelaciones. Para agradecer a Dios los bienes que nos envía. Es propicio para descubrir tesoros ocultos, y revela los mayores secretos de la naturaleza; hace ver en sueños lo que se quiera. Su carácter es el de un espíritu fuerte, sutil, de ideas nuevas y pensamiento sublime, discreto y circunspecto.

Rige: Los grados 15 a 19 de Escorpio y los primeros veinte minutos de la decimosexta hora desde el amanecer.

Planeta: Sol. Día: Domingo.

Ángel 47

Asaliah.

Dios justo, que muestra la verdad.

Salmo 104, versículo 24: *¡Cuán numerosas tus obras, Yahveh! Todas las has hecho con sabiduría, de tus criaturas está llena la tierra.*

Para alabar a Dios y elevamos a Él cuándo nos envía su luz. Gobierna sobre la justicia; hace que se conozca la verdad en los procesos judiciales. Su carácter es agradable, amante de adquirir luces secretas.

Rige: Los grados 20 a 24 de Escorpio y los segundos veinte minutos de la decimosexta hora desde el amanecer.

Planeta: Venus. Día: Viernes.

Ángel 48.

Mihael.

Dios Padre siempre dispuesto.

Salmo 98, versículo 2: *Yahveh ha dado a conocer su salvación, a los ojos de las naciones ha revelado su justicia.*

Para conservar la paz y la unión entre los esposos. Protege a quienes recurren a él, enviándoles presentimientos e inspiraciones secretas sobre todo lo que va a pasarles. Gobierna sobre la generación de los seres. Es apasionado por el amor, amante de los paseos y de los placeres en general.

Rige: Los grados 25 a 29 de Escorpio y los últimos veinte minutos de la decimosexta hora desde el amanecer.

Planeta: Venus. Día: Viernes.

Ángel 49

Vehuel.

Salmo 145, versículo 3: *Grande es Yahveh y muy digno de alabanza, insondable su grandeza.*

Obra contra los disgustos y contrariedades del espíritu. Es propicio para exaltar a Dios, para bendecirle y glorificarle.

Es un alma sensible y generosa, amante de la literatura, la jurisprudencia y la diplomacia.

Rige: Los grados 0 a 4 de Sagitario y los primeros veinte minutos de la decimoséptima hora desde el amanecer.

Planeta: Mercurio. Día: Miércoles.

Ángel 50
Daniel.

El Signo de la Misericordia. El Ángel de la confesión.

Salmo 103, versículo 8: *Clemente y compasivo es Yahveh, tardo a la cólera y lleno de amor.*

Para obtener la misericordia de Dios y acceder a su consuelo. Gobierna sobre la Justicia, abogados y procuradores. Otorga la decisión a los que titubean. Es industrioso y activo en negocios, ama la literatura y se destaca por su elocuencia.

Rige: Los grados 4 a 9 de Sagitario y los segundos veinte minutos de la decimoséptima hora desde el amanecer.

Planeta: Mercurio. Día: Miércoles.

Ángel 51
Hahasiah.

Dios Oculto.

Salmo 104, versículo 31: *¡Sea por siempre la gloria de Yahveh, en sus obras Yahveh se regocije!*

Propicio para la elevación del alma y para descubrir los misterios de la sabiduría. Gobierna sobre la Química y la Física. Revela la piedra filosofal y la medicina universal. Es amante de la ciencia abstracta.

Se interesa por el conocimiento de las propiedades y virtudes propias de los animales, vegetales y minerales. Se destaca en la medicina.

Rige: Los grados 10 a 14 de Sagitario y los últimos veinte minutos de la decimoséptima hora desde el amanecer.

Planeta: Luna. Día: Lunes.

Ángel 52
Omamiah.

Dios elevado por encima de todo.

Salmo 7, versículo 17: *Doy gracias a Yahveh por su justicia, salmodio al nombre de Yahveh, el Altísimo.*

Destruye el poder de los enemigos y les humilla. Gobierna sobre los viajes en general, protege a los prisioneros que acuden a él y les inspira el medio idóneo para obtener su libertad. De temperamento fuerte y vigoroso, sabe soportar la adversidad con paciencia y coraje; es amante del trabajo.

Rige: Los grados 15 a 19 de Sagitario y los primeros veinte minutos de la decimoctava hora desde el amanecer.

Planeta: Luna. Día: Lunes.

Ángel 53
Nanael

Dios que derriba a los orgullosos

Salmo 119, versículo 75: *Yo sé, Yahveh, que son justos tus juicios, que con lealtad me humillas tú.*

Gobierna sobre las altas ciencias. Su carácter es melancólico, le gusta estar alejado para reposar y meditar. Es muy versado en las ciencias abstractas.

Rige: Los grados 20 a 24 de Sagitario y los segundos veinte minutos de la decimoctava hora desde el amanecer.

Planeta: Saturno. Día: Sábado.

Ángel 54
Nitael.

Rey de los Cielos.

Salmo 103, versículo 19: *Yahveh en los cielos asentó su trono, y su soberanía en todo señorea.*

Para obtener la misericordia de Dios y vivir por largo tiempo. Se relaciona con los emperadores, reyes y príncipes. Es famoso por sus escritos y su elocuencia goza de reputación entre los sabios.

Rige: Los grados 25 a 29 de Sagitario y los últimos veinte minutos de la decimoctava hora desde el amanecer.

Planeta: Saturno. Día: Sábado.

Ángel 55

Mebahiah.

Dios eterno.

Salmo 102, versículo 12: *Mas tú, Yahveh, permaneces para siempre, y tu memoria de edad en edad.*

Es propicio para obtener consuelo a través suyo y para quienes desean tener hijos. Gobierna sobre la moral y la religión. Se destaca por sus buenas y su piedad.

Rige: Los grados 0 a 4 de Capricornio y los primeros veinte minutos de la decimonovena hora desde el amanecer.

Planeta: Júpiter. Día: Jueves.

Ángel 56

Poiel.

Dios que sustenta el Universo.

Salmo 145, versículo 14: *Yahveh sostiene a todos los que caen, a todos los encorvados endereza.*

Propicio para obtener lo que se desea. Gobierna sobre la fama, la fortuna y la filosofía. Goza de la estima general, por su modestia y su agradable humor.

Rige: Los grados 5 a 9 de Capricornio y los segundos veinte minutos de la decimonovena hora desde el amanecer.

Planeta: Júpiter. Día: Jueves.

Ángel 57

Nemamiah.

Dios alabado.

Salmo 115, versículo 11: *Yahveh sostiene a todos los que caen, a todos los encorvados endereza.*

Para prosperar en todo y obtener la libertad de los prisioneros. Gobierna sobre los grandes capitanes. Es amante de la vida militar, se destaca por su actividad y soporta la fatiga con gran coraje.

Rige: Los grados 10 a 14 de Capricornio y los últimos veinte minutos de la decimonovena hora desde el amanecer.

Planeta: Marte. Día: Martes.

Ángel 58
Ieíalel.

Dios que acoge a las generaciones.

Salmo 6, versículo 3: *Desmoronada totalmente mi alma, y tú, Yahveh, ¿hasta cuándo?*

Es propicio contra la tristeza y cura las dolencias, principalmente el mal de ojo.

Influye sobre el *Hierro* y los comerciantes. Su carácter es franco, valiente.

Rige: Los grados 15 a 19 de Capricornio y los primeros veinte minutos de la vigésima hora desde el amanecer.

Planeta: Marte. Día: Martes.

Ángel 59
Harahel.

Dios conocedor de todas las cosas.

Salmo 113, versículo 3: *¡De la salida del sol hasta su ocaso, sea loado el nombre de Yahveh!*

Es propicio contra la esterilidad de las mujeres y para que los hijos sean sumisos a sus padres.

Gobierna sobre la Banca y el tesoro, la imprenta y editoriales. Es amante de aprender y de los negocios (actividad bursátil).

Rige: Los grados 20 a 24 de Capricornio y los segundos veinte minutos de la vigésima hora desde el amanecer.

Planeta: Sol. Día: Domingo.

Ángel 60
Mitzrael.

Dios, alivio de los oprimidos.

Salmo 145, versículo 17: *Yahveh es justo en todos sus caminos, en todas sus obras amoroso.*

Para curar la enfermedad mental y para librarnos de aquellos que nos persiguen. Su carácter es virtuoso y goza de longevidad

Rige: Los grados 25 a 29 de Capricornio y los últimos veinte minutos de la vigésima hora desde el amanecer.

Planeta: Sol. Día: Domingo.

Ángel 61

Umabel.

Dios, por encima de todas las cosas.

Salmo 113, versículo 2: *¡Bendito sea el nombre de Yahveh, desde ahora y por siempre!*

Es propicio para obtener la amistad de una persona. Es amante de los viajes y los placeres honestos. Goza de gran sensibilidad emocional.

Rige: Los grados 0 a 4 de Acuario y los primeros veinte minutos de la vigesimoprimera hora desde el amanecer.

Planeta: Venus. Día: Viernes.

Ángel 62

Iehahel.

Ser Supremo.

Salmo 119, versículo 159: *Mira que amo tus ordenanzas, Yahveh, dame la vida por tu amor.*

Es propicio para adquirir la sabiduría. Gobierna sobre los filósofos e iluminados. Amante de la tranquilidad y la soledad, es modesto y virtuoso.

Rige: Los grados 5 a 9 de Acuario y los segundos veinte minutos de la vigesimoprimera hora desde el amanecer.

Planeta: Venus. Día: Viernes.

Ángel 63

Anuel.

Dios infinitamente Bueno.

Salmo 2, versículo 11: *Servid a Yahveh con temor.*

Para convertir las naciones al cristianismo. Genio protector contra los accidentes, cura asimismo las enfermedades. Gobierna sobre la banca y el comercio. Su espíritu es ingenioso y sutil, activo e industrioso.

Rige: Los grados 10 a 14 de Acuario y los últimos veinte minutos de la vigesimoprimera hora desde el amanecer.

Planeta: Mercurio. Día: Miércoles.

Ángel 64
Mehiel.

Dios que vivifica todas las cosas.

Salmo 33, versículo 18: *Los ojos de Yahveh están sobre quienes le temen, sobre los que esperan en su amor.*

Genio protector contra la rabia y los animales feroces. Gobierna sobre los sabios, profesores, oradores y afines. Se destaca en la literatura.

Rige: Los grados 15 a 19 de Acuario y los primeros veinte minutos de la vigesimosegunda hora desde el amanecer.

Planeta: Mercurio. Día: Miércoles.

Ángel 65
Damabiah.

Dios, fuente de Sabiduría.

Salmo 90, versículo 13: *¡Vuelve, Yahveh! ¿Hasta cuándo? Ten piedad de tus siervos.*

Protege contra los sortilegios. Es útil para obtener la sabiduría y emprender acciones exitosas y benéficas. Gobierna sobre los mares, los ríos, las fuentes y los marineros. Es un carácter amante del mar. Puede llegar a tener una fortuna considerable.

Rige: Los grados 20 a 24 de Acuario y los segundos veinte minutos de la vigesimosegunda hora desde el amanecer.

Planeta: Luna. Día: Lunes.

Ángel 66
Menaquel.

Dios que apoya y mantiene todas las cosas.

Salmo: *Ne derelinquas me Domine, Deus meus; ne discesseris a me.*

Sirve para apaciguar la cólera de Dios. Gobierna sobre la vegetación y los animales acuáticos.

Influencia los sueños. Es de carácter dulce.

Rige: Los grados 25 a 29 de Acuario y los últimos veinte minutos de la vigesimosegunda hora desde el amanecer.

Planeta: Luna. Día: Lunes.

Ángel 67

Eioel.

Dios, delicia de los hijos de los hombres.

Salmo 37, versículo 4: *Ten tus delicias en Yahveh, y te dará lo que pida tu corazón.*

Para obtener consuelo en las adversidades y adquirir la sabiduría. Influencia sobre la Ciencia Oculta. Hace conocer la verdad a quienes acuden a él en sus trabajos. Sus deseos están iluminados por el espíritu de Dios, ama la soledad y se destaca en la Alta Ciencia.

Rige: Los grados 0 a 4 de Piscis y los primeros veinte minutos de la vigesimotercera hora desde el amanecer.

Planeta: Saturno. Día: Sábado.

Ángel 68

Habuiah.

Dios que da con larguera.

Salmo 106, versículo 1: *¡Dad gracias a Yahveh, porque es bueno, porque es eterno su amor!*

Para conservar la salud y curar las enfermedades. Gobierna sobre la agricultura y la fecundidad.

Es amante del campo, la cacería, la jardinería y todo lo relacionado con la agricultura.

Rige: Los grados 5 a 9 de Piscis y los segundos veinte minutos de la vigesimotercera hora desde el amanecer.

Planeta: Saturno. Día: Sábado.

Ángel 69

Rohel.

Dios que todo lo ve.

Salmo 16, versículo5: *Yahveh, la parte de mi herencia y de mi copa, tú mi suerte aseguras.*

Para encontrar los objetos perdidos o robados y conocer al autor del robo. Se destaca en los tribunales, y en su conocimiento de las costumbres y usos de todos los pueblos.

Rige: Los grados 10 a 14 de Piscis y los últimos veinte minutos de la vigesimotercera hora desde el amanecer.

Planeta: Júpiter. Día: Jueves.

Ángel 70
Ibamiah.
Verbo creador de todas las cosas.
Versículo 1 del Génesis: *En el principio creó Dios el cielo y la tierra.*
Gobierna sobre la generación de los seres y los fenómenos de la naturaleza. Protege a quienes quieren regenerarse. Se destaca por su brillantez, en especial en el campo filosófico.
Rige: Los grados 15 a 19 de Piscis y los primeros veinte minutos de la vigesimocuarta hora desde el amanecer.
Planeta: Júpiter. Día: Jueves.

Ángel 71
Haiaiel.
Dios, maestro del Universo.
Salmo 109, versículo 30: *¡Copiosas gracias a Yahveh en mi boca, entre la multitud le alabaré:*
Es útil para confundir al malvado y liberamos de aquellos que pretendieran oprimimos.
Genio protector de quienes acuden a él. Influye sobre el Hierro. Su carácter es valiente.
Rige: Los grados 20 a 24 de Piscis y los segundos veinte minutos de la vigesimocuarta hora desde el amanecer.
Planeta: Marte. Día: Martes.

Ángel 72
Mumiah.
Salmo 116, versículo 7: *Vuelve, alma mía, a tu reposo, porque Yahveh te ha hecho bien.*
Protege en las operaciones misteriosas y hace que todas las cosas lleguen a feliz término.
Gobierna sobre la Química, la Física y la Medicina. Su influencia es favorable a la salud y la longevidad. Es apto para llegar al doctorado en Medicina.

Rige: Los grados 25 a 29 de Piscis y los últimos veinte minutos de la vigesimocuarta hora desde el amanecer.

Planeta: Marte. Día: Martes.

Para elevar un pedido a estos ángeles se debe proceder del siguiente modo:

- Armar en altar en cual se coloca una vela del color del planeta regente del ángel. Se puede asimismo, quemar sobre carbones un perfume de este mismo planeta.
- Se traza la cruz mágica.
- Se recitan las siguientes plegarias en este orden:
  1) Padre Nuestro.
  2) A. María.
  3) La plegaria de invocación a los ángeles de los quinarios que vemos a continuación:

"En el nombre de la Santa y Bendita Trinidad, ángel poderoso (nombrar aquí al ángel que corresponda), si la voluntad del Señor, el Dios Santo, lo permite, te ruego me concedas esto que te pido. (Elevar aquí el pedido).

Hágase Señor tu voluntad, tanto en la tierra como en el cielo.

Purifica Señor mi corazón y no apartes de mí tu Espíritu Santo.

Oh Señor, ya que has permitido que hayamos llamado a tus ángeles en tu nombre, permítele a estos que ejerciten su ministerio entre nosotros, y que todas las cosas trabajen unidas en tu honor y en tu gloria, y los que están contigo, el Hijo y el Espíritu Santo, les adscriban todo poder, majestad y dominio del mundo eterno. Amén".

- Recitar en forma de mantra el versículo del salmo correspondiente. (No más de tres minutos).
- Gloria.
- Para culminar, trazar nuevamente la cruz mágica.

Eliphas Levi diseñó un talismán para cada uno de estos ángeles los cuales se encuentran en su obra "las claves mayores y clavículas de Salomón". A modo de ejemplo, vemos el talismán del ángel Sitael según el diseño de Levi y adaptado por el autor de este libro.

Diversos pedidos y sus ángeles patrones

Ponemos aquí a disposición indicaciones sencillas para dirigir nuestros pedidos a los ángeles patrones de diversas áreas de vida:

Salud

En especial podemos operar pedidos a los grandes ángeles médicos, los llamados "dominaciones" y el arcángel San Rafael cuyo nombre significa específicamente "medicina de Dios". En ambos casos se puede recitar una novena pidiendo específicamente por quien está enfermo. Pueden también realizarse pedidos a los ángeles de las moradas de la Luna que se dedican a la sanación. En caso de que podamos disponer de la información astrológica necesaria se puede dirigir el pedido al ángel regente de la morada de la Luna de la persona. Para realizar un pedido a estos ángeles nos guiaremos con las reglas dadas en el capítulo correspondiente a ellos.

Un ángel de gran virtud en lo que hace a la salud es el ángel Rehael, ángel del quinario trigésimo noveno.

Se puede también operar un septenario al ángel regente del planeta relacionado con la dolencia siguiendo este esquema:

Arcángel Orifiel: Regente de Saturno. Dolencias óseas, dentaduras, articulaciones, audición, esclerosis, rigideces, tumores, calcificaciones, enfermedades de la vejez.

Arcángel Zachariel: Regente de Júpiter. Asimilación de alimentos, problemas gástricos, obesidad, hígado.

Arcángel Sanael: Regente de Marte. Problemas hematológicos, infecciones, músculos, tendones, riñones, operaciones quirúrgicas, hipertensión, testículos, esperma, alergias.

Arcángel Miguel: Regente del Sol. Corazón, salud en general, ojos, pérdida de vitalidad, riesgos graves de pérdida de vida, infertilidad masculina.

Arcángel Anael: Regente de Venus. Enfermedades venéreas, glándulas, tiroides, ovarios, cuello, bocio.

Arcángel Rafael: Regente de Mercurio. Neuronas, lengua, cuerdas bocales, coordinación, dificultades para hablar, extremidades.

Arcángel Gabriel: Regente de la Luna. Enfermedades congénitas, insomnio, cerebro, senos.

Trabajo

El arcángel Uriel, ángel regente del elemento tierra es quien nos puede aportar bendición para fortalecer nuestra capacidad laboral y nuestra prosperidad. A Uriel podemos dirigir un septenario comenzando en lo posible en la luna nueva de los signos de tierra (Tauro, Virgo o Capricornio). El ángel Zachariel, regente del planeta Júpiter es quien nos asiste en aquellas situaciones en las que buscamos alcanzar los logros propios de nuestro esfuerzo en el área profesional. Asimismo, muchos ángeles de las moradas de la Luna son sumamente benéficos en todo lo que hace a la prosperidad y el trabajo.

Pareja

El arcángel Anael, regente del planeta Venus es el ángel encargado de asistirnos en esta área de la vida. Él es quien nos puede favorecer en la búsqueda de una pareja adecuada o pedidos vinculados al bienestar de una pareja ya formada. Asimismo, se puede también operar con Rafael arcángel en aquellas situaciones donde la pareja busca protección. En esta área es sumamente eficaz también el trabajo realizado con los ángeles de las moradas de la Luna como es el caso del ángel Adriel regente de la morada decimoséptima.

Protección

Miguel arcángel, regente del Sol, es el ángel protector por excelencia junto a Sanael el regente del planeta Marte. A ambos se les puede solicitar protección por medio de un septenario comenzando en Domingo para Miguel y en Martes para Sanael, tratando siempre de que sea la fase de la luna nueva. En el caso de Sanael, también es muy eficaz el realizar un ritual de cinco días.

Asimismo, existe un coro de ángeles, las "potencias" quienes como ángeles soldados nos aportan también protección en todo tipo de obras. Para protección de casas y edificios es más efectiva la asistencia de los ángeles de las moradas lunares de los cuales muchos ocupan esta función. Lo ideal es comenzar cuando la Luna se encuentra en la morada elegida o sino el primer lunes de luna nueva.

Finalmente, no podemos dejar de lado la importancia de nuestro ángel custodio el cual nos puede otorgar un nivel de protección superior a cualquier otro ángel dada su condición de custodio personal. La plegaria al ángel custodio debe incluirse como una práctica diaria y en caso de necesidad puntal se opera con la ritualidad denominada novena.

Operaciones con fotografías

A la plegaria y los rituales que realizamos para invocar a los seres de Luz a fin de solicitar bendición para una determinada persona, podemos agregar el operar por medio de una imagen fotográfica de esta, lo que hará que las bendiciones que le dirigimos lleguen a ella de modo más eficaz.

Las imágenes fotográficas son un importante aporte a la práctica mágica ya que permiten operar sobre personas y lugares a distancia. El trabajo mágico con imágenes pertenece a la rama de la magia llamada "magia simpática o magnética" a las que nos hemos referido en el capítulo uno.

La magia simpática se basa en la idea de que la parte está unida al todo y que las cosas se encuentran ligadas entre sí por simpatía y afinidad. Así es que la imagen fotográfica de una persona se encuentra en relación con esta y porta algo de ella. Es sabido que los magos antiguos conocían los secretos de elaborar imágenes por medio de las cuales llegar a operar de manera efectiva sobre aquellos que estaban por ellas representados. En especial estas imágenes eran elaboradas con cera virgen a manera de estatuillas. La sangre, el cabello, la uñas y en especial los dientes poseen una fuerte impronta de la energía de la persona y su virtud puede utilizarse para favorecer o dañar[131]. En la práctica mágica se utilizan imágenes magnéticas en especial para realizar protecciones y también para liberaciones de trabajos de brujería.

Por medio de imágenes magnéticas se cree que Paracelso curaba los órganos enfermos de sus pacientes sin necesidad de tocarlos. Para que esta acción a distancia sea posibles y en alguna medida eficaz, es necesario crear un "lazo simpático" entre la imagen de la persona a la cual llamamos "imagen magnética" y la persona misma. Cuando este lazo entre la imagen y la persona está fehacientemente generado, se torna posible influir en la persona representada por la imagen pudiéndole aportar luz, bendición, protección, salud etc. El modo correcto de elaborar estas imágenes implica el conocimiento de los elementos a utilizar y en especial junto esto, el de los factores astrológicos adecuados ya que el momento de la elaboración de la imagen es fundamental.

---

131 *El hechizo es más infalible cuando el hechicero puede procurarse cabellos, sangre, y, sobretodo, un diente de la persona a quien se quiere hechizar. Esto es lo que ha dado lugar a ese proverbio que dice: Vos tenéis un diente contra mí.* E. Levi. *Dogma y Ritual.* Pag 233.

El modo de elaborar la imagen magnética de una persona no será descripto aquí ya que el mismo puede ser aplicado tanto para favorecer como para dañar. Solamente daremos indicaciones sobre cómo operar mágicamente por medio de fotografías de la manera más eficaz posible.

Las imágenes fotográficas son un medio efectivo para irradiar luz a una persona. Para que esto sea más efectivo, debemos tener en cuenta algunas cosas con respecto a estas fotografías:

- Que en la fotografía se encuentre sólo la persona para quien se quiere operar.
- Que la misma sea de cuerpo entero y de frente.
- Que la persona en la imagen tenga los ojos abiertos.
- Que la fotografía sea lo más actual posible.

Cuantas más fotografías se ha sacado una persona en su vida menos efectiva es la acción que posee el operar sobre una de estas. A mayor representación menor efectividad.

Nuestra imagen y nuestro nombre son parte importante de nuestra identidad, por esto, para pedir por una persona debemos contar no sólo con su imagen sino con su nombre completo.

Para pedir bendición para una persona por medio de una fotografía le recomiendo el siguiente modo de operar:

- Coloque la foto dentro de un círculo dibujado en un papel blanco liso en el cual se ha escrito el nombre completo de la persona. Si el nombre ha sido escrito de puño y letra por la persona misma mejor aún. Coloque en el círculo palabras que impliquen lo que se desea pedir: salud, bienestar, etc.
- Coloque el círculo con la foto en el altar.
- Encienda la vela o la lámpara del mismo tratando de que su luz llegue con su claridad a la imagen.
- Encienda una porción de incienso en un carbón e inciense la imagen y el círculo.
- Elija una de las plegarias de los días de la semana según la necesidad de la persona siguiendo el siguiente esquema: salud, la del miércoles, protección la del martes, alegría y bienestar la del

domingo, abundancia la del jueves, amor la del viernes, afecto y bienestar familiar la del lunes, serenidad la del sábado.

- Cada día durante siete días recite sobre la imagen la plegaria del día trazando sobre esta las cruces que la plegaria lleva impresa como si las trazara sobre la persona misma.
- Trate de comenzar este septenario el día de la semana ligado a la plegaria que ha elegido tratando de que la luna esté en su fase nueva.
- Repita esto una vez por mes hasta que lo considere suficiente.
- Guarde la imagen y el círculo en un sobre blanco cerrado.
- Estas imágenes con el tiempo se irán "cargando" de las bendiciones recibidas las cuales en alguna medida llegaran a la persona. Si la imagen se guarda en un lugar limpio que posea elementos que hayan estado en contacto con la persona como por ejemplo, un cajón donde se guarda la ropa, la almohada con que se duerme etc, la energía acumulada en la imagen redundará en un mayor beneficio para la persona. Para esto se debe envolver la fotografía con el papel del círculo tratando que la imagen no se doble. Esto se puede envolver en ropa que la persona haya utilizado. Es fundamental, para que su efecto se mantenga, que nadie más que la persona toque la imagen. Si usted es quien ha recitado las plegarias, trate de tomar la imagen siempre desde un borde sin llegar a tocar en la fotografía la imagen misma de la persona.
- Es importante aclarar, de todos modos, que aunque la acción mágica que se realiza sobre una imagen es efectiva, debemos tener presente que nunca supera en efectividad a aquella que se realiza sobre las mismas personas o lugares.

Las almas bienaventuradas

No podemos dejar de tener en cuenta un factor de suma importancia y es el hecho de que para la magia tradicional las personas que han adquirido virtudes espirituales durante su vida en la tierra las mantienen en el más allá después de la muerte, pudiendo asistirnos a los humanos en nuestras obras (dada su condición también de personas humanas) de un modo más eficaz que los mismos ángeles. Así es que los maestros, los santos y todas aquellas personas que han manifestado una alta espiritualidad en su vida (los cuales eran llamados en la antigüedad héroes, santos o almas bienaventuradas) ejercen sobre nosotros su influencia espiritual de un modo muy eficaz. Dice al respecto C. Agrippa:

"En cuanto a nuestros héroes santos, creemos que tienen su fuerza del poder divino, pues todos están dominados, como lo atestiguan también los teólogos hebreos, por el alma del Mesías; es el mismo JESUCRISTO quien, a través de sus diversos santos, como si fuesen miembros apropiados, confiere y distribuye los diferentes dones de su gracia en este mundo inferior; y todos los santos, tanto en general como en particular, tienen, cada uno, su oficio, para cooperar con él. Por ello, cuando solicitamos su ayuda mediante rezos e invocaciones, nos conceden de muy buen grado en la medida de las diferentes gracias que recibieron del Señor, cada uno de sus dones, sus beneficios y sus gracias; y nos conceden esto con mayor prontitud y abundancia que los poderes angélicos por ser más próximos y semejantes a nuestra naturaleza, ya que ellos fueron criaturas como nosotros, y experimentaron iguales pasiones y flaquezas. Por ello conocemos mejor sus nombres, sus dignidades y los servicios que nos pueden prestar".

En torno a esto es que se ha desarrollado el culto a los santos en las iglesias así como la invocación respetuosa que cada escuela espiritual hace –por ejemplo– de sus maestros fundadores.

La invocación a los maestros y los santos es de suma importancia en la magia. Toda labor que realizamos se encuentra de algún modo bajo la guía de algún ser de luz el cual favorece el trabajo de quien lo invoca. Nuestros maestros personales configuran una parte fundamental de nuestra "cadena espiritual". En torno a esto se configura la importancia de los "nombres iniciáticos". Es común, tanto en la tradición religiosa como en la iniciática, que la persona iniciada se coloque un nombre nuevo el cual lo coloca bajo la guía de un santo o un maestro especial. Esto se suele hacer en la tradición cristiana en la confirmación. Colocarse bajo la protección de un maestro espiritual favorece que nuestra labor llegue a buen puerto ya que estos nos abren el camino, nos inspiran e instruyen, atrayendo hacia nosotros aquello que necesitamos. Es posible también que estos se manifiesten en sueños o en nuestras plegarias inspirándonos los procesos necesarios para realizar una obra. Así es que muchas veces, aquellas operaciones mágicas o alquímicas en las que nos encontramos trabados se resuelven.

Los elementales

Todas las tradiciones espirituales hablaron de la existencia de los elementales. Me refiero aquí a los seres que habitan los elementos: el fuego, el agua, el aire y la tierra, los cuales son conocidos de manera genérica como salamandras, ondinas, silfos y gnomos[132]. Estos seres invisibles son los que pueblan la fauna fantástica de los cuentos de hadas. Aunque de manera imperceptible, estamos rodeados de ellos ya que son fundamentales en el mantenimiento del gran jardín que es el mundo. Los elementales son criaturas misteriosas; un poco animales, un poco un humanas y un poco sobrehumanas. A ellos se refiere C. Agrippa cuando dice que *hay un género de espíritus no muy malignos, muy familiares a los hombres, de manera que están sujetos a las pasiones humanas; muchos de estos espíritus gozan con las conversaciones humanas y voluntariamente moran con los mortales; algunos aman apasionadamente a las mujeres, otros a los niños, otros se complacen con los animales tanto salvajes como domésticos. Otros habitan en los bosques y frondas, otros en las aguas, prados y fuentes: así los Faunos y los Lemures aman los campos, las Náyades las fuentes, las Potámides los ríos, las Ninfas los estanques y lagos, las Oreadas las montañas, las Húmedas los prados, y las Dríadas y las llamadríadas los bosques, donde también se retiran los Sátiros y Silfos. Las Ninfas se solazan entre las plantas, y sobre los promontorios, las Naptas y las Agaptas con las flo-*

---

132   Nos hemos referido a estos seres en el capítulo IV.

res, las Dedenas con las bellotas, y las Paleas y Fenilias en los forrajes
y la vida campestre.

Papus dice que podemos *definir a los elementales diciendo que*
son seres instintivos mortales, intermediarios entre el mundo psíquico
y el material.

Es quizás Paracelso quien mejor expresa la doctrina hermética
en lo que hace a la existencia de estas criaturas. Según él, los seres
llamados elementales son similares en cierta forma al hombre y en
otra a los animales sin ser ninguna de estas dos cosas. Ellos pertenecen a un reino intermedio entre estos. Dice el maestro alemán
que *Estos seres, aunque tienen apariencia humana, no descienden de*
Adán y tienen un origen completamente diferente de los hombres y
de los animales.

Asimismo, los seres elementales participan también de otra categoría y es aquella que los sitúa entre el mundo de los seres visibles
y sus condicionamientos, así como del de las criaturas invisibles,
poseyendo parte de sus virtudes y poderes.

Ya en su época Paracelso defendía la existencia de estos seres
de aquellos que la consideraban imposible. Dice Paracelso *Nadie*
puede asombrarse o dudar de su existencia. Es preciso solamente sentir
admiración por la inmensa variedad que ha dado Dios a sus obras. Es
verdad que no se ve todos los días a estos seres, no siendo posible verlos
más que muy raramente. Yo mismo no los he visto si no era en una
especie de ensueño. Pero no se puede sondar la profunda sabiduría de
Dios, ni apreciar sus tesoros, ni conocer todas sus maravillas.

Aclara con razón Paracelso que la posibilidad de ver a estos seres
es "raramente" y que verlos implica estar en un estado de ensueño. Debemos tener también presente que acceder a la percepción
de estos seres implica un cierto y determinado estado del alma
semejante al de un niño, así como una gran "simpleza". Esta es
la razón por la cual suelen ser más vistos en los ambientes rurales
donde las personas son sanamente sencillas. Esto es asegurado por
C. Agrippa quien considera que estas condiciones de alma son
imprescindibles para "evocarlos".

Y lo que aquí resulta más importante es la simplicidad de genio, la
inocencia de espíritu, una gran credulidad y un silencio constante.

Por ello, con más frecuencia se aparecen a los niños, a las mujeres, a las personas de clase más humilde, y tiemblan ante los espíritus fuertes y osados que nada temen; no causan mal alguno a la gente de bien y a los amigos de la pureza, pero sí lo producen a los malvados e impuros.

Para el hermetismo cristiano, los elementales buscan el contacto con el hombre a fin de "adquirir un alma" y participar de la salvación traída por Jesús a la humanidad. Para esto, tratan de unirse a los hombres participando en sus obras. Según esta enseñanza, los elementales son muy longevos pero mortales y al morir desaparecen. El unirse con los hombres les permite el acceso a la vida eterna. Esta una razón por la cual se vinculan también con los magos y los alquimistas asistiendo –muchas veces sin que estos lo sepan– sus proyectos y obras.

Es tradicional considerar que en otros tiempos han tenido contacto carnal con los seres humano de los que nacen criaturas humanas con características especiales ya que poseyendo lo humano poseen también las virtudes de los seres invisibles. La creencia en la posibilidad de que humanos y seres espirituales puedan engendrar juntos criaturas de características espaciales se encuentra en la misma Biblia. Es el caso del nacimiento de los gigantes, los cuales son hijos del encuentro de ángeles y mujeres. Estos son los "nefilim" de los que se habla en los primeros versículos del capítulo seis del Génesis.[133]

La tradición ha considerado que muchas personas famosas de las historia han sido engendradas del encuentro de humanos con seres elementales. De esta unión lo que surge siempre es una persona humana pero con características y virtudes propias del reino del que procede. Los casos más paradigmáticos son en especial: Merlín, quien fuera hijo de una mujer y un silfo o (según otras versiones) de una mujer y el diablo. San Cristóbal, el cual es representado en la tradición religiosa como un gigante, y en el cristianismo oriental con cara de perro. San Cristóbal es un gigante

---

133   Los nefilim existían en la tierra por aquel entonces (y también después), cuando los hijos de Dios se unían a las hijas de los hombres y ellas les daban hijos: estos fueron los héroes de la antigüedad, hombres famosos. (Génensis 6. 4).

que por ser hijo de mujer posee la dignidad de las personas y las características de un gigante. Aquí vemos una imagen medieval de San Cristóbal como gigante cinocéfalo.

Según el Conde de Gabalis, son considerados hijos de humanos y elementales entre otros personales descollantes de la historia: Hércules, Alejandro, Platón, Apolonio de Thiana, Aquiles, Eneas y Melchisedec.

Los elementales se unen a las personas según sus características psico/espirituales por afinidad. Cuanto más elevada es una persona, más alto es el rango de los elementales que la asisten. En especial, ciertos elementales son asistentes de magos y alquimistas. Estos se involucran en los ritos mágicos favoreciendo su efectividad, así como en los procesos alquímicos[134]. Todo mago (lo sepa o no) está siendo asistido por elementales. Cuando un elemental asiste a una persona de manera permanente se puede considerar que

---

134   Muchos magos, entre ellos Papus, adjudica los fenómenos paranormales a la presencia de elementales. Entre estos fenómenos podemos contar el movimiento de la copa en el "juego de la copa" o los movimientos de objetos y los golpes que se escuchan en las sesiones espiritistas.

existe un "padrinazgo", como ocurre en los cuentos con el caso de las "hadas madrinas". Todas las personas que son descollantes en algún área poseen el padrinazgo de un elemental de jerarquía.

Los elementales unidos a los hombres los obedecen ciegamente. Dice Papus con respecto a estos seres que *su papel resulta análogo al de los animales en el mundo visible: descargan al operador de gran porción del peso de sus trabajos, siendo meros instrumentos de éste, sin ninguna responsabilidad por su parte. De la propia manera es como el perro, en sus relaciones con nosotros, resulta un precioso auxiliar del hombre, por completo supeditado a su dueño y sin inquietudes respecto de la moralidad o inmoralidad de las cosas que el amo le hace ejecutar.* Por esta razón, la tradición considera que seremos juzgados al fin de nuestra vida por aquello que le hicimos hacer.

Evocar elementales no es una labor que deba realizar una persona sin experiencia ni formación mágica. No se debe entrar en contacto con estos seres por diversión. La fuerza y energía de los mismos es, en algunos puntos, superior a la del hombre, razón por la cual pueden dañarlo sin dificultad. El riesgo del trato con elementales realizado por medios mágicos sin preparación ni protección puede conllevar a la locura o la muerte. Bien lo explica en este sentido Papus cuando dice:

*Pero lo que es preciso comprender, es que los animales sólo obedecen a quien los domestica; y aquel que no tenga el necesario valor, experiencia y sangre fría y que pretenda actuar **por diversión** sobre esos seres del **astral**, aseméjase al ignorante que se precipita en lo más fuerte de una pelea de furiosos perros que no le conocen. Por lo que a nosotros toca, cien veces preferimos que estos experimentos promuevan risa, que no un cambio cualquiera. Esta relación entre los dos planos también existe arriesgar a un aturdido en el terreno de investigaciones, donde por lo menos dejara su salud, si no ocurre que pierde la razón o la vida.*

El trabajo mágico con elementales posee dos maneras de ser realizado a las que pueden llamarse: domesticación y doma. La domesticación es la que corresponde a la magia y es aquella según la cual se favorece que los seres de la naturaleza operen junto al mago en sus obras siendo colaboradores. Debemos tener presentes que los elementales son muy longevos, llegando a vivir algunos, según se cree, varios cientos de años, razón por la cual conocen muchos secretos de la naturaleza ligados a las virtudes mágicas o medicinales de plantas, piedras, metales etc. También como hábiles artesanos y jardineros asesoran y asisten en estas obras favoreciendo por ejemplo, que las plantas posean cualidades medicinales superiores a las normales. Domesticar implica "invitar a participar". Esta invitación no se eleva a ellos mismos sino que se realiza por medio de los ángeles y espíritus que los gobiernan. Así es que para operar con los elementales de fuego se solicita la asistencia del arcángel Miguel, regente de este elemento. De igual modo se realiza con los otros elementos invocando a Gabriel para los seres de agua, a Rafael para los de Aire y a Uriel para hacerlo con los de tierra.

Para favorecer el contacto con los elementales benéficos y ser beneficiado por ellos, se aconseja realizar el siguiente ritual, el cual está ligado a los cuatro elementos y sus ángeles:

Ritual de contacto con los elementales

Se realiza en el comienzo de cada estación y está ligado a las antiguas "témporas", fiestas religiosas de la tradición cristiana en las cuales se pedía a Dios bendición por los frutos de la tierra de cada estación.

La ritualidad debe realizarse el primer día de la Luna nueva de los llamados signos cardinales los cuales dan inicio a las estaciones del año. En cada ritual, se debe disponer de frutos de la tierra ligados a esta estación y su elemento, los cuales serán entregados como agradecimiento a los espíritus de la naturaleza como un signo de respeto espiritual. Aunque los elementales no reciben culto, esto no nos impide realizar hacia ellos gestos de agradecimiento. De igual modo y con el mismo respeto con que entregamos alimento a nuestros animales domésticos, así es que colocamos estos regalos a los elementales, no a manera de ofrenda, si no de gesto afectuoso. Cada estación del año está signada por un elemento, que es el mismo del signo en que comienza. Así es que en Aries comienza la estación de fuego, la cual durará hasta que comienza el signo de Cáncer, momento en que se inicia la estación de agua y así sucesivamente. Aquí tendremos en cuenta que las estaciones, al estar regidas por un elemento, no varían de un hemisferio a otro. A manera de ejemplo: sea primavera u otoño, estemos en el hemisferio Sur o el hemisferio Norte, a partir de Aries estaremos en la estación de fuego.

El siguiente cuadro nos ayudará a realizar nuestra labor:

Fuego	Aries	Miguel	Semillas	Salamandras
Agua	Cáncer	Gabriel	Frutos	Ondinas
Aire	Libra	Rafael	Flores	Silfos
Tierra	Capricornio	Uriel	Raíces	Gnomos

Dependiendo de la estación en que nos encontremos, colocaremos en el centro del altar un recipiente con los frutos de la misma (semillas, frutas, etc.). Podemos también encender velas y perfumes correspondientes a la estación.

Fuego	Vela color: verde.	Perfume: incienso y estoraque. (Puede también utilizarse todo tipo de semilla, que debe estar seca y molida)
Agua	Vela color: rojo.	Perfume: incienso y Laurel. (Puede también utilizarse todo tipo de hoja seca)

Aire	Vela color: azul.	Perfume: Incienso y alcanfor. (Puede utilizarse todo tipo de pétalos de flor secos)
Tierra	Vela color: amarillo.	Perfume: incienso y mirra. (Puede también utilizarse todo tipo de raíz seca y molida)

Realizaremos el ritual del siguiente modo:

- Se traza la cruz mágica.
- Mirando hacia el Este, se recitan las siguientes plegarias en este orden:

  1) Padre Nuestro.

  2) Ave María.

  3) La plegaria del elemento correspondiente.

- Para realizar estas plegarias, nos ubicaremos (guiados por una brújula) mirando al punto cardinal que corresponda al elemento en el que estamos trabajando. Así es que:

  —En la estación de fuego recitaremos la plegaria de las salamandras mirando hacia el Este.

  —En la estación de agua la plegaria de las ondinas mirando hacia el Norte.

  —En la estación de aire la plegaria de los silfos mirando hacia el Oeste.

  —En la estación de tierra la plegaria de los gnomos mirando hacia el Sur[135].

---

135   Este sistema de relaciones entre los puntos cardinales y los elementos no es el único aplicado en la magia. El mismo se basa en la relación del sagrado Nombre de Dios (יהוה) y su vínculo con los elementos. Debemos tener en cuenta, también, que cuando en determinados rituales tradicionales se trabaja bajo otras adjudicaciones, es necesario respetarlas. Así es que para E. Levi el orden es el siguiente, según lo expresa en su Dogma y Ritual donde dice: *"El reino especial de los Gnomos está al Norte: el de las Salamandras, al Mediodía; el de los Silfos, al Oriente; y el de las Ondinas al Occidente".*

- Volviendo la mirada hacia el Este, se recita la plegaria llamada Gloria y se culmina con la cruz mágica.
- Culminado esto, se coloca en algún lugar de la habitación en la cual se ha realizado el rito, o en algún sitio de la casa o recinto, el recipiente con los frutos de la estación. Estos pueden dejarse en el lugar hasta que se pongan feos no siendo necesario que estén más de una luna (veintiocho días). Luego es recomendable integrarlos a la tierra.
- En nuestra casa se puede disponer de un lugar en el cual colocar de manera habitual alimentos que puedan ser del agrado de los elementales. Por lo general, se dejan en un árbol o en una maceta pequeñas porciones de pan, así como caramelos, dulces, tabaco etc. Estos elementos se pueden colocar en algún recipiente y si no son nocivos, al comenzar a descomponerse se los entierra. De este modo, generamos un vínculo con los elementales del lugar, los cuales son, en alguna medida, custodios junto a los ángeles de nuestras viviendas.

Las larvas y los egrégores

Nos queda dedicar un espacio a un tema de gran importancia, el de los egrégores. Pero antes debemos hablar de las larvas, ya que para que haya egrégores, primeramente debe haber larvas.

Mucho se ha hablado de las larvas en el ámbito del esoterismo decimonónico, de hecho, según algunos maestros del hermetismo, el descubrimiento de estas y la descripción de sus modos de operar ha sido uno de los mayores aportes del esoterismo moderno.

Las larvas son el producto de la condensación de energías negativas producidas por una persona, las cuales se concentran en un punto o núcleo a partir del cual comienzan a tomar una estructura propia hasta tornarse algo así como una criatura autónoma. Nuestros pensamientos y sentimientos negativos, cuando se repiten y persisten, van tomando un cuerpo propio, una cierta carga vital. Así es que comienza a conformarse una larva, la cual adherida al campo áurico de la persona se alimenta de la energía de esta. Una larva se asemeja (bien lo ha notado Jung) a lo que la psicología llama un complejo, una estructura psíquica independiente de quien la posee. Nuestras obsesiones, sean del tipo que sean, son larvas. De hecho, toda obsesión es un sentimiento o un pensamiento que no siento ni pienso sino que estos se sienten y piensan en mí, independientes de mi deseo y mi voluntad. Las larvas funcionan como parásitos energéticos, los cuales viven de nosotros, en especial de nuestra energía psíquica. Para comprender el funcionamiento de las larvas podemos observar el de los tumores corporales. Un tumor es –como está demostrado– una creación personal. Un tumor es un conjunto de células de la persona, las cuales se han independizado y ya no responden a quien las ha engendrado. El tumor, una vez desarrollado, se torna autónomo, igualmente ocurre con las larvas, que son tumores psíco/energéticos. Obsesiones, temores y vicios son claramente larvas. Todo lo que siendo nuestro nos domina sin que nosotros podamos dominarlo es una larva. Como ocurre con los malos hábitos, lamentablemente, erradicarlas no es sencillo en especial cuando estas llevan muchos años de formadas.

Las larvas no quieren morir, y al vivir exclusivamente de nosotros, tienden a amplificar los sentimientos y pensamientos que las mantienen vivas. Ellas llenan de temor al temeroso, aportándole ideas que lo atormentan; llenan de sentimientos de ira al iracundo; incentivan deseos apasionados en el lujurioso, etc. De la larva solemos decir que se ligan a aquellas cosas que no queremos hacer ni pensar ni sentir pero las hacemos, queremos y pensamos igual. Queda con esto claro que no solo las obsesiones son larvas, también lo son nuestros prejuicios, ideas y sentimientos arraigados, irracionales e inamovibles.

En lo personal, he desarrollado una clasificación de las larvas según las energías de los siete planetas. El estudio y clasificación de las mismas me ha llevado años de trabajo en los cuales he tratado de entender su dinámica y funcionamiento. Los llamados "siete pecados capitales" de la antigüedad y su relación con el septenario planetario nos van servir claramente de modelo para entender algo de la generación de las larvas.

Saturno: Lo antiguos le adjudicaban la pereza. También se relacionan: miedo a la muerte, nostalgia, apego al pasado, estancamiento, culpabilidad, rigidez, rencor, automortificación. Exceso de rigor. Exceso de crítica. Atracción por lo mortuorio. Falta de deseo de vivir.

Júpiter: Vinculado a la avaricia. También se relacionan: gula, consumismo, exitismo, egoísmo, apego desmedido a lo material o la fama, insatisfacción. Adicción al juego. Cleptomanía. Adicción a la comida. Acumulación enfermiza de objetos.

Marte: El pecado capital de este planeta es la ira. También se relacionan: ansiedad, inquietud, miedo, ataques de pánico, crueldad, violencia. Sadismo. Atracción por lo violento y lo truculento. Delirio de persecución. Adicción a las drogas estimulantes. Adicción a los esteroides.

Sol: Su pecado capital es la soberbia. También se relacionan: orgullo, inflación del ego, delirio de grandeza, delirio místico, necesidad de "ser el centro". Baja autoestima. Infantilidad.

Venus: este planeta se vincula con la lujuria. También se relacionan: comodidad, hedonismo, adicciones sexuales.

Mercurio: La mentira es el pecado capital que los antiguos le adjudicaron. También se relacionan: intelectualidad. Dualidad. Mitomanía. Confusión. Indecisión. Ambigüedad. Dispersión. Habladuría. Adicción a la TV o a la información.

Luna: Planeta ligado a la envidia. También se relacionan: depresión. Desgano. Estado fantasioso. Dependencia afectiva. Adicción a las drogas de tipo alucinógenas. Adicción a los somníferos. Adicción a la adivinación.

Los objetos creados por la mano del hombre son algo así como naturaleza domesticada. Una mesa de madera ya no es un árbol, su carga vibratoria es muy distinta[136]. Cada objeto realizado por

---

136   Es tradicional considerar que los espíritus elementales no ven los objetos sino la carga energética que estos poseen adquirida del conjunto de factores que son: los materiales con que han sido construidos, su forma y la intención de quien los ha elaborado.

el hombre es un poco humano ya que lleva la impronta de quien lo realiza, porta algo de su alma. Esto da pie a que las larvas se puedan también fijar en los objetos y vivir en ellos. Así es que una larva de Marte (por ejemplo) que vive de las energías ligadas a la violencia, pueda, tranquilamente, habitar en un arma. Así es que una persona que toma esta arma, entra en contacto con la larva. Cuánto se ha hablado de los objetos vivos... de la vida secreta de nuestros objetos cotidianos... por esto, es importante purificar los objetos que han pasado por otras manos antes de utilizarlos nosotros. Para esto, recomiendo que aquellos que pueden ser lavados con agua, lavarlos con una mezcla de agua y vinagre de alcohol y los que no, incensarlos con incienso olíbano.

En torno a lo que hace a las larvas que portamos las personas, estas no pueden ser erradicadas si no es por medio de un trabajo sobre uno mismo que tienda a cambiar nuestros hábitos. La larva es gestada por nuestros propios miedos y deseos y es sobre estos que debemos trabajar. **Debemos tener muy presente que la magia no remplaza nuestro trabajo interior sino que tan solo (y esto no es poco) lo favorece. En la magia no hay nada que sea mecánico, nada remplaza nuestro trabajo sobre nosotros mismos.** Matar la larva no implica matar el hábito que la ha gestado. Lo que es posible hacer por medios mágicos con mucha efectividad es menguar la energía de la larva para que esta nos permita hacer este trabajo interior. Podemos hacer bajar la influencia de esta sobre nosotros utilizando las siguientes herramientas mágicas:

- Cuando nos sentimos muy movilizados por una obsesión o un temor, realizar un baño de purificación. Como se encuentran descriptos en el capítulo XII. En caso de no disponer de los elementos necesarios, aplicarse una ducha fuerte. El efecto de liberación es momentáneo pero efectivo.
- Si pudimos clasificar la larva en torno a su relación planetaria, trabajar con el ángel regente de ese planeta realizando un septenario a ese ángel tal como se encuentra en el capítulo IX.
- Evitar los lugares donde estas larvas se encuentran acumuladas. Así es que –por ejemplo– si se tiene compulsión al juego,

evitar las salas donde se juega ya que allí está saturado de estas larvas las cuales me influenciarán poderosamente.

- Portar un talismán del planeta al que está ligada la larva.
- Recitar con continuidad la plegaria del día del planeta al que está ligada la larva[137].

La tradición mágica enseña que las larvas pueden ser "desintegradas" gracias a la acción de las puntas metálicas. En especial, Papus ha practicado mucho este método así como otros en los cuales trabajaba sobre imágenes fotográficas de la persona. En ambos casos, la larva es erradicada pero no su raíz.

E. Levi ha definido a las larvas como un "nudo de luz astral coagulada". Según los trabajos realizados por los magos del siglo XIX se sabe que las larvas se disipan ante las puntas metálicas como las de las espadas. Es tradición de la magia antigua considerar que los espíritus temen a las puntas de hierro, razón por la cual las espadas juegan en este sentido un papel preponderante en los trabajos mágicos. Una espada debidamente elaborada y consagrada posee un poder no menor sobre las larvas. Igualmente, cualquier elemento metálico que posea punta y cuyo mango esté aislado de la hoja puede sernos útil para erradicar las larvas fijadas en lugares y objetos. Para este fin es sumamente efectivo "pinchar" con una punta metálica los objetos y lugares. En los lugares, se aplica la punta en especial en los ángulos de los cuartos y detrás y debajo de los muebles, lugares donde las energías nocivas suelen acumularse.

Paracelso enseña en la Archidoxia a elaborar un tridente el cual es sumamente útil para desintegrar las larvas que se acumulan en los lugares y objetos. Este tridente, si es elaborado bajo condiciones astrológicas adecuadas, con los materiales correctos y consagrado según las reglas del arte mágico, es una herramienta sumamente efectiva para la erradicación de larvas. Los signos y figuras de este instrumento mágico no pueden ser desarrollados aquí. Solo diremos que encierran verdaderos "arcanos" que hacen a las leyes de la magia.

---

137   Ver capítulo IV.

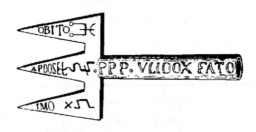

El recitado de los primeros versículos del salmo 68 (67) pronunciados de la manera que lo hemos descripto en el capítulo cuatro es muy útil para liberarnos de la influencia de las larvas que nos agobian en un momento dado. Este modo ritual de utilizar el poderosísimo salmo 68 ha demostrado poseer una gran virtud cuando sentimos que nuestros temores u obsesiones nos agobian.

Un conjunto de larvas configura un egrégor, una larva colectiva. La definición clásica de los mismos es que **los egrégores son demonios artificiales creados colectivamente por grupos o comunidades de personas.** El nombre egrégor remite de hecho a la idea de algo "gregario". Todo grupo de personas tiende a generar un egrégor. Con dos personas esto ya es posible. Cuando dos o más personas se unen, los aspectos negativos de esta unión, los deseos malintencionados, los malos sentimientos, los resentimientos, los temores y los mismos pensamientos negativos que el grupo posee en común, se unen en un solo punto, a manera de centro energético, a partir del cual se comienza a generar el egrégor. Este, vive de la energía psíquica y vital de las personas que le han dado vida. Así como podemos aplicar la definición de E. Levi de que una larva es un "nudo de luz astral coagulada" podemos afirmar también que un egrégor es un nudo de luz astral coagulada por la energía de un grupo. Un egrégor vive vampíricamente de la energía vital de un grupo así como la larva vive vampíricamente de una persona.

Los egrégores, al igual que las larvas, una vez que han adquirido cierta vitalidad se tornan autónomos del grupo de personas que lo ha generado pasando a dominarlas. Así es que la criatura finalmente se apodera de su creador. Nuestra época actual está de algún modo "infectada" de energías egregóricas gracias a los medios de difusión y la instalación masiva de ideas. Así es que, gregariamente, las ideas se repiten y asumen como verdades absolutas. Aunque nos cueste aceptarlo, somos alienados por los egrégores inmensos los cuales se expresan a manera de ideas irrefutables, de prejuicios, de vicios intelectuales y de dogmatismos ciegos. Todo aquello que moviliza los grandes grupos humanos en torno a una idea destructiva es un egrégor. El nazismo así como todos los nacionalismos bestiales poseen su egrégor. Aun los grupos espirituales y las escuelas iniciáticas poseen sus egrégores los cuales son el conjunto de prejuicios espirituales y de vicios de ese grupo. Un egrégor es como la sombra que se produce por efecto de acercar un objeto a la una luz. Bien puede servir de ilustración el dibujo realizado por E. Levi en el cual la mano que bendice proyecta una sombra similar a la del demonio.

Esta imagen surgida de la misma pluma del maestro francés grafica la idea de que aun la espiritualidad posee su sombra, de la cual surge un egrégor. Cuando quienes deben bendecir maldicen están creando un egrégor. Cuando quienes deben trasmitir una verdad en paz lo hacen desde la violencia y la opresión están creando un egrégor el cual los torna cada vez más fanáticos e intolerantes. Así es que dentro de toda espiritualidad pueden surgir algo así como "falsos dioses" los cuales son adorados muchas veces en lugar de Dios mismo.

La inquisición ha sido uno de los grandes egrégores de la iglesia romana, así como lo ha sido también la inquisición protestante.

El esoterismo y la magia poseen su egrégor el cual es el "ansia de poder" así como la obsesión de la masonería por los "grados" es un egrégor. Estos falsos dioses nos hacen vivir lo falso como verdadero, lo secundario como primordial, lo intrascendente como trascendente.

Cuando los egrégores se han desarrollado en el tiempo adquieren algo así como un 'cuerpo simbólico" el cual es siempre una expresión cabal de los contenidos espirituales e intelectuales de este. En torno a los nacionalismos podemos citar al águila americana o el oso ruso.

Suele ocurrir también que el egrégor se encuentra plenamente unido a una persona la cual lo expresa y se torna algo como así como el profeta del egrégor, aquel por quien el egrégor se expresa como en el caso de Hitler y el nazismo.

Tengamos en cuenta que ciertos demonios son egrégores así como muchas deidades oscuras de la antigüedad como el Moloch fenicio. Cuando los egrégores reciben culto o adoración por medio de ritos, su poder se torna terriblemente poderoso en especial si se alimentan de la energía recibida de sacrificios. No me refiero aquí tan solo a los sacrificios rituales; toda muerte que se realiza en pos del egrégor lo alimenta y acrecienta su poder. Las grandes guerras han cargado los egrégores nacionalistas de vitalidad gracias a la inconmensurable energía producida por la voluntad de millones de personas sumado al poder mágico/energético que posee la sangre, fuerzas que han dado a los egrégores que son las guerras una vitalidad abismal. No son las almas de los difuntos lo que alimenta al egrégor si no la voluntad de los que luchan y el dolor de los que sufren. Pensemos por un instante en Hiroshima y Nagasaki… nada se pierde… la fuerza vital de todas esas vidas perdidas ha ido a alimentar a su egrégor, del cual me atrevo decir que su nombre era "Little Boy"[138].

---

138   Las bombas lanzadas sobre Japón en la Segunda Guerra Mundial poseían cada una su "nombre propio" lo que da a entender cierto rango de "criatura". "Little boy" (pequeño niño) era el nombre de la bomba lanzada sobre Hiroshima y "Fat man" (hombre gordo) el de aquella que se hizo caer sobre sobre Nagasaki.

La magia contemporánea es básicamente una magia egregórica, una magia creadora de egrégores. Los egrégores pueden ser creados a conciencia por un grupo humano. Esto que los líderes políticos realizan por medio de la propaganda y la exaltación de las mazas, en la magia se logra por medio de la instauración de un culto grupal en torno a una figura mítica. Para esto se toman las imágenes de deidades de cultos antiguos y se les aplica un culto desarrollado por la misma persona o por el grupo creando así lo que bien puede ser definido como "dioses artificiales", esto es: dioses creados según arte[139]. Siguiendo nuestras denominaciones de magia dadas en el capítulo II, debemos clasificar esta práctica mágica como 'fáustica' o –como han preferido llamarla algunos hermetistas modernos– "magia arbitraria". De la magia fáustica hemos dicho que es aquella que se define en torno a la premisa de "hágase mi voluntad". En el caso de la magia egregórica se cumple este axioma en un orden grupal bajo el lema "hágase nuestra voluntad". La voluntad arbitraria de un grupo se cumple bajo cualquier condición, más allá de valores morales o espirituales. Para la creación de egrégores se utiliza la imaginería de deidades de todo tipo, en especial de los grandes cultos del pasado. Así que se intenta de algún modo tornar vivos a los dioses muertos[140]. No solo se crean egrégores aplicando energía a los dioses antiguos, esto también se hace con personajes de novelas, seres fantásticos de la literatura, etc.

Esto que parece tan sencillo y hasta un juego es en verdad extremadamente peligroso. Al cargar de vitalidad a estas imágenes por medio de un culto, se les está aportando la posibili-

---

139   Utilizo aquí el concepto de "artificio" que implica la imitación o creación de algo elaborado por medio de un arte.

140   Muchas deidades antiguas han sido egrégores y han recibido culto. Cuando estos egrégores ya no poseen culto ni sacerdocio, se corta el lazo de unión con aquellos que los crearon razón por la cual estos dioses/egrégores van lentamente muriendo. Así queda patentizado en el caso sumamente famoso del emperador romano Flavio Claudio Juliano (332/3610) quien evocando a los dioses paganos luego de que estos hubieran perdido su culto religioso, e intentando restaurar el mismo, los ve manifestarse débiles y envejecidos. Dice al respecto E. Levi en su *Historia de la magia* que *los dioses que anheló resucitar jóvenes y bellos, aparecieron ante él fríos y decrépitos, reacios a la vida y la luz...*

dad de que en un momento adquieran una vida propia. Estas se convierten en egrégores, en entidades artificiales. Existe en la literatura una obra que refleja con gran claridad los riesgos que implica la creación de un egrégor; me refiero aquí a Frankenstein, criatura creada con particiones de un colectivo. Es una regla: la criatura culmina adquiriendo tal fuerza que se opone a su creador hasta terminar con él. Sin darse cuenta, o lo que es aún peor, muchas veces a conciencia, se está creando un monstruo, un engendro. Los egrégores son parasitarios, viven de la energía de aquellos que los crean. A su modo, son vampiros como el famoso Drácula[141].

Dado que el término "egrégor" es muy utilizado en el esoterismo contemporáneo con muy diversas acepciones, debemos hacer una aclaración sumamente importante y es que **los egrégores son siempre negativos y que no existen egrégores positivos.**

Ciertas escuelas de magia moderna tienden a entender el concepto de egrégor de manera muy general y confusa. Se tiende a pensar erróneamente que todo aquello que está ligado a una creencia colectiva es producto de un egrégor. Se confunde a las entidades de luz, a los seres espirituales con egrégores lo que es –siguiendo la enseñanza más tradicional– un grave error. Los seres de luz como por ejemplo los ángeles no son creaciones humanas sino divinas. El hombre no ha creado a los ángeles ni a ningún ser de luz, estos tienen una vida propia, ligada y unida a la de la humanidad pero no creada por esta. Asimismo, se debe aplicar otra importante diferenciación entre un espíritu de luz y un egrégor y es que los primeros son benefactores de las personas que se acercan a ellos actuando como entidades dadoras, generadoras de luz y de vida y los segundos son vampiros que viven de quienes se ligan a su energía. Si un grupo humano se disuelve su egrégor muere lentamente ya que este vive de la energía vital del grupo que lo ha formado. Los seres de luz viven de Dios sin depender del hombre

---

141   Obra creada por un conocedor de estas temáticas: Bram Stoker.

al cual sirven gratuitamente. **Muchos egrégores han tenido culto y han sido tomados por dioses pero Dios y los seres de luz no son egrégores.** La magia y el esoterismo moderno en general han caído en el error de considerar las religiones como construcciones egregóricas lo que demuestra una clara inclinación a ver la magia y el mundo espiritual bajo una mirada psicologista, reduccionista y desacralizada. Ni Yahveh, ni Cristo, ni la Virgen María, ni Miguel arcángel, ni Buda, ni los grandes maestros espirituales que pudieran favorecernos desde los planos invisibles son egrégores. Ellos son fuentes auténticas de Luz, de vida y de verdad que mantienen viva la luz, la vida y la verdad en las personas que están íntima y espiritualmente unidas a ellos. Vivimos espiritualmente de los seres de luz así como los egrégores viven de nosotros. Dos o más personas pueden crear un egrégor pero estas dos o más personas pueden, por medio de su comunión con un espíritu de luz, tornarse un receptáculo de la presencia de lo divino. En el primer caso se crea una presencia, en el segundo se entra en comunión con un ser espiritual el cual se manifiesta. Es una ley espiritual dada por Jesús que donde dos o tres se reúnan en su nombre Él estará allí entre ellos. *"Porque donde están dos o tres reunidos en mi nombre, allí estoy yo en medio de ellos"*[142]. Nos encontramos aquí ante los conceptos de "círculo" y "cadena" desarrollados en el capítulo XI.

El arcano quince del Tarot, llamado comúnmente El diablo es conocido como el arcano de los egrégores. En él podemos ver a dos personas atadas a una entidad central la cual es el egrégor creado por ellas. Los aspectos bestiales de la criatura central como los cuernos y los rabos, se encuentran también en las personas que están a su lado. Nuestros aspectos más bajos y oscuros crean un egrégor el cual va a tener las características de nuestra propia bestialidad y oscuridad. A su vez, el egrégor irá alimentando estos aspectos negativos en nosotros ya que de estas energías es de lo que vive.

---

142   Mateo. Capítulo XVIII versículo 20.

EL DIABLO

El arcano quince habla de muchas otras cuestiones ligadas a la magia, las cuales no podrán ser tocadas aquí siendo también un arcano referido a uno de los más grandes tópicos de la magia: la luz astral.

CAPÍTULO X

Los talismanes

> Los talismanes fijan el espíritu, tornan más fuerte el pensamiento y sirven como sacramentos a la voluntad.
> *E. Levi*

La magia talismánica o numismática oculta

La rama de la magia aplicada a la elaboración de talismanes es llamada "magia talismánica" o también "numismática oculta". La palabra talismán está cargada de encanto, posee un halo mágico y especial. Pero a ciencia cierta, ¿qué es un talismán? Muchos elementos son llamados erróneamente talismanes sin serlo.

En principio, debemos distinguir que, a decir verdad, no deberíamos llamar talismanes a aquellos elementos que no posean caracteres, signos o símbolos. A una simple piedra, o un trozo de metal, más allá de poseer una fuerza espiritual determinada, no deberíamos llamarlos talismanes. Estos elementos (como muchos otros de la naturaleza), al ser portados en pequeñas bolsitas o sobre el cuerpo, podrían definirse mejor bajo el nombre de "amuletos" ya que el término deriva del árabe *hamalet* que significa "colgar".

Todo talismán, más allá del material con que fuere realizado, debe llevar impresas las figuras o caracteres que le son propios. Un talismán es un objeto en el cual la naturaleza ha sido "elevada", tratada de determinado modo por medio del cual su fuerza espiritual es amplificada, multiplicada.

Para elaborar de manera correcta o "canónica" un talismán, esto es, siguiendo las reglas tradicionales de la magia talismánica, debemos tener presente cada uno de estos factores:

- El material con que es confeccionado.
- El tiempo astrológico en que se lo elabora.
- La aplicación de los símbolos apropiados a cada uno.
- Su consagración.
- La correcta disposición interna del operador que lo elabora.

Bien ha dicho Papus que "*la confección de un talismán es una verdadera y completa ceremonia mágica*".

Confeccionar, elaborar un talismán, no es una obra de artesanía, es una ciencia mágica. La numismática oculta es un arte espiritual. La elaboración de talismanes es una de las más tradicionales formas de arte sagrado de Occidente[143]. Quien elabora talismanes no puede o no debe ser llamado artesano ya que (como ya hemos dicho) la magia talismánica no es una artesanía. Así también, quien elabora talismanes tampoco puede ser denominado "orfebre", ya que un talismán no es una mera joya. Quien elabora un talismán es, o debería ser, un "mago" ya que trabaja la materia y por medio de ella la energía. De algún modo, un talismán elaborado canónicamente, cumple con el axioma alquímico que reza:

Materializa el espíritu y espiritualiza la materia[144].

Un talismán es un objeto visible (materia) que porta o expresa virtudes de lo invisible (espíritu).

---

143   La magia talismánica, así como la alquimia, puede ser definida como un *cienciartis,* una ciencia/arte en la cual ambas actividades van unidas.

144   Este axioma se relaciona con el *Solve et Coagula* de la alquimia.

Las virtudes de los talismanes

No hay obra humana para la que no pueda elaborarse un talismán. Las cuestiones para las cuales los magos antiguos los realizaban van desde aquellas triviales y sencillas como el favorecer el parto de los animales, a otras elevadas como el alcanzar la sabiduría.

Antes que nada debemos erradicar la idea de que la utilización de un talismán remplazará la necesidad de esforzarnos o capacitarnos.

Los talismanes no remplazan la labor humana sino que la favorecen.

Hay dos modos en que los talismanes pueden ser utilizados en las obras humanas. Los mismos pueden funcionar como "catalizadores" o como "compensadores".

Un talismán de Marte –por ejemplo– no puede hacer valiente al cobarde si este no se identifica con su propia valentía. Asimismo, un talismán de Venus no nos hace bellos, sino que nos facilita el poder descubrir en nosotros y fuera de nosotros la belleza. En estos casos, cuando un talismán es aplicado para amplificar aquellos elementos que la persona ya posee, es cuando el mismo puede ser considerado un "catalizador". Así es que un talismán puede ayudarnos a reconocer, aplicar y dirigir nuestra propia energía.

Por otro lado, podemos elaborar un talismán para equilibrar una carencia. Aquí, el mismo funcionaría de un modo similar al que lo hace una vitamina que se ingiere. En este caso, un talismán es un intento de incorporar algo que nos falta en alguna medida. Aquí el talismán es un "compensador".

Como ya se ha dicho: no hay obra humana para la que no pueda elaborarse un talismán. A continuación, daré una pequeña lista de aquellas para las cuales se realizan más comúnmente:

- Acrecentar los frutos de la tierra.
- Bienestar de animales y plantas.
- Cambio favorable de la suerte.
- Cortes de obras de brujería.
- Desarrollo de cualidades personales.
- Embarazos.
- Estudios.

- Logros profesionales.
- Pareja.
- Prosperidad de personas y lugares.
- Protección contra ataques de brujería.
- Protección de un hogar y sus integrantes.
- Protección de un lugar.
- Protección de vehículos.
- Protección de vínculos.
- Protección personal.
- Salud y sanación.

En ciertos y determinados casos, como ocurre con los talismanes de los planetas, un mismo talismán puede ser aplicado para diversas obras. A modo de ejemplo, podemos ver las virtudes diversas que Paracelso adjudica a los talismanes del planeta Mercurio.

"Este sello confiere a quien lo lleva gran facilidad e inteligencia en el estudio de la Filosofía y la universalidad de las demás artes naturales. Si alguien traga algún brebaje en el que se habrá mojado este sello, conservará una memoria prodigiosa y quedará curado de la fiebre. Colocado debajo de la cabeza de un durmiente, permitirá el ver y el constatar todo cuanto este durmiente pida a Dios de ver o conocer".

Como podemos ver en el texto paracelsiano, los talismanes poseen la virtud de "imantar" con su poder otros objetos, como ocurre con los brebajes en los cuales se sumergían los mismos y con los cuales el maestro suizo elaboraba medicinas. También es interesante observar la función "inspiradora" del talismán, el cual colocado bajo la almohada del durmiente le permite entrar en contacto con el astral superior e incluso con los mismos ángeles. Esta virtud se encuentra igualmente en otros talismanes (amén del de mercurio) e incluso, en anillos preparados para este fin.

Las virtudes de un talismán se irradian hacia todas las áreas de vida de una persona. Siendo la fuerza planetaria única, sus cualidades son diversas, según opere su energía en uno u otro plano de la estructura humana. Así es que (por ejemplo) un talismán de mercurio, "mercurializa" a la persona y sus obras, aportando cuestiones mercuriales en cada área: inspiración y discernimiento en lo espiritual, memoria en lo intelectual, etc. La acción de los talismanes opera en los diversos planos de la realidad. Esto se debe a que en un talismán se conjugan varios elementos, los cuales vibran de manera diferente, unos en los planos más bajos y otros en los más altos. Estos planos pueden ser comprendidos según el orden de los cuatro elementos. Los cuatro planos de los que hablamos, se encuentran entrelazados unos con otros influenciándose. El más elevado de ellos es el que está ligado al elemento fuego, este ejerce su influencia en el agua, la cual opera asimismo sobre el aire, el cual influye en el último de todos, esto es, la tierra[145].

En un talismán nos encontramos con elementos que van a operar en cada uno de estos planos: espiritual, astral y material[146]. Estos elementos son signos, caracteres, nombres de ángeles y Nombres Divinos.

Vemos a continuación, la versión del talismán del Sol presentada por Papus en su Manual de magia práctica, en el cual encontramos los signos planetarios, los nombres de los ángeles y los Nombres Divinos propios del planeta junto a su "camea" o "cuadrado mágico".

---

145   Estos diversos planos, están relacionados con los cuatro palos del tarot y los cuatro mundos del árbol de la vida cabalístico.

146   La estructura de un talismán es similar a la de un "círculo mágico". En ambos encontramos elementos que operan en los distintos planos.

Más allá de las cuestiones que hemos enumerado, un talismán puede ser elaborado para muchas otras cosas, entre estas, se encuentra la posibilidad de ser elementos aplicados al favorecimiento del desarrollo espiritual. Sobre esta función de los talismanes nos referiremos más adelante en este mismo capítulo. Amén de todo esto, los magos antiguos utilizaban los talismanes como un modo de "conjurar", "invocar" y "evocar" espíritus.

Sumar fuerza a la fuerza

La elaboración de un talismán cumple con el axioma de la magia y la alquimia que dice:

"Suma fuerza a la fuerza".

Sumar fuerza a la fuerza implica básicamente unir lo de arriba a lo de abajo, lo celeste a lo terrestre. Aquí es donde el conocimiento de la ciencia astrológica se hace imprescindible.

Unir lo de arriba a lo de abajo implica tener una actitud similar a la de un agricultor que desea tener éxito en la labor de su tierra. Nada se logra sin el curso de los astros.

Esta unión de lo de arriba y lo de abajo es descripta por C. Agrippa como un acto de "fecundación" entre la naturaleza y el cielo.

"Toda virtud natural realiza en verdad cosas muy maravillosas cuando está compuesta no sólo por una proporción física sino también cuando está animada y acompañada por la observación de las cosas Celestes escogidas y adecuadas para este efecto (es decir, cuando se hace ver que la virtud de las cosas celestes es la más fuerte para el efecto que anhelamos, y que también es ayudada por muchas cosas celestes) sometiendo totalmente las cosas inferiores a las celestes, como las hembras apropiadas para los machos, a fin de ser fecundadas".

Aquí, el maestro alemán expresa la más pura doctrina mágica. Sumar fuerza a la fuerza implica trabajar la materia cuando los astros la favorecen. La virtud y la fuerza de los talismanes radican en el hecho de que en estos se ha logrado, **sumar fuerza a la fuerza.** Esto implica que al trabajar bajo condiciones astrológicas específicas, la virtud de los·elementos de la naturaleza es exaltada y amplificada. A diferencia de nuestra actual percepción del tiempo, que es visto como algo neutro, para la magia antigua, el mismo es una fuente de energía, la cual es una manifestación de la fuerza de los planetas. Cuando se une el tiempo propicio con el material, los signos y las condiciones adecuadas, es cuando sumamos fuerza a la fuerza. Elaborado de este modo, un talismán es mucho más que una mera medalla. Un talismán es un elemento en el cual se han conjugado y armonizado: símbolos y signos, grabados en un material adecuado, el cual fue preparado en el tiempo astrológico correspondiente. Conjugar todos estos elementos es la clave de la magia talismánica.

En principio, es bueno notar que los astros no pueden hacer nada que la naturaleza no pueda en potencia.

La naturaleza es "maga". La misma posee de por sí, una cierta virtud mágica que le es propia. Así es que cada piedra, cada planta, cada metal, ha sido bendecido por el creador con un determinado poder. Este poder se encontraba en plenitud –según lo enseña la tradición bíblica– en las criaturas del paraíso. Esta virtud mágica, esta fuerza primordial no está perdida en la naturaleza, sino que se halla menguada. Es por esto que la magia dice de la naturaleza; que esta "se encuentra herida pero no muerta". De hecho, es la naturaleza a quien recurrimos ante nuestra necesidad de curarnos de nuestras dolencias, extrayendo de sus diferentes seres los elementos necesarios para nuestro bienestar. Hay entre el hombre y la naturaleza un lazo de unión ya que según el hermetismo, todo lo que está fuera del hombre está en el hombre ya que este último es la síntesis de la creación, por lo tanto hay en la naturaleza –y por ende en el mundo metálico que es el que interesa en torno a los talismanes– capacidad para favorecer lo humano. La labor del artista sagrado y la del alquimista, es auxiliar a la naturaleza en esta función, purificándola de aquello que es nocivo y exaltando en ella aquello que es positivo.

La naturaleza puede, según nos lo dice C. Ágrippa, "realizar cosas muy maravillosas", en especial, cuando es "sometida a lo celeste". Por medio del trabajo con las estrellas, la virtud mágico–espiritual de la naturaleza puede ser restaurada. Esta es quizás la idea central de toda la magia y la alquimia. Esto es: la elevación de la naturaleza a su estado primordial. Otra vez aquí es central la intervención de los astros ya que es gracias a ellos que el mago y el alquimista logran esta obra de restauración. Esto es así gracias a un hecho trascendente y es el de que los astros mantienen (a diferencia del hombre y el mundo sublunar) su condición paradisíaca. Esta idea se encuentra expresada en la doctrina antigua de "las esferas", base de la astrología medieval. Según este saber, la creación es similar a una cebolla. En el centro de esta se encuentra la tierra, sitio en el cual se encuentra el hombre, objeto de la predilección de Dios. La tierra es, asimismo, el reino de los elementos, esto es: la tierra, el agua, el aire y el fuego. A partir de aquí, nos encontramos con el mundo de las "esferas celestes" de la cual la primera es la de la Luna.

Paracelso defiende y "afirma valientemente" la idea de la existencia de un poder mágico en la naturaleza, el cual es acrecentado por medio del arte mágico. Así lo dice en su Archidoxia:

"Ahora bien, y lo afirmo valientemente, los metales, las piedras y las raíces, las hierbas y todos los frutos son ricos de su propia vida, dependiendo dicha riqueza de la intervención del momento (astrológico) que actúa en su trabajo y preparación".

Los talismanes más importantes son los talismanes de los planetas ya que los siete planetas conforman el sagrado septenario. La elaboración de un talismán planetario implica cargar de fuerza un determinado objeto, el cual, al haber sido elaborado en el elemento natural correspondiente a ese planeta en particular, pude absorber e irradiar esa fuerza planetaria. Por esto es importante que un talismán sea elaborado en el metal o el elemento que corresponde al planeta. La doctrina mágica nos enseña que la fuerza de los planetas puede ser aplicada en un objeto. Esta fuerza es condensada en el mismo para que pueda estar disponible para el bien de quien lo necesite. Esta capacidad de los planetas de manifestar su fuerza en los elementos naturales debidamente trabajados es manifestada por Paracelso:

"Nadie puede negar el gran poder de los astros superiores y de las influencias celestes sobre las cosas perecederas y mortales. En efecto, si los astros superiores y los Planetas pueden, a su voluntad, moderar, dirigir y forzar al hombre animal hecho sin embargo a imagen de Dios y dotado de vida y de razón, cuánto más podrán regir aquéllos a mínimas cosas tales como metales, piedras, imágenes, etc.; según su propiedad, los astros superiores y los Planetas se imprimen en estas cosas o las ocupan con todas sus fuerzas, de la misma manera que si estuviesen en ellas con toda su sustancia como están en el firmamento. Pues bien, al hombre le es posible reunirlos y fijarlos en un medio cualquiera a fin de que operen con eficacia, sea este medio el metal, la piedra, la imagen o cualquier otro objeto similar".

Siguiendo este texto, podemos afirmar que la magia talismánica implica "reunir y fijar en un medio la energía de los planetas". Asimismo, otras energías invisibles pueden ser atraídas y fijadas en un objeto, no solo la planetaria sino también la fuerza de los ángeles y las mismas bendiciones divinas. Así como un talismán planetario es un elemento en el cual se ha fijado la fuerza de un planeta, ocurre con los "Sellos Divinos", el que estos sean portadores de luz espiritual y de bendición, gracias a los Nombres Divinos impresos en ellos. Un sello es un objeto en el cual se ha "fijado" una bendición. A diferencia de los talismanes, los cuales se trabajan bajo condiciones astrológicas, en aquellos momentos en los cuales los astros se encuentran favorables; los sellos se elaboran en los tiempos sagrados y en las fiestas religiosas, las cuales son pautadas según el movimiento de los astros. Dentro de estos sellos, podemos incluir a los "sellos de los setenta y dos ángeles". Estos sellos se elaboran en el tiempo astrológico apropiado. A estos ángeles le ha adjudicado la tradición una porción del zodiaco a cada uno de ellos, de cinco grados, por lo cual son conocidos como "ángeles de los quinarios". Para elaborar estos sellos, se debe esperar que determinados planetas se encuentren dentro de los grados correspondientes al ángel en cuestión. Estos sellos, permiten "portar" protección del ángel correspondiente, en los mismos, se incluye además del nombre del ángel y sus signos, un versículo de un Salmo adjudicado a ese ángel. Vemos aquí el sello de uno de estos ángeles, el ángel Jeliel (לאילי), en la versión dada por Eliphas Levi, dibujado por su propia mano.

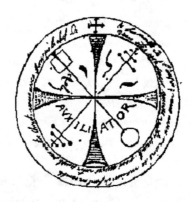

Para el mago francés, estos sellos *"fijan el espíritu, tornan más fuerte el pensamiento y sirven como sacramentos a la voluntad"*. Asimismo, según el mismo E. Levi, la fuerza de estos sellos permite entrar en contacto con la fuerza de los mismos ángeles. Según él, *los espíritus de todas las jerarquías están en comunión con aquel que comprende y utiliza correctamente estos signos*[147].

Tradicionalmente los talismanes se elaboran teniendo en cuenta la energía de los sietes planetas, los signos del zodíaco, los nodos lunares, las moradas lunares, los quinarios del cielo, los grados, etc. A cada uno de estos elementos la magia le ha atribuido signos, ángeles, número y nombres Divinos.

---

147   E. Levi considera a estos sellos las verdaderas clavículas de Salomón.

Vemos aquí el talismán de Paracelso atribuido al signo astrológico de Libra:

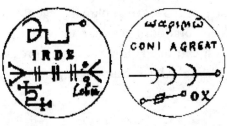

Un talismán puede ser elaborado de manera personalizada, teniendo como referencia el mapa natal de la persona para quien se elabora. En este caso, los nombres y signos que se aplican son tomados de puntos específicos del mapa natal de la persona para quien el mismo se elabora, trabajado (entre otros métodos) por medio de las llamadas "tablas calculatorias", elementos de gran utilidad en la magia cabalística.

La virtud que un talismán recibe al ser elaborado bajo condiciones astrológicas no se limita al hecho de que este va a poseer una cierta fuerza espiritual o energética, sino también en que esta misma fuerza no puede ser quitada del talismán si no es conociendo el modo correcto de hacerlo. Por esto dice el Picatrix que: *la idea de los talismanes es que se construyan sobre las características celestes, y cuando es así nadie puede deshacerlos.*

Según Paracelso: *los sellos de los Planetas… poseen gran fuerza y virtud, cuando son preparados y llevados en tiempos convenientes según el curso del Cielo.* Así es que, amén de ser necesario tener que prestar suma atención al momento astrológico en que es elaborado, otro factor astrológico a tener en cuenta, cuando se busca efectividad en el uso de un talismán, es que el mismo sea colgado del cuello por la persona que lo va a utilizar, o colocado en el lugar en que se quiere aplicar su influencia, en un momento en que sea favorecido por el cielo. Como regla sencilla, podemos decir que cada talismán debe ser colocado por primera vez, el día de la semana en que el mismo ejerce su influencia, estando en lo posible la Luna en su fase denominada "nueva". Si se dispone de los medios necesarios para saberlo, se puede, como método más sencillo, esperar al momento en que la Luna se encuentre en tránsito sobre el mapa natal de la persona para quien el talismán ha sido elaborado, en conjunción, trígono o sextil al planeta regente del talismán. Así es que si hemos elaborado un talismán de Marte para una persona dada, debemos esperar que la Luna se encuentre aspectada con los aspectos antedichos al Marte natal de la persona.

Los talismanes y la salud

En la antigüedad los talismanes fueron aplicados como una forma de medicina basada en el poder sanador de los signos y las palabras. En esto, fue Paracelso una guía para su época y las generaciones de terapeutas posteriores. Paracelso se refiere a la cura por medio de talismanes como: ***Medicina caracterológica o cabalística,*** al respecto dice lo siguiente:

"Los que la profesan curan las enfermedades, según lo que sabemos a través de sus libros y escritos, por el influjo de ciertos signos dotados de extraño poder, capaces de hacer correr a aquel a quien se le ordena o darle o sustraerle determinados influjos o maleficios. Ello puede lograrse también por la acción de la palabra...".

La elaboración de talismanes terapéuticos, tal como los realizaba Paracelso, requería de un profundo conocimiento de la ciencia astrológica, así como una grande e importante pericia en lo que hace al arte de la metalurgia, ambos conocimientos, unidos en un mismo hacer.

Veamos a continuación para ilustrar esto, las indicaciones dadas por el maestro suizo para la elaboración de un talismán contra la parálisis tal como figura en su texto la Archidoxia[148].

"Toma Oro, del peso de la moneda de oro Húngara. Precisas que sea puro, limpio de toda escoria... Añade algo de bórax, y funde,

---

148   La *Archidoxia mágica* es un compendio de magia talismánica ligada a la salud. Paracelso –según lo afirma la tradición– curaba las enfermedades por medio de la aplicación de talismanes, con sorprendente éxito. El término "Archidoxia mágica" remite a la idea de preeminente o superior doctrina mágica.

cuando la Luna esté en el grado 19 o 20 de Capricornio. Una vez licuada esta mezcla, echa a la misma hora 30 granos de limaduras de cobre y vierte. Consérvalo aparte hasta que la Luna esté en el mismo grado de Escorpión; funde y echa 30 granos de limaduras de hierro. Vierte todavía y ponlo de lado hasta que la Luna entre en Leo. Luego, lamina y acaba grabando todos los signos que deben entrar en su confección. Lleva esto a cabo en la hora de Júpiter. A la hora de Júpiter, graba los sobre ambos lados de la medalla…".

Aquí podemos ver –a modo de ejemplo– el diseño que corresponde en la Archidoxia a un talismán para la cura de cálculos en los riñones.

La aplicación de talismanes con fines terapéuticos puede ser incluida dentro de la práctica mágico/alquímica denominada "astromedicina" dentro de la cual incluimos también a la alquimia espagírica.

La concepción hermética de la realidad entiende que todas las cosas se encuentran unidas y que "todo está en todo". Los astros influyen en la vida del hombre gracias a que estos también se encuentran (en un modo humano) en el hombre. De esta manera, las cosas celestes y las terrestres poseen una cierta relación de correspondencia.

La doctrina tradicional del micro y macrocosmos enseña que lo de arriba se encuentra en lo de abajo y viceversa. El hombre es un pequeño cosmos y el cosmos un gran hombre. El estudio de las relaciones entre estos dos elementos ha dado un verdadero "corpus" de literatura mágico/alquímica.

Cada elemento de la naturaleza lleva el sello o un signo del planeta o la fuerza astrológica que lo rige. Este "signo" se encuentra en su constitución, sea su color, forma, aroma, etc. El estudio de estos "signos" es el estudio de las "signaturas". C. Agrippa se refiere a esta doctrina en lo que hace a las relaciones "simpáticas" entre los astros y el cuerpo humano, siguiendo como el mismo dice "la tradición de los árabes", de este modo:

"Mas hay que saber cómo el cuerpo humano está distribuido en los Planetas y en los Signos; según la tradición de los árabes, el Sol preside el cerebro y el corazón, los muslos, la médula, el ojo derecho y el espíritu de vida. Mercurio preside la lengua, la boca y los demás instrumentos u órganos de los sentidos tanto exteriores como interiores, las manos, las piernas, los nervios, la virtud fantástica. Saturno preside el bazo, el hígado, el estómago, la vesícula, la matriz, y la oreja derecha, y tiene virtud receptiva..."[149].

Cada actividad psicofísica tiene su correspondencia celeste, así la posee también cada órgano y cada parte del cuerpo. En esta imagen podemos notar al hombre como microcosmos, en el cual cada parte del cuerpo humano corresponde a un signo astrológico.

Para curar un órgano enfermo, se acciona sobre la fuerza planetaria analógica a ese órgano a fin de sanarlo. Para comprender esto, C. Agrippa utiliza el ejemplo de lo que ocurre con las cuerdas de los instrumentos musicales, de los cuales si uno hace vibrar una determinada cuerda, esta hace vibrar la misma cuerda de aquel instrumento que esté cerca. Esto es denominado en magia "simpatía".

---

149   La tradición de los árabes a la que C. Agrippa se refiere se encuentra expuesta con claridad en el libro de magia talismánica conocido como el *Picatrix*, el cual ha ejercido una inmensa influencia en la magia renacentista y ha sido considerado con razón, la biblia de la magia talismánica. C. Agrippa se inspira en él en muchas ocasiones y lo cita casi de manera literal en su segundo libro de *Filosofía Oculta* en especial en lo referente a la magia talismánica ligada a las "moradas de la Luna". Han tenido en estima al *Picatrix* otros cabalistas y magos de la talla de Pedro de Abano, Pico della Mirandola, Marcelino Ficino y Tritemus.

Toda la medicina astrológica, tanto la que opera por medio de talismanes, o aquella que opera por medio de la elaboración de medicinas puede definirse con el axioma de Paracelso que enseña que:

"El astro es medicina del astro".

Todo planeta lleva en sí el remedio de las dolencias que corresponden a ese mismo planeta.

Siguiendo las enseñanzas de Paracelso, se preparan con los mismos talismanes "tinturas o elíxires", las cuales son elaboradas por medio de técnicas de magnetización y radiónica. Así es que siguiendo las reglas propias de la astrología, la magia y la alquimia, se elaboran preparados en los cuales se ha incorporado la energía propia de cada talismán, haciendo de este modo que la energía de los mismos se torne "potable". Estos preparados se elaboran en tiempos astrológicos muy precisos los cuales garantizan la calidad energética de los mismos. Asimismo, dada la virtud vibracional y la sutilidad que poseen, logran una rápida y eficaz acción sobre los chakras y órganos que cada planeta rige. Siguiendo esta línea de trabajo, nos encontramos en una misma frecuencia con la forma de trabajo de Paracelso, quien curaba las enfermedades y dolencias de sus pacientes, utilizando en muchos casos la ingesta de agua u otros elementos que habían estado en contacto con talismanes.

Alejándonos ya de los ámbitos de lo relacionado al cuerpo físico, podemos referirnos a las virtudes espirituales de los talismanes.

Los talismanes y sus virtudes espirituales

Los talismanes suelen llevar grabados signos que expresan una cierta energía la cual opera en los diferentes planos que conforman a la persona humana. La acción espiritual de un talismán radica en la virtud de los Nombres Divinos que pueda portar. Asimismo, en estos se graban signos de los espíritus y ángeles que están ligados a los planetas, por lo cual la acción del talismán no se remita tan sólo a lo meramente físico, sino que puede ser utilizado para la adquisición de virtudes o fuerzas morales o espirituales las cuales son transmitidas por estos mismos ángeles y espíritus.

Dios, en su infinita bondad, distribuye sobre nosotros sus bienes, tanto visibles como invisibles, por medio de los sietes planetas los cuales son denominados por esto en la magia "causas segundas". Así lo explicita C. Agrippa:

*"La Fuente suprema de los bienes derrama sobre los hombres toda clase de Dones y Virtudes a través de los siete Planetas, como mediante instrumentos: por **Saturno,** (nos otorga) alta contemplación, profunda inteligencia, juicio de peso, sólido razonamiento, estabilidad y firmeza de las resoluciones; por **Júpiter**, prudencia inquebrantable, templanza, benignidad, piedad, modestia, justicia, fe, gracia, religión, equidad, clemencia y realeza; por **Marte**, veracidad intrépida, firmeza y fuerza indomables, ardorosa valentía, fuerza de actuar y ejecutar, y vehemencia de espíritu invariable; por **el Sol**, espíritu noble, imaginación limpia, genio científico y decisión, madurez, consejo, celo, luz de la justicia, razón y discernimiento del justo para con el injusto, que separa la luz de las tinieblas de la ignorancia, acuerda gloria de haber hallado la verdad, y la caridad que es la reina de*

*todas las virtudes; por **Venus**, amor ferviente, bellísima esperanza, impulsos del deseo, orden, concupiscencia, belleza, suavidad ansia de acrecentamiento, propia opulencia; por **Mercurio**, fe penetrante y creencia, un razonamiento claro y definido, fuerza de interpretar, y pronunciar, nobleza de elocución, sutileza de espíritu, riqueza del razonamiento y prontitud de los sentidos; por **la Luna**, concordia pacífica, fecundidad, fuerza de producir y aumentar, de crecer y decrecer, templanza moderada y solicitud que, actuando tanto en secreto como en público, conduce a todas las cosas, se preocupa de la tierra en cuanto a la manera de manejar nuestra vida y de procurar para sí y para los demás el acrecentamiento".*

Los planetas que vemos en el cielo son del algún modo el "cuerpo" del planeta. Este cuerpo es el que influye sobre los planos más bajos de nuestra realidad y sobre la naturaleza. El cuerpo de los planetas opera sobre los cuerpos de las criaturas. Junto a esto, debemos tener presente que los planetas están ligados a ángeles, los cuales transmiten a nosotros las fuerzas más elevadas de cada uno de ellos, las virtudes espirituales que le son propias, las cuales fueron citadas más arriba por la brillante pluma de C. Agrippa. Los ángeles rectores de cada planeta, operan sobre nuestra conciencia espiritual así como el cuerpo del planeta lo hace sobre nuestros cuerpos. Un talismán nos permite entrar en contacto con estas fuerzas angélicas y ser influidos por ellas, a fin de adquirir aquellos bienes espirituales que anhelamos. Para esto, debemos estar predispuestos de manera correcta, deseando en lo profundo de nuestro corazón, elevarnos espiritualmente.

La correcta disposición del operador

Quien desea trabajar en la magia talismánica debe trabajar primeramente sobre sí mismo. Como diría Grillot de Givry con respecto a la labor alquímica: *"la nobleza de la obra requiere la nobleza del operario"*.

Podemos ver lo que expresa C. Agrippa al referirse a las disposiciones y la preparación interna que debe poseer quien quiera confeccionar de manera espiritual imágenes, sean estas talismanes, anillos etc.

*"Debe saberse que estas clases de figuras de nada sirven si no están vivificadas de manera que en ellas o en sus presencias haya una virtud natural, celeste, heroica, **animástica,** espiritual o angélica. Pero hoy en día ¿quién podrá dar alma a una imagen, o vida a una piedra, metal, madera o cera? ¿Quién podrá hacer surgir de las piedras a los hijos de Abraham? En verdad, este secreto no corresponde al contraído artesano, que no podrá brindar lo que no posee. Nadie lo tiene salvo quien dominó los elementos, venció a la naturaleza, ascendió por encima de los cielos, se elevó sobre los ángeles hasta el Arquetipo, con cuya cooperación pueden realizarse todas las cosas…".*

En esta cita de C. Agrippa podemos notar las condiciones que la magia antigua aplicaba al artista que deseara elaborar objetos mágicos. La definición que aquí se ve, no es la de artista en el sentido actual, como la de aquel que crea objetos para ser contemplados, sino que es la definición de un "mago", ya que de este se requiere que haya vencido a la naturaleza, y que él mismo se haya elevado por sobre los ángeles.

Siguiendo la tradición de los cabalistas, C. Agrippa considera que quien quiera elaborar un sello o un talismán en el cual se encuentren representados los Nombres Divinos, debe estar purificado y debe unir su alma al de la Divinidad por medio de la fe. Al referirse al modo correcto de elaborar un talismán, C. Agrippa hace propia la opinión del Rabino Hama, quien manifiesta que un sello que porte Nombres de Dios, debe ser realizado por *"Un artista purificado, sin pecado, lleno de esperanza inquebrantable y animado por fe firme y espíritu elevado hacía el Dios altísimo, para que puedan obtener y dar esa virtud divina…"*[150].

---

150   Finalmente, según C. Agrippa, el mago debe estar impregnado de las tres virtudes teologales: fe, esperanza y caridad.

Estas mismas ideas referidas a la predisposición interna del operador que elabora un sello o talismán, las encontramos también en las "Clavículas de Salomón[151]":

"Todos los sellos divinos, caracteres y nombres (que son las cosas más preciosas y excelentes en la naturaleza, ya sea terrestre o celeste), deben ser escritos por separado, cuando estén en estado de pureza y gracia, sobre pergamino virgen...".

Todas estas cuestiones, estos cuidados, pueden resultar a nuestra cultura actual, desacralizada y desencantada, excesivas y superfluas. Sin embargo, son las mismas con que los antiguos *imagineros* elaboraban las imágenes religiosas que se encuentran en los altares de las iglesias medievales.

En la actualidad, el arte sagrado es un arte en muchos casos elaborado en un contexto profano, pero esto no ha sido siempre así. Las imágenes religiosas no son siempre elaboradas por personas espiritualmente preparadas para este fin. Muchas veces, incluso, las imágenes se elaboran en serie, de manera industrial. La excepción a esto puede encontrarse en el arte sagrado de los "íconos", imágenes religiosas de la tradición cristiana oriental, las cuales son pintadas por "iconógrafos", acompañando la elaboración de plegarias e invocaciones. Estas imágenes se tornan así tremendamente poderosas, razón por la cual los mismos suelen estar rodeados de acontecimientos milagrosos, dentro de los cuales es quizás el más llamativo el hecho de que de alguno de ellos, sin la intervención humana "drene óleo perfumado". Lo que decimos con respecto a la elaboración industrial de los objetos de culto, lamentablemente, debemos decirlo también de la fabricación de objetos de tipo esotéricos y de herramientas mágicas como las espadas, las cuales están presentes en gran cantidad de ritos y ceremonias de tipo mágico e iniciático son muchas veces construidas sin ningún criterio.

En la antigüedad, las imágenes religiosas no eran realizadas de cualquier modo, ni con cualquier material, ni por cualquier

---

151   Texto mágico atribuido tradicionalmente al rey Salomón.

persona. Las imágenes religiosas medievales –por ejemplo– eran imágenes que de algún modo estaban "vivas". Ellas estaban (y lo están aún en el caso de las que permanecen) "cargadas de presencia". Para que esto pudiera ser así, el artista tenía cuenta en la elaboración de una imagen cuestiones como el material a utilizar, las proporciones de la imagen según el número áurico, las plegarias o ritualidades necesarias para elaborarla etc. Todo esto, hecho en un marco de profunda sacralidad. Sirva de ejemplo para nosotros, las imágenes de las vírgenes negras veneradas por los alquimistas medievales y de las que el célebre Fulcanelli nos ha ilustrado sobre su sentido esotérico en "El misterio de las catedrales".

Los antiguos imagineros conocían el modo por medio del cual dar a las imágenes aquella virtud *animástica* de la que habla C. Agrippa, aquella virtud capaz de *vivificarlas*. Estas imágenes, a su modo, poseen vida, ánima…

El mago y alquimista de antaño era un hombre formado en lo material, lo intelectual y lo espiritual. Por esto, el laboratorio clásico está dividido en tres secciones, una mesa de trabajo, un escritorio y un oratorio, tal como lo hemos visto en nuestro capítulo dedicado al espacio sagrado[152].

Todos los objetos con los que convivimos y que han sido elaborados por la mano humana poseen una cierta carga de energía; la misma depende de muchos factores como: la calidad de los materiales utilizados, el tipo de diseño, las proporciones, los colores etc.

Sabemos que aún hoy, con los avances científicos que poseemos, ciertas cosas del pasado no han podido ser superadas en su virtud específica. Esto es notorio en el caso de los instrumentos acústicos como los violines antiguos.

A todo esto, hay que sumarle un factor preponderante en torno a lo que hace a la energía de un objeto que es "la carga espiritual de quien lo realiza". Sobre este punto –tal como lo vimos en las referencias a las condiciones internas del operador dadas por C. Agrippa– se han focalizado los magos antiguos, considerándolo un factor preponderante en la correcta elaboración de objetos energéticos.

---

152   Ver capítulo V.

Aquello elaborado con esmero vibra en un tono muy superior a lo realizado desaprensivamente. Esta regla debe ser aplicada en especial para la confección de talismanes.

El conjunto de elementos que participan en la confección de un objeto, le dan a este un "tono energético". Es este tono, esta sutil vibración –y no aquello que nosotros vemos con nuestros ojos– lo que los seres invisibles perciben del objeto.

Un talismán que se haya realizado con materiales nobles y purificados, bajo condiciones astrológicas precisas, portando signos de poder y consagrado adecuadamente, posee la virtud de ser percibido por los seres invisibles como un objeto "fuerte", al cual, si estos seres son de luz, se sentirán atraídos, y si son de oscuridad, le temerán.

El cuidado energético no es tenido solamente en torno a los talismanes a elaborar, sino también a las herramientas a utilizar durante su elaboración, así como al lugar donde se realizan. Todo esto configura lo que podemos llamar una verdadera "asepsia energética" gracias a la cual se verifica que el elemento elaborado no se contamine de fuerzas nocivas o contrarias al fin para que es preparado.

En la práctica mágica presente, muchas prescripciones rituales han sido "adaptadas" a las posibilidades actuales y otras abandonadas, como es el caso de la utilización de la sangre de animales para purificar o consagrar objetos[153]. Asimismo, Papus recomienda a quien no pueda, por ejemplo, elaborar una herramienta en las condiciones astrológicas precisas, adquirirla el día de la semana que corresponda al planeta bajo cuya égida se encuentra. La práctica nos ha demostrado que este método, aunque sencillo, es eficaz.

Finalmente, debemos tener en cuenta el poder de las consagraciones.

La correcta consagración es tan importante como la correcta elaboración. Sobre esto, los testimonios de los magos tradicionales son inmensos.

Un talismán posee su verdadero poder, en la medida que esté debidamente consagrado. Esta es la opinión de los magos tradicionales entre los que se encuentra Papus, quien así se refiere al respecto:

---

153   Nos hemos referido a la prohibición ritual de utilizar sangre en el capítulo II.

*"Desde el punto de vista teórico, (un talismán) no es en suma otra cosa que el signo materializado de la alianza de la voluntad del mago con una influencia astral, y de acuerdo con los caracteres **principiadores** del astral. Así un talismán **comprado** y no consagrado por el operador, no pasa de ser un objeto sin gran influencia especial."*

Un talismán, si se desea que actúe de manera eficaz, debe ser consagrado correctamente, sea por quien lo elabora para sí mismo, o quien lo elabora para su destinatario[154].

Los materiales

El primer factor a tener en cuenta al elaborar un talismán es el del material con el cual debe ser confeccionado.

Los metales, el pergamino, el papel y la cera son los materiales más adecuados para elaborar talismanes aunque, tradicionalmente, los mismos se elaboran también sobre piedras, las cuales deben ser escogidas según su correspondencia planetaria. Asimismo, también se graban talismanes sobre objetos como espadas, copas y anillos entre otros.

Tanto el material sobre el que se grabaran los signos, así como los instrumentos con los que se escribe o se graba deben ser consagrados y purificados debidamente. En el caso de los lápices y las tintas, estás se consagran en el tiempo adecuado, según la relación de cada color con los planetas. Así ocurre con el buril para grabar metal, el cual debe estar también debidamente consagrado. Todos estos elementos se separan para este fin en una caja especial, no pudiendo utilizarse para otras obras. Todas estas cuestiones hacen a la calidad energética de un sello o un talismán. Cuanto más elevada sea la carga de energía de los elementos con los que se trabaja, más alta será la virtud del talismán. En

---

154 En torno a las consagraciones y sus reglas, ver capítulo IX.

el caso de las tintas, la mejor de todas es aquella que se elabora con "negro de humo", el cual se obtiene juntando pacientemente el tizne del fuego de una vela o del humo del incienso sobre un elemento metálico como una cuchara. A ese tizne se le agrega agua y otros elementos con lo que se logra una cierta especie de tinta. Cuando esto se realiza con el humo de una vela o incienso y agua debidamente consagrados, estamos elaborando una auténtica "tinta mágica". Esta es recomendada por C. Agrippa para la traza de sellos y talismanes. Dice C. Agrippa que los signos deben trazarse *"sobre una medalla de oro purísimo, o pergamino virgen, bello y sin mancha, con tinta preparada con humo de cirio consagrado o incienso, y agua consagrada"*[155].

Metales

Según lo enseña la tradición, cada uno de los planetas tradicionales se encuentra ligado a un metal. La relación de los planetas con los metales es sumamente trascendente ya que dentro de los cuatro reinos de la naturaleza, es en los metales donde los planetas manifiestan de manera más plena su fuerza. Esta es la opinión de Paracelso cuando afirma en la Archidoxia que *los siete Planetas no poseen mayores fuerzas de las que tienen en sus propios metales.* Tengamos también presente, que dentro de la práctica alquímica, es la alquimia metálica la que posee mayor rango.

Los metales adjudicados a los planetas son los siguientes:
- Saturno: plomo.
- Júpiter: estaño.
- Marte: hierro.
- Sol: oro.
- Venus: cobre.

---

155   En la antigüedad, era común el uso de sangre a manera de tinta. Hemos ya dicho que desde el nacimiento de la magia cristiana, no se utiliza la sangre en ningún rito mágico.

- Mercurio: mercurio[156].
- Luna: plata.

Los metales de cada planeta son los "recipientes" ideales para contener la energía de un planeta. Los mismos, en lo posible, deben ser fundidos y purificados en los tiempos correspondientes a cada uno de ellos[157].

La virtud de los metales es amplificada al ser estos tratados en el tiempo astrológico correcto. Así lo expresa en la Archidoxia Paracelso. El maestro alemán considera a los metales como elementos "no privados de vida"; esto –según él mismo– queda demostrado en el hecho de que las medicinas elaboradas con ellos poseen virtudes terapéuticas de gran magnitud:

"Además, ello es cierto y la experiencia lo ha sacado a la luz, que el curso del tiempo ejerce fuerzas y acciones diferentes, sobre todo si algunos metales determinados son fundidos juntamente y trabajados en épocas especiales. He dicho ya que esto se constata y se pone en evidencia experimentalmente de muchas maneras. Nadie puede demostrar que los metales estén muertos y privados de vida. En efecto, sus aceites, sus sales, sus azufres y sus quintaesencias, los cuales son su más pura reserva–, tienen gran fuerza en activar y sostener a la vida humana, y en esto los aventajan a todos los cuerpos simples; es lo que pone en evidencia los remedios que usamos".

---

156   El mercurio que los magos antiguos utilizaban en la elaboración de talismanes es el llamado "mercurio coagulado" el cual es una amalgama de mercurio y plomo.
Se atribuyen también a Mercurio todas las "aleaciones" como ocurre con el bronce, metal sagrado para la tradición hebrea, con el cual se elaboró entre muchos otros elementos la "serpiente" que Moisés elevó en el desierto.

157   Debemos tener presente que los planetas poseen la regencia de más de un metal o que dependiendo de la obra para los cuales se los elabora, es posible utilizar diversos metales. Así es que C. Agrippa, siguiendo la tradición, enseña – por ejemplo– a elaborar talismanes de Mercurio, no solo con mercurio coagulado, sino también con bronce, así como con plata y estaño. De igual modo enseña a elaborar talismanes de Venus tanto en cobre como en plata, según su función. Es también posible elaborar talismanes de los planetas utilizando los metales ligados a los planetas regentes de los signos donde estos se encuentran "exaltados", así es que se elaboran talismanes de Saturno en cobre, de Júpiter en plata, de Marte en plomo, del Sol en hierro, de Venus en estaño, de Mercurio en plomo y de la Luna en cobre.

Más allá de la virtud que cada metal posee en su estado puro, también poseen inmensas virtudes mágicas las aleaciones, en especial la aleación de los siete metales mágicos. Nos referimos aquí al "electrum", el cual según lo enseña la tradición posee virtudes sobrenaturales[158].

El grabado de talismanes puede ser realizado por medio de buriles o aplicando ácidos, este último método ha sido el utilizado por el mismo Papus.

Pergamino virgen

El pergamino virgen se encuentra presente en todos los manuales o grimorios antiguos que tratan sobre magia talismánica. No debemos confundir el pergamino virgen con el papel. El mismo es básicamente la piel tratada de animales tomados del vientre materno antes de nacer. Los antiguos lo utilizaban abundantemente y lo tenían en gran estima gracias a que el mismo es un material sin mancha y sin carga astral.

Los materiales denominados "vírgenes" son aquellos tomados de la naturaleza en su estado más puro. Existe además de pergamino, cera de abejas y madera vírgenes, entre otros elementos aplicados a la práctica mágica. En el caso de la madera, según lo indican las "Clavículas", virgen es aquella que es tomada de un árbol que no supere el año de crecimiento.

El pergamino virgen no es utilizado en la magia actual. El mismo es remplazado, de algún modo, por papeles elaborados especialmente para trazar talismanes cuidando tanto los materiales como el tiempo astrológico de elaboración. En caso de no poder disponer de papel con estas condiciones, pueden utilizarse papeles debidamente purificados. Para esto es necesario incensarlos antes de ser utilizados, guardándolos separados. Asimismo debemos tener presente que estos no poseen la misma calidad energética que los primeros.

---

158   Ver la *Archidoxia mágica* de Paracelso.

Cera de abejas

Luego de los metales, el material de mayor calidad mágica para elaborar talismanes es la cera virgen de abejas; en especial, porque la misma es energéticamente "plástica" pudiendo ser un magnífico receptáculo de energías diversas. Así es que en cera podemos elaborar talismanes de todos los planetas así como sellos u otras piezas. Aunque los talismanes elaborados con cera no poseen la calidad energética de aquellos elaborados con metales, los mismos son de muy alta calidad.

La cera de abejas es considerada sagrada en la tradición judeo cristiana. Con ella se elaboran los cirios utilizados en los ritos más importantes del cristianismo. En la antigüedad, se preparaban los llamados "Agnus Dei", los cuales eran medallones milagrosos elaborados con la cera de los cirios pascuales mezclada con santo crisma, en los cuales se imprimía la imagen del cordero pascual.

La cera de abejas era utilizada en la magia antigua para elaborar imágenes magnéticas por medio de las cuales curar a las personas o liberarlas de energías negativas. El mismo Papus ha ensayado estos trabajos con imágenes de cera con importante éxito[159].

Lamentablemente, el secreto de cómo operar con estas imágenes ha sido robado a la magia por la hechicería para utilizarlo con el objetivo de dañar. Como suele ocurrir, la mayoría de las técnicas de la brujería son técnicas robadas a la magia. Quizás esta es una de las razones que llevó a los antiguos a mantener el secreto en sus obras, a fin de que su arte no caiga en manos inescrupulosas.

El poder mágico de las palabras, las letras, los caracteres y los símbolos

La fuerza mágica de los talismanes se encuentra unida a la fuerza y la virtud que poseen las palabras, las letras, los caracteres y

---

159   Ver su *Manual de magia práctica*, capítulo XV.

los símbolos. Cuando estos concuerdan y son grabados en determinados momentos astrológicos o en tiempos sagrados especiales ostentan según Paracelso "fuerza y facultad de operar", sirviendo incluso de "remedio" en caso de enfermedad. Así lo expresa en su *Archidoxia mágica*:

"También los signos, los caracteres y las letras tienen su fuerza y su eficacia. Si la naturaleza y la esencia propia de los metales, la influencia y el poder del Cielo y de los Planetas, la significación y la disposición de los caracteres, signos y letras, se armonizan y concuerdan simultáneamente con la observación de los días, tiempos y horas, ¿qué es lo que impediría que un signo o un sello fabricado convenientemente no poseyera su fuerza y su facultad de operar? ¿Por qué todo esto, en estado normal de salud, no valdría para la jaqueca o aquello otro no acomodaría la vista? ¿Por qué tal otra cosa no sería bien empleada para los cálculos de riñones? Y ¿por qué, incluso, no aliviaría de forma parecida a los que fatigan su cuerpo a fuerza de ingerir otros remedios?".

Las palabras, las letras, los caracteres y los signos, así como los números, poseen virtudes espirituales específicas las cuales el mago debe conocer en profundidad ya que en ellos radica un gran poder.

El lenguaje y el alfabeto

El origen del lenguaje supera el análisis que pueda realizar la lingüística o la antropología modernas. El mismo es "don de dios a los hombres". El lenguaje –como bien lo expresa Annick de Souzenelle– es un enigma: esta cabalista cristiana dice que, *"nacido de lengua madre hipotética, el lenguaje de los hombres es y seguirá siendo un enigma en cuanto a su origen. Las letras escritas en arcilla o en la piedra y que, por primera vez, le sirven de signo, no cuentan el misterio de su nacimiento. Don divino, no participan de ningún engendramiento que pudiera prestarse a la crítica histórica, ellas dimanan de una categoría que supera todo análisis. Un velo alzado pone otro velo más lejano sobre ese tema".*

Rousseau mismo ha llegado a decir que estaba convencido de *"la imposibilidad casi demostrada de que las lenguas hayan podido nacer y arraigar por medios puramente humanos"*[160].

Más allá de esta incapacidad de la ciencia moderna de adjudicarle al lenguaje un origen concreto, las tradiciones sagradas han enseñado siempre que el lenguaje es de origen celeste. Las letras, como el lenguaje mismo son sagradas ya que su origen es divino. Según la tradición, existe una escritura primordial la cual fue tomada de las estrellas. Este lenguaje es el hebreo; idioma primordial, el cual para C. Agrippa es el idioma que hablan los ángeles. Para C. Agrippa, la dignidad del idioma hebreo queda expresada en el hecho de que *en este idioma Dios Padre entregó su ley a Moisés;* asimismo, en este mismo idioma, *el CRISTO, su hijo, predicó el Evangelio, y los profetas produjeron tantos oráculos por medio del Espíritu, Santo.* Otro factor determinante de la virtud sagrada del idioma hebreo es el hecho de que aunque los espíritus de luz hablan a las personas a quienes se les manifiestan en su propio idioma, si esta persona sabe el hebreo, solo se dirigirán a ella en ese idioma[161]. Dice C. Agrippa al referirse al idioma hebreo que *cuando todas las lenguas están sujetas a tantas modificaciones y corrupciones, la hebrea permanece siempre inviolable.* Esta condición de "permanencia inviolable" es un atributo más de la condición divina del idioma hebreo, el cual asimismo, no es identificado de manera inequívoca con el hebreo actual, el cual se encuentra sí, desfigurado por la acción de la caída de Babel. No por nada, un hebraísta tradicional de la talla de, Fabre d'Olivet ha dicho: *no intentamos hablar el hebreo, pero sí comprenderlo. Que tal o cual palabra se pronuncian de tal o cual manera en las sinagogas, ¿qué nos importa? Lo esencial es saber lo que significa.*

---

160   Cita tomada de: *Fundamento histórico y filosófico del esoterismo griego* de Fausto Pérez.

161   *"Aunque todos los demonios o inteligencias en particular hablan el lenguaje de las naciones sobre las que presiden, sin embargo, a quienes conocen el hebreo no les hablan sino en este idioma".* C. Agrippa.

La tradición según la cual el alfabeto posee un origen celeste es sostenida por E. Levi. Esto es lo que al respecto expresa:

"Los antiguos, comparando la tranquila inmensidad del cielo, poblado todo él de inmutables luces, ajeno a las agitaciones y tinieblas de este mundo, han creído encontrar en el hermoso libro de letras de oro la última palabra del enigma de los destinos; entonces trazaron, imaginativamente, líneas de correspondencia entre esos brillantes puntos de escrituras divina y dijeron que las primeras constelaciones detenidas por los pastores de la Caldea, fueron también los primeros caracteres de la escritura cabalística.

Estos caracteres, manifestados, primero por líneas y encerrados luego en figuras jeroglíficas, habrían, según Moreau de Dammartin, autor de un tratado muy curioso sobre el origen de los caracteres alfabéticos, determinado a los antiguos magos de la elección de los signos del Tarot, que dicho sabio reconoce, como nosotros, como un libro esencialmente hierático y primitivo".

Esta idea es sostenida también por Martínez de Pasqually quien dice que *"los verdaderos judíos reconocían que el origen alfabético de su lengua procedía del cielo".*

Todos los idiomas poseen una raíz celeste. Para la tradición bíblica todos proceden de un idioma primordial. Dice el texto del Génesis en el relato de la torre de Babel *"He aquí que todos son un solo pueblo con un mismo lenguaje...",* este lenguaje único es luego "confundido" por Yahveh en los diversos idiomas haciendo del único idioma los idiomas múltiples. Así es que cada lengua es una porción o una expresión de un idioma primordial y único.

Los alfabetos mágicos

Existen en la magia ciertas formas de escritura cuya virtud es la de ocultar lo sagrado a la vista de lo profano ya que al no ser reconocidas por el común de las gentes protegen, de algún modo, el texto escrito de la mirada indiscreta. Estos son los "alfabetos mágicos", los cuales, aun siendo difundidos por los magos en sus textos, siguen siendo desconocidos. Los alfabetos mágicos se utilizan en los elementos rituales como talismanes, espadas, cirios, etc. Algunos de estos alfabetos son tomados del hebreo y otros se corresponden con las letras latinas.

Aquí vemos el alfabeto denominado "tebano" el cual es una forma de escritura ligada a los caracteres latinos.

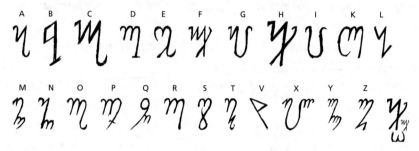

Otra forma de escritura en hebreo mágico es el alfabeto denominado "celeste". Lo que vemos aquí escrito es la palabra Miguel.

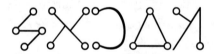

C. Agrippa se refiere a esta forma de escritura diciendo que la misma *"fue ubicada y figurada entre los astros, igual que los otros astrólogos obtienen las imágenes de los signos de los lineamientos de las estrellas"*. Según el maestro alemán, esta forma de escritura se encuentra entre aquellas que habría utilizado Moisés y los antiguos profetas.

Vemos aquí el alfabeto celeste en su totalidad:

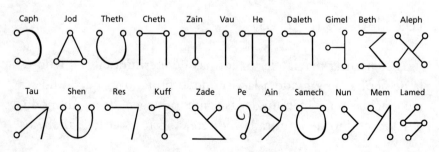

Existen otras formas de escritura hebrea utilizadas en la magia que se conocen con los nombres de "malachim", vemos a continuación:

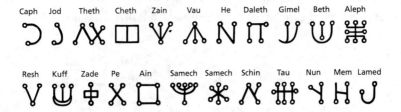

Otra escritura tomada del hebreo es conocida como "pasaje de río":

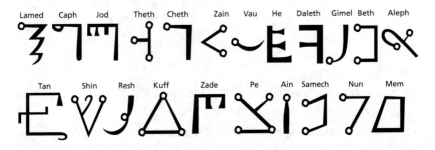

Estas formas de escritura son muy utilizadas en los talismanes tradicionales que encontramos en los textos de magia. No debe creerse por lo antedicho que estos alfabetos son arbitrarios o meras "convenciones" que los magos utilizan para entenderse entre ellos. Los mismos son mucho más que esto ya que su forma está inspirada en la de las estrellas. De este modo, cada letra es en sí misma un signo portador de poder. Todo objeto ritual en el cual se debe imprimir un texto conviene que sea escrito en estos alfabetos.

Junto a esto, existe otra forma de escritura mágica que se extrae por medio de tablas de cálculos propias de la magia cabalística. Es el caso de los caracteres denominados Ain Becar. En el caso de estos caracteres, se logra expresar en un solo signo la fuerza de una palabra completa. Para establecer esta forma de escritura se realiza una separación del alfabeto hebreo en una cuadrícula en la cual se los ubica en torno a sus calores numéricos según valgan unidades, decenas o centenas. Tomando la ubicación de las letras en la tabla, se arma el signo portador de una palabra. En el texto de Agrippa vemos el muy conocido ejemplo de la aplicación del nombre Miguel armado según la regla del Aim Becar. Así es que en el centro del círculo encontramos la palabra Miguel:

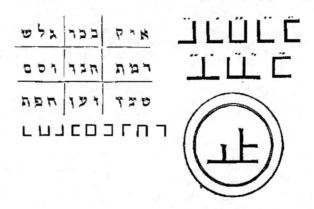

En este tipo de escritura se inspiran, por ejemplo, los alfabetos masónicos[162].

Existen también diversas formas mágicas de escribir los números y expresar así sus virtudes mágicas de un modo más eficaz que con la escritura tradicional[163].

Los cuadrados mágicos

Un apartado especial es necesario dedicar a los cuadrados mágicos o "cameas", llamadas también "tablas de los planetas". Estas son verdaderas obras maestras de la magia tradicional ya que en ellas se encuentran unidos el poder de las letras los números y los signos

---

162   El célebre abate Trithemo es quien ha desarrollado quizás la más famosa forma de escritura encriptada, la cual desarrolla en su *Steganographia* publicada en el año 1500.

163   Existe una innumerable cantidad de alfabetos y formas de escritura utilizados en la magia y la alquimia los cuales no son citados aquí como es el caso del alfabeto Enochiano de John Dee (1527 - 1608) y muchos otros antiguos.

junto al de los nombres de Dios y los de los ángeles. Las cameas merecerían un libro completo dedicado a ellas dada su importancia en la elaboración de talismanes y en la magia y la alquimia en general.

Cada tabla en particular expresa de manera simbólica la energía de un planeta. Cada tabla se estructura en torno al número místico del planeta comenzando por el tres para Saturno y culminando con el nueve para la Luna. Las mismas suman el mismo número en todas sus direcciones y la suma de todos los números que posee expresa numerológicamente la vibración del planeta en cuestión.

El grabadista y pintor alemán Alberto Durero ha hecho célebre el cuadro mágico de Júpiter al incluirlo en su obra "melancolía".

Es posible hallar múltiples modos de armar estos cuadros pero no todos son por esto reconocidos como "cuadrados mágicos". Aquellos que los magos tradicionales utilizaron se encuentran en las obras de Paracelso, Agrippa y en el texto de alquimia judía llamado "El fuego purificador" (Aesh Metzareph).

Los cuadrados mágicos se encuentran trazados en letras hebreas las cuales –como ya sabemos– son asimismo números. Esta cuestión es de suma importancia ya que según la ubicación de las letras hebreas se extraen de cada cuadrado Nombres de Dios ligados a ese planeta y las firmas y rúbricas de los ángeles y espíritus de cada uno de ellos, así como signos y figuras de gran poder[164].

Las cameas son en sí mismas talismanes completos. Grabadas junto a las rúbricas de los ángeles poseen virtudes mágicas muy poderosas.

Veremos a continuación estas tablas y sus rúbricas de los ángeles junto a las virtudes mágicas de cada una de ellas, tal como las enseña C. Agrippa.

Camea y rúbrica de Saturno

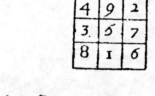

---

164   Dice C. Agrippa: *"Un hábil indagador que sepa verificar bien estas tablillas podrá fácilmente hallar de qué manera se obtienen de estas tablas las rúbricas y caracteres tanto de las estrellas como de los espíritus".*

Según C. Agrippa, esta tabla *"ayuda en el parto, torna al hombre más seguro y potente, y hace que logre sus demandas en las cortes de príncipes y poderosos"*.

Camea y rúbrica de Júpiter

4	14	15	1
9	7	6	12
5	11	10	8
16	2	3	13

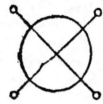

Esta camea, dice el maestro alemán, *acuerda riquezas, favor, amor, paz y concordia con los hombres, reconcilia a los enemigos, asegura honores, dignidades y consejos.*

Este cuadrado mágico es ideal para elaborar talismanes dedicados a la prosperidad y la abundancia.

Camea y rúbrica de Marte

11	24	7	20	3
4	12	25	8	16
17	5	12	25	9
10	18	1	14	22
23	6	19	2	15

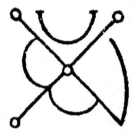 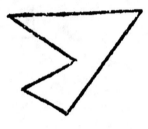

Esta camea *torna potente al hombre en la guerra, sabio en sus juicios, afortunado en sus demandas, terrible para sus adversarios, y acuerda victoria sobre sus enemigos.*

La acción de este cuadrado mágico es ideal para operar sobre talismanes destinados a protecciones.

Camea y rúbrica del Sol

6	32	3	34	35	1
7	11	27	28	8	30
19	14	16	15	23	24
18	20	22	21	17	13
25	29	10	9	26	12
36	25	33	4	2	31

Como indica C. Agrippa, el cuadrado mágico del Sol *a quien la lleva consigo lo torna glorioso, amable, gracioso, poderoso en todas sus obras, y semejante a reyes y príncipes, encumbrándolo en cuanto a fortuna, haciéndole obtener lo que quiere.*

Esta camea es en sí misma un eficaz talismán para operar sobre la estima de sí mismo y el conocimiento de nuestras propias virtudes.

Camea y rúbrica de Venus

22	47	16	41	10	35	4
5	23	48	17	42	11	29
30	6	24	49	18	36	12
13	31	7	25	43	19	37
38	14	32	1	26	44	20
21	39	8	33	2	27	45
46	15	40	9	34	3	28

 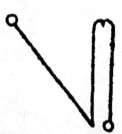

El cuadrado mágico de Venus *procura concordia; destruye disensiones; acuerda el amor de las mujeres; contribuye a concebir; quita maleficios: instituye paz entre hombre y mujer, y hace producir en abundancia toda clase de animales… es buena contra las enfermedades melancólicas, y da alegría; llevada encima, hace feliz al viajero.*

Camea y rúbrica de Mercurio

8	18	59	5	4	62	63	1
49	15	14	52	53	11	10	56
41	23	22	44	45	19	18	48
32	34	35	29	28	38	39	25
40	26	27	37	36	30	31	33
17	47	4	20	21	43	42	24
9	55	54	12	13	51	50	16
64	2	3	61	60	6	7	57

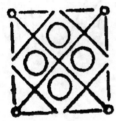 

La tabla de Mercurio *hace que quien la lleve sea gracioso y feliz para la obtención de lo que desee; hace ganar, impide la pobreza; acuerda memoria, entendimiento, don adivinatorio, y hace conocer las cosas ocultas a través de los sueños.*

Camea y rúbrica de la Luna

37	78	29	70	21	62	13	45	5
6	38	79	30	71	22	63	14	46
47	7	39	80	31	72	23	55	15
16	48	8	40	81	32	64	24	56
57	17	49	9	41	73	33	65	25
26	58	18	50	1	42	74	34	66
67	27	59	10	51	2	43	75	35
36	60	19	60	11	52	3	44	76
77	28	69	20	61	11	53	4	45

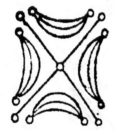
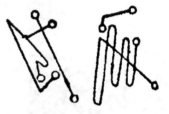

Dice C. Agrippa que esta tabla *hace que quien la lleve sea gracio-so, amable, dulce, alegre y honrado, e impide toda maldad y mala voluntad: da seguridad en los viajes, progresos en la riqueza y salud corporal; expulsa a los enemigos y todas las demás cosas nocivas de cualquier lugar que se desee.*

Estas cameas pueden trazarse en un talismán, dibujando del otro lado del mismo la rúbrica correspondiente.

Los talismanes planetarios

Es tradicional considerar que cada mago ha de elaborar una versión propia de los talismanes que realice. Esto debe hacerlo respetando las enseñanzas de los maestros; innovando pero no inventando. Cada mago debe dibujar sus talismanes, dándoles así su impronta.

En el trabajo personal que vengo desarrollando en los años de estudio y práctica de la magia, he elaborado mis propios talismanes, los cuales son realizados en mi laboratorio mágico siguiendo las reglas de los magos antiguos. Asimismo, he realizado mi propio diseño de los siete talismanes planetarios, para los cuales me he basado en la descripción de los mismos que indica Eliphas Levi, a los cuales he agregado, a cada uno de ellos, elementos simbólicos tomados de Agrippa y otros magos antiguos.

Según Eliphas Levi, para elaborar los talismanes planetarios, se debe colocar de un lado de ellos un pentagrama, una estrella de cinco puntas y el "signo de Salomón", una estrella de seis puntas en la otra cara. Junto a esto, se dibuja en ellos, signos propios de cada planeta.

"El pentagrama debe grabarse siempre en uno de los lados del talismán, con un círculo para el sol, un creciente para la luna, un caduceo alado para Mercurio, una espada para Marte, una G para Venus, una corona para Júpiter y una guadaña para Saturno. El otro lado del talismán debe llevar el signo de Salomón, es decir, la estrella de seis rayos hecha con dos triángulos superpuestos, colocándose una figura humana en el centro en los del Sol, una copa en los de la Luna, una cabeza de perro en los de Mercurio, una cabeza de águila en los de Júpiter, una de león en los de Marte, una paloma en los de Venus y una cabeza de toro o de macho cabrío en los de Saturno".

Junto a los signos alegóricos de los planetas E. Levi recomienda escribir sobre el talismán el nombre del arcángel planetario correspondiente, sea esto hebreo, o en alguno de los alfabetos mágicos.

Siguiendo estas indicaciones de E. Levi es que he desarrollado personalmente el diseño de los siete talismanes planetarios a los cuales se les ha agregado el nombre de los arcángeles correspondientes, las rúbricas de los ángeles y los espíritus planetarios así como los nombres de Dios de cada planeta. Cada talismán está trazado en colores apropiados al planeta.

Talismán de Saturno

Por su intermedio se obtiene:
- Protección de las personas ancianas.
- Protección en temas judiciales.
- Protección de entidades negativas ligadas a la muerte. (fantasmas, espectros, etc).
- Protección en los partos.
- Ayuda a superar los duelos y la tristeza.
- Éxito en las obras "a largo plazo".
- En lo espiritual: profundidad, paciencia y sabiduría.
- Sentido del deber.
- Se obtiene la asistencia del arcángel Orifiel, regente de este planeta.
- Nombres de Dios correspondientes: Ab. (אב) Hod. (הד)
- Color: Morado, negro, marrón, violeta.

Talismán de Júpiter

Este talismán pertenece al planeta que llamamos "gran benefactor". Por su intermedio se obtiene:

- Abundancia.
- Prosperidad.
- Adquisición de dignidades merecidas.
- Logros profesionales.
- Ayuda a tornarnos positivos y alegres.
- En el plano espiritual nos ayuda a desarrollar la caridad, la generosidad y piedad.
- Se obtiene la asistencia del arcángel Zachariel, regente de este planeta.
- Nombres de Dios correspondientes: Aba. (אבא) El Ab. (אל אב)
- Color: Azul.

Talismán de Marte

Por su intermedio se obtiene:

- Protección de los enemigos.
- Vigor.
- Éxito en las obras que requieran capacidad de lucha.
- Protección de los logros profesionales.
- Para superar la ira y la inquietud.
- En el plano espiritual nos aporta valentía y fortaleza.
- Se obtiene la asistencia del arcángel Sanael, regente de este planeta.
- Nombres de Dios correspondientes: Adonay. (אדני) He. (ה)
- Color: rojo.

Talismán del Sol

Por su intermedio se obtiene:

- Dicha.
- Sentido artístico.
- Protección espiritual.
- Bendición y protección de los niños.
- En el plano espiritual nos aporta valentía y fortaleza.
- Ayuda a practicar la fe y la devoción.
- Se obtiene la asistencia del arcángel Sanael, regente de este planeta.
- Nombres de Dios correspondientes: Eloh. (אלה) Vav. (ו)
- Color: Amarillo, naranja, dorado.

Talismán de Venus

Venus es el segundo planeta benéfico del septenario. Por su intermedio se obtiene:

- Protección y favorecimiento de los vínculos de pareja.
- Logros económicos.
- Cambio favorable de la suerte.
- En el plano espiritual nos aporta alegría y sentido de la belleza.
- Se obtiene la asistencia del arcángel Anael, regente de este planeta.
- Nombres de Dios correspondientes: Aha. (אהא) Hagiel. (הגיאל)
- Color: Verde, rosado.

Talismán de Mercurio

Por su intermedio se obtiene:

- Capacidad para el estudio.
- Protección en viajes.
- Protección de comercios.
- Elocuencia.
- Favorecimiento del vínculo con amigos y hermanos.
- En el plano espiritual nos aporta discernimiento.
- Se obtiene la asistencia del arcángel Rafael, regente de este planeta.
- Nombres de Dios correspondientes: Din. (דין) Doni. (דני)
- Color: multicolor, iridiscente.

Talismán de la Luna

Por su intermedio se obtiene:

- Protección de hogares.
- Favorecer el vínculo con los padres.
- Intuición.
- Éxito en las obras de adivinación.
- En el plano espiritual nos favorece la práctica de la sensibilidad.
- Se obtiene la asistencia del arcángel Gabriel, regente de este planeta.
- Nombres de Dios correspondientes: Elim. (אלים) Hod. (הד)
- Color: celeste, verde, plateado.

Estos talismanes pueden trazarse tal cual se encuentran aquí.

El lado del cual se encuentra el pentagrama (estrella de cinco puntas) es el anverso y el lado que lleva el pentagrama (estrella de seis puntas) es el reverso.

A continuación, vamos a ver cómo realizar un talismán.

Elaboración ritual de un talismán

Antes de comenzar la elaboración de un talismán es necesario tener todos los elementos preparados previamente ya que en lo posible se tratará de trabajar en un tiempo astrológico específico.

Veremos aquí los elementos necesarios para elaborar un talismán en papel.

Los elementos de los que se debe disponer son:

- Papel blanco. Recomendaremos papeles gruesos que no se doblen.
- Lápices o plumas y tintas.
- Cortaplumas, sacapuntas y tijeras.
- Compás y regla.

Todos los elementos que se utilizan para elaborar talismanes deber estar separados y purificados de un modo especial a fin de preservar la mayor pureza astral posible.

Ya hemos dicho al referirnos al armado del altar, que es una costumbre de la tradición mágica adquirir los elementos que se utilizan ritualmente en los días planetarios correspondientes. Esto es tenido en cuenta en especial en aquellas herramientas que el mago no ha de elaborar por sí mismo, dándole así una cierta carga energética al objeto. Esta costumbre es recomendada por Papus para todos los objetos que se utilizan ritualmente. En lo que hace a los instrumentos necesarios para elaborar talismanes diremos que los mismos se deben, en lo posible, adquirir en los días siguientes:

- Papeles: lunes.
- Tintas, plumas y lápices: miércoles.
- Cortaplumas y tijeras: Martes.
- Compás: Domingo.
- Regla: Lunes.

Si se va a dibujar el talismán sobre papel debe hacérselo con lápices que no hayan sido utilizados antes. En caso de disponer de unos ya usados, se debe "sacarles punta" nuevamente.

Todos los elementos que se utilizan en la elaboración de los talismanes se deben guardar aparte en una caja de madera o cartón envueltos en una tela multicolor y no deben ser utilizados con otros fines. Asimismo, antes de ser utilizados, se les debe purificar para lo cual es recomendable pasar cada objeto por el humo de incienso. Antes de esto, en caso de que el objeto lo permita, se lo puede lavar previamente en agua con sal.

El papel a utilizar debe pasarse también por el humo de incienso y ser guardado aparte.

Como ya hemos dicho, un elemento fundamental en la elaboración de un talismán es el respetar el tiempo mágico adecuado. Sobre esto ya nos hemos referido específicamente en el capítulo VIII. Daremos las siguientes pautas a seguir:

1) Elaborar el talismán cuando la Luna se encuentre en fase de Luna nueva.

2) Elaborar el talismán el día de la semana adjudicado al planeta del que se ha de elaborar el talismán.

3) Elaborar el talismán en las horas del planeta, en especial en la primera del amanecer. (*Yayn*)

Una vez que han sido tenidos en cuenta estos aspectos, podemos comenzar a disponer de un lugar en el cual realizar el talismán de manera ritual:

- Prepare un lugar de su casa donde pueda encontrarse tranquilo y sin ser molestado durante el tiempo que dure el trazado del talismán.
- Arme un altar como se encuentra explicado en el capítulo V.
- Encienda una vela en el altar del color del planeta con que se ha de trabajar o, en su detrimento, blanca.
Hecho esto:
- Trace sobre usted la cruz cabalística.
- Recite el Padrenuestro y luego la plegaria del día que corresponde al planeta en cuestión.
- Solicite a Dios que por medio del ángel regente de ese planeta, bendiga la obra que va a realizar y a la persona que utilizará el talismán.

Lo primero que se debe realizar es el círculo del talismán, el cual se traza con el compás que ha sido purificado y se corta con las tijeras preparadas para este fin o con una herramienta adecuada para esto. Trace el dibujo con lápices o tintas correspondientes al color del planeta o directamente en negro[165]. Durante el tiempo que dure la elaboración se debe estar en estado de recogimiento y serenidad evitando todo aquello que nos distraiga. La elaboración de un talismán es una labor espiritual que requiere de toda nuestra atención. Tengamos presente que cuanta más actitud le pongamos al trabajo, esto redundará en la carga energética del talismán. Si no ha podido culminar el talismán y debe dejar su trazado, guarde todos los objetos nuevamente, guarde el talismán a medio realizar, evitando sea tocado por ninguna persona. Al terminar, retorne al altar donde ha realizado las plegarias, agradezca por la labor realizada y recién allí trace la cruz mágica para culminar. Para retomar el trabajo, espere en lo posible un tiempo apropiado. Una vez culminado el dibujo del talismán, se puede proceder a su consagración.

Consagración de los talismanes

Un talismán no posee plenamente su poder si no ha sido debidamente consagrado. Para consagrar un talismán planetario de manera sencilla, podemos proceder del siguiente modo:

1) En el altar coloque el talismán con la cara de cinco puntas hacia arriba.

2) Encienda una vela del color del planeta.

3) Disponga de perfumes del planeta para poder quemar.

---

165   Hemos tratado el tópico de los colores de los planetas al referirnos al uso mágico de las velas en el capítulo VII, las relaciones de color allí expuestas en torno al de las velas pueden ser aplicadas también aquí para la elaboración de talismanes.

4) Trace sobre usted la cruz mágica.

5) Recite el Padrenuestro.

6) Recite la plegaria del día correspondiente al talismán trazando sobre el mismo las cruces con su mano derecha. La utilización de las plegarias de los días de la semana en la consagración de talismanes es sumamente eficaz. El mismo Papus recomienda aplicarlas para este fin[166].

7) Luego pase el talismán abundantemente por el humo producido por la quema del perfume del planeta regente del talismán. Esto logrará que se impregne el talismán de energía planetaria afín. Si no posee este perfume, inciense el talismán con incienso olíbano.

8) A continuación, recójase internamente, coloque ambas manos sobre el talismán y pronuncie la siguiente plegaria:

"Dios eterno, padre mío, te ruego me permitas consagrar a ti este talismán el cual será aplicado con tu bendición para el bien de… (Se debe pronunciar el nombre completo de la persona para quien se consagra) Te ruego, Oh Señor, escucha mi plegaria y concede a este talismán el fruto de tu bendición. Amén".

Después, sople suavemente tres veces sobre el talismán luego de lo cual se dice:

"Quedas consagrado".

9) Trace sobre usted la cruz mágica para culminar.

---

166   Dice el maestro español que el talismán terminado *"se consagra según manda el rito de toda consagración, a lo que se añade el triple soplo. Además, es bueno decir la oración del día de la semana correspondiente a la operación y al objeto de la consagración".*

La consagración de un talismán conlleva, con respecto al tiempo indicado, los mismos cuidados que su elaboración. En la práctica, los talismanes se graban en aquellos momentos en que los astros se encuentran fuertes en el cielo y luego se consagran para la persona que los utilizará observando el mapa natal de esta. Es importante que el momento de la consagración sea astralmente favorable para el portador del talismán.

Los talismanes pueden consagrarse para una persona en particular o para un uso general. En el primero de los casos, el talismán sólo es eficaz para la persona para quien ha sido consagrado. Esta consagración es llamada talismánica. Cuando un talismán es consagrado para una persona, el mismo no puede ser tocado por otra persona ya que se "desconsagra". En el segundo de los casos, un talismán puede ser consagrado sin estar dirigido a una persona en particular, sino "para el bien de quien lo porte", sea quien sea. Esta consagración es denominada pantacular.

Para consagrar un talismán para una persona en particular, es necesario, en el momento de la consagración, nombrarla con su nombre completo.

Los cuidados

Los talismanes se portan en contacto con el cuerpo dentro de pequeñas bolsas de tela del color del planeta o las cuales lleven dibujadas los signos o glifos de estos y se guardan en frascos de vidrio o en cajas de madera o cartón en las que se coloca en lo posible plantas secas afines al planeta. Dice E. Levi al referirse a los talismanes que *"todos los objetos de esta clase sean de metal sean de piedras, deben llevarse envueltos en saquitos de seda de colores análogos al espíritu del planeta y perfumados con el perfume correspondiente a su día, preservándolos de toda mirada y de todo contacto impuro"*.

Los cuidados a tener en cuenta son:

Cada talismán se guarda por separado, evitando que entre en contacto con otros talismanes.

- Es de suma importancia que nadie toque un talismán que ha sido consagrado para alguien en particular.
- Los talismanes no deben estar en contacto con nada que no sea la persona que lo utiliza, en especial, los torna ineficaces y los desconsagra el contacto con todo aquello que ha sido muy manipulado.
- Los desconsagra el contacto con objetos electromagnéticos.
- Un talismán, al ser objeto portador de cierta luz espiritual, se desconsagra si se lo utiliza en rituales de brujería lo mismo si se los porta estando en lugares o espacios consagrados a la realización de estas obras.
- El talismán que más protege es aquel que todos (salvo el portador) ignoran que se lo posee. Por esto, es ideal que los mismos se porten ocultos sin estar a la vista de terceros.

Los talismanes pueden ser colocados en los lugares a fin de favorecerlos y preservarlos. Para esto se los puede ocultar en lugares especiales como detrás de cuadros, debajo de mesas, dentro de jarrones o también pueden ser enterrados en el lugar. Esta última opción es muy utilizada para proteger campos y lugares muy abiertos. En el caso de consagrar un talismán para un lugar, se debe pronunciar en el momento de la consagración la dirección exacta del lugar pidiendo y solicitando bendición para todas las personas y criaturas que allí habiten. Se puede poseer más de un talismán los cuales se portan asimismo de a uno.

El primer momento en que la persona para quien se ha elaborado un talismán se lo coloca es de suma importancia para favorecer el efecto y la virtud del mismo. Esto es recomendado especialmente por Paracelso en su *Archidoxia mágica*. Recomendaremos en principio seguir las mismas indicaciones antedichas, tener aunque más no sea en cuenta que el día de la colocación sea en lo posible el día del planeta y su hora mágica[167].

---

167 Si se dispone de la información necesaria, se debe hacer que la Luna se encuentre favoreciendo en tránsito con una conjunción, un trígono o un sextil al planeta regente del talismán en el mapa natal de la persona, evitando asimismo que este mismo planeta posea malos aspectos de Saturno o Marte.

Cuando se utiliza un talismán por primera vez, las energías nocivas que hemos acumulado con el tiempo –las cuales se denominan larvas– suelen movilizarse causando algunas veces cierto malestar. Este malestar es una "exoneración" de estas mismas energías. Por todo esto, es posible que un talismán de Marte, por ejemplo, el cual debiera ayudarnos a superar la inquietud y el temor, nos produzca al principio estos mismos sentimientos. Si esto ocurre, es un signo benéfico de la acción del talismán. En este caso, se recomienda utilizarlo de manera paulatina colocándoselo sólo unos minutos por día hasta que las sensaciones desaparezcan.

Los talismanes de protección pueden absorber las energías negativas dirigidas a la persona, lo que puede hacer que los mismos se deterioren. También pueden perder parte de su poder y eficacia. Si esto ocurriera es necesario consagrarlos nuevamente.

Cerraremos esto citando a E. Levi quien, en lo que hace a las consagraciones y los cuidados de los talismanes, dice: *"Las imágenes de los talismanes pueden grabarse sobre siete metales o dibujarse sobre pergamino virgen, después consagrarse y magnetizarse siguiendo una intención bien precisa. De este modo se crearán focos de luz magnética, se los perfumará con los perfumes del ritual y se los guardará cubiertos en seda o en envases de vidrio para que no pierdan su fuerza. No deben ser prestados ni dados, a menos que se hicieran por encargo de otra persona y de acuerdo con ella"*.

Los objetos sagrados

Los objetos bendecidos conocidos como "sacramentales", los rosarios, las medallas de la Virgen y los santos poseen un verdadero y auténtico poder que no debe ser dejado de lado. Estos objetos tomados de la tradición religiosa han sido muchas veces "revelados" por los espíritus de luz los cuales han manifestado sus figuras y signos. Ningún mago que tenga interés en operar en los ámbitos de la Luz debería ignorar su poder. El mismo E. Levi se ha expresado a favor de la utilización de estos elementos sagrados a los cuales denominó "verdaderos talismanes".

"Los objetos benditos e indulgenciados, tocados por santas imágenes o por personas venerables; los rosarios llegados de Palestina; los agnus Dei compuestos con cera del cirio pascual y los restos anuales del santo crisma; los escapularios, y las medallas, en fin, son verdaderos talismanes".

Vamos a referirnos en especial a dos medallas de gran difusión y comprobada virtud espiritual: La cruz de San Benito y la Medalla milagrosa.

Cruz de San Benito

Atribuida a san Benito abad, la misma lleva impresa una poderosísima fórmula exorcística expresada en latín por medio de la primera letra de cada palabra. Es común verla colocada en las puertas de las casas ya que es sumamente protectora. Su acción en este plano es casi ilimitada. Creo entender que es la cruz más exorcista que existe en Occidente.

El texto escrito dentro de ella es el siguiente:

- En los cuatro círculos de los ángulos de la cruz leemos **C.S.P.B.:** *Crux Sancti Patris Benedicti*. "Cruz del Santo Padre Benito".

- Sobre el brazo vertical de la cruz **C.S.S.M.L.:** *Crux Sancta Sit Mihi Lux.* "La santa Cruz sea mi luz".

- Sobre el brazo horizontal **N.D.S.M.D.:** *Non Draco Sit Mihi Dux*. "No sea el demonio (o el dragón) mi guía".

En el contorno:
- **V.R.S.:** *Vade Retro Satana!* "¡Ponte detrás, Satanás!". **N.S.M.V.:** *Nunquam Suade Mihi Vana!* "No me persuadas con cosas vanas". **S.M.Q.L.:** *Sunt Mala Quae Libas* "Malo es lo que me ofreces". **I.V.B.:** *Ipse Venena bibas.* "Bebe tú mismo tus venenos".

- Finalmente, sobre la cruz encontramos la palabra "Paz".

- La cruz suele llevar impresa en el reverso una imagen del santo.

La medalla milagrosa

Uno de los aspectos que hacen más interesante esta medalla es que el diseño completo de la misma fue revelado por la Virgen María, factor que la torna poderosísima[168]. En el año 1830, en París, la Virgen se manifiesta a una religiosa[169] dándole indicaciones precisas sobre el sentido espiritual de la imagen y le pidió que las mismas sean grabadas.

Eliphas Levi se refiere en su "Dogma y ritual" a esta imagen de la cual da a entender que esta, aun siendo de raíz netamente reli-

---

168   Ya hemos hecho mención al hecho de que para la magia tradicional, los objetos sagrados que Dios o los espíritus de Luz manifiestan y revelan poseen un poder superior a cualquier otro.

169   La vidente es Santa Catalina Labouré.

giosa, no se encuentra en desacuerdo con las doctrinas de la magia y la cábala. Según lo expresa Levi, puede hacerse de sus signos y figuras una interpretación puramente cabalística sin quitarle ni agregarle nada de su valor original. Le medalla era en tiempos del maestro francés sumamente conocida en Francia ya que la aparición de la Virgen ocurre en París en pleno siglo XIX.

Con respecto a las medallas religiosas y en especial a la medalla milagrosa dice:

"Una de estas medallas se ha hecho popular en nuestros tiempos, y aun aquellos que no profesan ninguna religión, la cuelga del cuello de sus hijos. Y como las figuras que en ellas aparecen son perfectamente cabalísticas, la tal medalla es verdaderamente un doble y maravilloso pantáculo. De un lado se ve a la grande iniciadora, la madre celeste de Sohar, la Isis del Egipto, la Venus Urania de los platonianos, la María del cristianismo, en pie sobre el mundo y aplastado la cabeza de la serpiente mágica. Extiende las manos en forma tal, que trazan un triángulo, del que la cabeza de la figura es la cima; sus manos están abiertas e irradiando efluvios, lo cual forma un doble pentagrama, cuyos rayos se dirigen hacia la tierra, lo que representa evidentemente la libertad de la inteligencia por el trabajo. Del otro lado se ve la doble Tau de los hierofantes, el Lingam en el doble Cteis,

o en el triple *Phallus*, soportado con enlace y doble inserción por la M cabalística y masónica representando la escuadra entre las dos columnas, Jakin y Bohas; por encima hállanse al mismo nivel dos corazones doloridos y amantes y en derredor 12 pentagramas. *Todo el mundo os dirá que los portadores de esta medalla no alcanzan su significación; pero no por esto deja de ser menos mágica, teniendo un doble sentido, y por consiguiente, una doble virtud. Las revelaciones extáticas nos han transmitido ese talismán, que fue grabado cuando ya existía en la luz astral, lo que demuestra una vez más la íntima conexión de las ideas con los signos, dando nueva sanción al simbolismo de la magia universal*".

CAPÍTULO XI

Prácticas tradicionales de la magia

La ciencia oculta es parecida a esos frutos sabrosos a los que protege una cáscara espesa y dura; nos gusta quitar laboriosamente la cáscara, puesto que después la suculencia del fruto nos compensará el esfuerzo.

Stanislas de Guaita

Cadenas y círculos mágicos

Antes de hablar de aquellas prácticas mágicas como las invocaciones, las evocaciones y los conjuros, debemos referirnos a lo que son los círculos y cadenas mágicas sin los cuales no podremos comprender las prácticas antedichas.

Las cadenas mágicas

Aquellos seres que no vemos (ángeles, santos, maestros, etc.) configuran una cadena mágica de la cual el último eslabón es el mismo mago.

Las cadenas mágicas son los lazos de unión que existen entre distintas criaturas que participan de una misma espiritualidad. Estas se encuentran ordenadas de manera jerárquica, de forma similar a una "fuente" la cual es precisamente un símbolo de las mismas.

Al igual que en la fuente, la cadena posee un punto más alto. En la fuente, este es el punto desde el cual brota el agua, la que luego se derrama hacia los distintos niveles que se encuentran más abajo. Arriba de una cadena mágica se encuentra aquella fuerza espiritual superior que alimenta y sustenta todo el sistema. Este punto superior, en toda cadena mágica, está ocupado por una deidad, el dios rector de esa cadena. Esta deidad, es el "ser supremo" de esa cadena, el cual da energía y fuerza a la totalidad de la misma. En el caso de la religión cristiana, ese punto está representado por la Santísima Trinidad.

La fuente posee un solo punto en su cumbre desde la cual brota el agua. A medida que se desciende, aumenta la cantidad de agua en cada plato de la fuente y por ende, aumenta la cantidad de puntos por los que el agua sale. Este esquema, imita el de una cadena espiritual, en la cual, el ascenso a la dignidad se acerca cada vez más hacia la unidad. El punto superior de una cadena es el que le corresponde al ser de mayor jerarquía de esa cadena. Luego, inmediatamente más abajo, comienzan a desplegarse los distintos niveles de la cadena según una determinada escala, en la cual los seres de mayor jerarquía espiritual se encuentran más arriba[170].

La cadena es también representada por la escalera o la "escala" en la cual Dios se ubica en su cima. Así lo explica Giordano Bruno, al referirse a esta escala:

"Dios está en el ápice de la escala, como acto puro y potencia activa, como purísima luz…".

---

170   Este esquema puede ser representado también como un punto rodeado de círculos concéntricos como lo es el de los cielos antiguos.

De este "ápice" desciende la luz y la fuerza espiritual que luego se distribuirá hacia todos los integrantes de la cadena. Por lo tanto, de quien esté ubicado en ese "punto superior y central", depende toda la actividad espiritual de la cadena y sus integrantes. El ser que ocupa el punto superior y central de la cadena define el tipo de espiritualidad de la misma. Toda espiritualidad está condicionada por esto. Si en una cadena mágica se venera a un ser bondadoso y benévolo, los frutos que reciban quienes participan de esa cadena serán frutos de bondad. Si, por el contrario, se opera espiritualmente en cadenas mágicas en las cuales se veneran espíritus oscuros, sólo se puede obtener oscuridad ya que ningún ser espiritual puede dar lo que no posee. Por otro lado, es llamativo observar que todos los seres de una cadena tienden en el tiempo a parecerse. Quien ama y venera a un ser de Luz irá lentamente tornándose luminoso e igualmente quien venera a un ser de oscuridad ira tornándose lenta pero realmente cada vez más oscuro. Esta es una ley inexpugnable. No se obtiene luz de la oscuridad ni oscuridad de la luz. Así como —y esta es también una ley fundamental de la magia— **no se aleja la oscuridad con la oscuridad ni se combate el mal con el mal**. Esta ley está plenamente explicada por Jesús cuando dice: *Todo reino dividido contra sí mismo queda asolado, y toda ciudad o casa dividida contra sí misma no podrá subsistir. Si Satanás expulsa a Satanás, contra sí mismo está dividido: ¿cómo, pues, va a subsistir su reino?*[171].

Es importante, no utilizar elementos de cadenas mágico-espirituales en las cuales se invoque a ser de categoría espiritual baja, o en las que las entidades rectoras sean seres a los que se los invoque para hacer el mal, ya que al invocar a estas criaturas (aunque sea por medio de terceras personas) o al utilizar sus elementos rituales, nos colocamos dentro de la "fuente" y recibiremos su influencia nociva.

También es aconsejable, por respeto, no quitar elementos de una fuente para utilizarlos en otra fuente o según nuestro capri-

---

171   Mateo. Capítulo XII versículo 25.

cho. No es conveniente (esto ya lo hemos dicho) tomar elementos de un culto del que no participamos, para usarlos a nuestro antojo, ya que esos elementos, sean: signos, plegarias, objetos rituales, etc., son aplicados dentro de la cadena de modos puntuales y específicos que es muy probable que desconozcamos y, asimismo, estos poseen su plena virtud cuando se está dentro de ella y se es miembro de la misma. Los rituales como el bautismo cristiano y la circuncisión hebrea, cumplen la función de conectarnos con la cadena para que podamos participar plenamente de sus luces y virtudes espirituales. Esta la razón por la cual, en caso de que tengamos necesidad de fuerza o protección espiritual, es siempre recomendable recurrir a nuestra propia religiosidad, aquella en cuya cadena, sea por iniciación o por fe, estamos inmersos, ya que sus rituales, ceremonias y bendiciones, nos serán más efectivos que lo de las otras, sean estas cuales fueran.

En lo que hace a la práctica mágica, es recomendable para el mago estar dentro de la cadena mágica de su propia religión, ya que esta lo protege espiritualmente.

Los ritos religiosos son "iniciáticos". En el caso del bautismo cristiano, el mismo nos coloca en contacto íntimo con la cadena crística, ligándonos a todos aquellos seres de luz que la conforman.

Finalmente podemos afirmar que quien quiera operar en la magia sin pertenecer a una cadena espiritual, se condena al fracaso.

El círculo mágico

Un grupo humano ligado a una cadena mágica conforma lo que denominamos "un círculo mágico" el cual está formado por las personas que participan de esta cadena. *Un círculo mágico implica la unión de diversas voluntades unidas a una misma fe.* Así como en el extremo superior de la cadena se encuentra Dios, en el extremo inferior se encuentra el círculo de esa cadena.

Vinculada a estos círculos, se encuentra la práctica mágica de la "conjuración" de la que hablaremos más adelante. Veremos que *"sin círculo no hay conjuro"*.

El poder de la magia se encuentra en la unión de un grupo (un círculo) con las entidades espirituales (la cadena). De esta unión emerge la verdadera fuerza de la magia. Dice E. Levi que *"la oración hecha en comunidad y conforme a la fe ardiente constituye verdaderamente una corriente magnética, siendo lo que entendemos por magnetismo ejercido en círculos"*. No por nada el Maestro dice: *"Porque donde están dos o tres reunidos en mi nombre, allí estoy yo en medio de ellos"*[172].

El arcano de tarot XIX, el Sol, representa a los hermanos de una cadena unidos en un círculo[173].

El poder portector del grupo, del círculo espiritual es inponderable, en especial cuando en ese grupo, sus integrantes oran permenenetemente unos por otros. No se puede operar solo en la magia si es que se desea estár amparado de las obras de brujería. Conformar una verdadera y auténtica comunidad espiritual es sumamente protector de todo tipo de energía nociva. No por nada dice E. Levi que *los maleficios son peligrosos solo para los individuos aislados* y recomienda que para protegerse de estos es fundamental no estar solo y si fuera posible *vivir en familia, tener la paz en el hogar y adquirir numerosos amigos.*

Evocación, invocación y conjuración

Es necesario distinguir la diferencia que existe entre ciertos términos comunes al ámbito mágico, los cuales no suelen ser precisados en lo que hace a su sentido como prácticas mágicas específicas. Me refiero aquí a los conceptos: invocación, evocación y conjuración. Trataremos de clasificar estos términos en la medida que podamos, ya que estos son utilizados, incluso en los textos de magia, con cierta libertad, refiriendo en muchos casos con pala-

---

172   Mateo. Capítulo XVIII versículo 20.

173   Es importante no confundir la cadena, ni el círculo con los llamados "egrégores". Ver capítulo IX.

bras diversas a conceptos iguales o con la misma palabra a conceptos diversos.

• El término *invocación* es un vocablo latino que indica la idea de: "demanda o súplica".
• La palabra *evocación*, también de raíz latina, significa: *"llamado"*.
• Asimismo, la voz *"conjuración"*, posee un vínculo estrecho con el concepto de "juramento", de donde E. Levi dice que conjurar es *"jurar juntos"*, es decir, hacer acto de una fe común. En especial, es gracias a la obra de E. Levi y a su esclarecida pluma que podemos distinguir las diferencias existentes entre estas prácticas. La diferencia entre "invocar" y "evocar", se centra en torno a la forma de manifestación del espíritu a quien se llama o se le ruega.

La invocación

La plegaria que elevamos a Dios con nuestras peticiones personales o nuestros ruegos es una "invocación". En ella, poseemos la certeza de ser escuchados por Dios sin la necesidad de percibir su presencia sensiblemente. En la invocación, las entidades espirituales actúan sin manifestarse sensiblemente. En la invocación, los espíritus se manifiestan por medio de sus obras y de su intervención en nuestras vidas. En la evocación, en cambio, los espíritus a quienes se evoca deben manifestarse sensiblemente.

Invocamos a Dios y sus seres de Luz en todas aquellas actividades en las cuales su presencia opera desde lo invisible manifestándose en lo visible.

Tanto la evocación como la invocación son prácticas que pueden ejercerse de manera individual como grupal.

La evocación

La palabra evocación remite en términos mágicos a diversas cuestiones. Veremos a continuación las distintas prácticas mágicas a las cuales se les suele denominar "evocación".

Primeramente, como ya dijimos; "evocar es llamar". Así como en la invocación, la idea es la de "ser escuchados por los espíritus", en la evocación es la de "solicitar su presencia y su manifestación sensible".

La correcta evocación de un espíritu requiere de ciertos cuidados. Según el abate Trithemo, para evocar un espíritu es necesario poseer una fuerza espiritual superior a la de este, pues en caso contrario, corremos el riesgo de que este nos dañe. Así lo explica E. Levi, refiriéndose a las palabras de Trithemo al respecto:

"Evocar un espíritu –dice– es penetrar en el pensamiento dominante de ese espíritu, y si nos elevamos moralmente más arriba en la misma línea, arrastraremos a ese espíritu con nosotros y nos servirá; de otro modo entraremos en su círculo y seremos nosotros los que le sirvamos".

Tal como lo entiende E. Levi, el riesgo principal de las evocaciones, es el de que estas colocan al operador en una lucha de fuerzas morales, en la cual, el espíritu más fuerte ejerce su influencia sobre el más débil, arrastrándolo hacia su círculo de influencia, tornándolo así su servidor. El riesgo mayor ocurre, en especial, cuando se evocan –como sucede en el caso de ciertos cultos– entidades muy bajas. Muchas entidades con las cuales se opera en algunos cultos y prácticas mágicas, son espíritus muy bajos pero a la vez muy fuertes. Es habitual que las personas concurran a prácticas rituales en las cuales se evocan entidades de este tipo. Cuando se participa de ritos en los cuales se evocan entidades negativas, estas suelen ejercer una gran influencia sobre quienes lo evocan, siendo finalmente ellas quienes ejercen su influencia nefasta sobre las personas que las han llamado. Esta es la razón por la cual es ciertamente tan difícil para muchas personas el poder abandonar esas prácticas.

En caso de que el operador no sea una persona de fe y voluntad firmes, seguramente, al evocar espíritus bajos se terminará convirtiendo en esclavo de estos.

De manera contraria a lo arriba expuesto, cuando se evoca un espíritu de Luz, este ejerce sobre el operador su influencia luminosa, "atrayéndolo" de algún modo hacia sí.

Más allá de todo esto, el concepto de "evocación" posee otras atribuciones en la magia; una de ellas es la de atraer y percibir imágenes del astral. El vocablo "evocar", nos remite –al menos en español– a la idea de "recuerdo". Evocamos aquello que está detrás de nosotros en el tiempo, aquello que quedó atrás. Evocar es traer al presente aquello que ya no está más que en el plano astral. Evocar es atraer a la conciencia las imágenes del astral, las que se manifiestan a nuestro "diáfano". Con este fin se utiliza en la magia tanto espejos como esferas de cristal o el mismo Tarot. E. Levi considera que estas imágenes están permanentemente ante nosotros, al acceso de quien pueda verlas o percibirlas.

*"Así la luz astral o el fluido terrestre que llamamos el gran agente mágico está saturada de imágenes o de reflejos de toda especie que nuestra alma puede **evocar** y someter a su **diáphana,** como dicen los cabalistas. Estas imágenes las tenemos siempre presentes y son borradas únicamente por las impresiones más fuertes de la realidad durante la vigilia, o por las preocupaciones de nuestro pensamiento que obliga a nuestra imaginación a estar inatenta al móvil panorama de la luz astral".*

Lamentablemente, muchas personas evocan estas imágenes del astral sin desearlo conscientemente y de un modo caótico. Esto se debe muchas veces a un exceso de sensibilidad natural o disfunciones psíquicas, bajo condiciones de shock e incluso por la ingesta de drogas. Por lo común, quien accede a la luz astral sin un entrenamiento adecuado, accede a los umbrales más bajos de esta en los cuales se encuentran imágenes que luego atormentan y mortifican a la persona corriendo el riesgo de enloquecer.

Dado lo antedicho podemos definir también como evocativas todas las prácticas que implican "ver en el astral" sea esto por medio de la concentración natural o en la práctica adivinatoria ejercida a través de cualquier elemento elaborado para este fin como el tarot u otros.

El mago "evoca" por medio de técnicas y protegido debidamente ya que la luz astral es una fuerza extremadamente poderosa.

Evocaciones de dobles etéreos

Se utiliza también el concepto de "evocación" para aquellas prácticas mágicas ligadas a la "nigromancia", la cual implica atraer el "doble etéreo" de una persona fallecida, o sea, la imagen que ha perdurado de este en el plano astral.

Según el hermetismo, las personas al morir dejan impresa una imagen de sí mismas en la luz astral. Esta (la luz astral) es un receptáculo de todo lo dicho y hecho, algo así como una película cinematográfica viva donde se ha registrado todo acontecimiento humano. Cuando una persona fallece es posible que esta imagen permanezca de algún modo ligada a los objetos, lugares o personas con los que el difunto estuvo en contacto en su vida. Esto suele ocurrir en especial cuando la persona fallecida ha sufrido una muerte violenta o un dolor sostenido durante mucho tiempo o si esta ha mantenido una actitud maníaca o una fuerte obsesión. Estas imágenes son los llamados "dobles etéreos". Estos no son el alma de un difunto sino un reflejo del mismo, algo así como una imagen cinematrográfica. Esta imagen posee igualmente una cierta carga de "vida" y una limitada autonomía. Los dobles etéreos son vistos o percibidos comúnmente por las personas sensibles o se nos manifiestan como fugaces apariciones en las que no podemos percibir con claridad si hemos visto o no su imagen ya que esta es tan sólo un destello, un "flash". Así es que –por ejemplo– el doble etéreo de una persona que ha vivido en una casa y que ha permanecido muchas horas sentada en un mismo lugar puede ser visto en ese mismo lugar sentada de igual modo que lo hacía la persona. Lo mismo ocurre con las personas yacentes por una enfermedad. Los dobles etéreos son también quienes generan ruidos similares a pasos o abren y cierran puertas o ventanas. Lo más notorio de esto es la "actitud maníaca" del doble etéreo. Este nunca innova sus actos ni los varía ya que es una imagen fijada a un acto o a un sentimiento. Aunque el doble etéreo no es el alma de la persona fallecida, igualmente se encuentra vinculado y de algún modo unido a esta. Es por esta razón que el hecho de que el doble etéreo desaparezca es una situación de "alivio" para el alma del fallecido. Por esto es importante intentar "disolver" estas imágenes, para que el alma de la persona fallecida adquiera un mayor descanso y pueda elevarse más plenamente. De algún modo, el doble etéreo retiene el alma del difunto en su ascenso hacia la Luz. Por todo esto, es que podemos considerar un gran servicio hecho al alma del difunto al disolver su doble etéreo. Según lo ha demostrado la experiencia y lo avala la tradición mágica, las plegarias y rituales destinados a favorecer la elevación del alma de los difuntos tienen también la potestad de disolver los dobles etéreos. Sobre estas cuestiones hablaremos más adelante en este mismo capítulo.

Los dobles etéreos se manifiestan no sólo como imágenes o por medio de actos repetitivos sino también por medio del olor. Es muy común que las personas sientan en determinadas situaciones el olor característico de una persona ya fallecida.

La evocación de los dobles etéreos fue en la antigüedad un arte adivinatorio: la ya citada nigromancia. Sobre estas prácticas, las cuales se cuentan dentro de la magia que G. Bruno define como "carónticas"[174], sólo podemos decir que son prohibitivas para los neófitos y poco recomendables para los expertos. Eliphas Levi indica que hay dos maneras laudables de evocar a las cuales llama evocaciones de inteligencia o de amor. Junto a esto, desaconseja las evocaciones realizadas por mera curiosidad.

Las evocaciones deben de ser siempre motivadas y tener un fin laudable; de otro modo son operaciones de tinieblas y de locura muy peligrosas para la razón y para la salud. Evocar por pura curiosidad y para saber si se verá algo, es disponer por anticipado a fatigarse y a sufrir. Las altas ciencias no admiten ni la duda ni la puerilidad.

El motivo laudable de una evocación puede ser de amor o de inteligencia.

Las evocaciones de ciencias son las practicadas por los antiguos nigromantes, como aquella que encontramos en el relato del libro

---

174   Ver capítulo I.

de Samuel en la Biblia en el cual Saúl evoca por medio de una nigromante al difunto Samuel. La evocación del "doble etéreo" de un difunto era una práctica muy común en las culturas antiguas. El poder realizar una evocación de este tipo es sumamente complejo así como altamente irrecomendable dados los riesgos que trae a quien lo realice. E. Levi relata en el decimotercer capítulo de su *Dogma* la evocación que realizará del doble etéreo del mago de la antigüedad, Apolonia de Tiana y las consecuencias que esto le trajera[175].

Con respecto a este tipo de prácticas mágicas dice E. Levi que *resulta de ellas grandes fatigas y, aun con frecuencia, desórdenes orgánicos, bastante anormales, que pueden ocasionar enfermedades.* Estos desórdenes a los que hace referencia son ocasionados –entre otros factores– por inmenso desgaste energético y vital que ocasionan estas prácticas dado que requieren del operador una gran descarga de energía psicofísica. Todo lo dicho aquí con respecto a los riesgos que ocasiona el evocar el reflejo del alma de los difuntos puede también aplicarse a aquellas evocaciones que las personas suelen realizar de manera irrespetuosa e irresponsable en las que se involucran con fuerzas espirituales que desconocen las cuales pueden ocasionarles serios daños, me refiero aquí al uso de la tabla ouija y su versión "casera" conocida como el juego de la copa. Asimismo, las sesiones donde las personas se reúnen en círculo a fin de evocar a los difuntos poseen estas mismas características y peligrosidad. No por nada Papus definió estas sesiones como la antigua nigromancia sin círculo mágico. Entrar en contacto y dinamizar estas energías sin un conocimiento ritual ni una debida protección (el círculo mágico al que alude Papus) es verdaderamente temerario.

Las evocaciones de amor son aquellas que se realizan a través de la concentración de la conciencia en el recuerdo de un ser amado falle-

---

175   *Refiero aquí los hechos tal y como han pasado; no los impongo a la fe de nadie. El efecto de esta experiencia tuvo en mí algo extraordinario, algo inexplicable. Yo no era ya el mismo hombre; algo del otro mundo había pasado por mí; no estaba ni alegre, ni triste, pero experimentaba un encanto singular por la muerte, sin sentir, no obstante, ningún intento de recurrir al suicidio.* Eliphas Levi.

cido, durante una determinada cantidad de días. Este tipo de evocación es ciertamente más sencilla pero no por esto menos peligrosa.

Debemos recalcar el hecho de que en las evocaciones, **no es el alma del difunto lo que se manifiesta** sino su doble etéreo, lo que se manifiesta es esta imagen la cual se refleja en nuestra alma como si esta fuera un espejo. Esta capacidad de reflejar las imágenes del astral es el "diáfano" al que hace referencia E. Levi. La manifestación es real, pero en el ámbito de lo interno. Es una experiencia acontecida en el alma de quien la vive. E. Levi, quien fuera un mago altamente experimentado en estos temas, dice al respecto:

> *Es cierto que las imágenes de los muertos se aparecen a las personas magnetizadas que los evocan; es cierto también que ellos no revelan jamás los misterios de la otra vida. Se les ve tal y como pueden estar todavía, en el recuerdo de aquellos que los han conocido, tal y como quedaron sus reflejos en la luz astral. Cuando los espectros evocados responden a las preguntas que se les dirigen, es siempre por signos o por impresión interior o imaginaria, nunca con una voz que hiera vivamente a los oídos...*

Fuera de estas consideraciones, la tradición enseña también que existe determinado ámbito en el cual el alma de un difunto puede comunicarse con un ser vivo. Este ámbito es el de los sueños. Los sueños en que se nos manifiestan nuestros seres queridos difuntos son (según lo creen los magos del Renacimiento) siempre reales y no psicológicos. En los sueños, los difuntos nos indican en especial en qué estado se encuentra su alma en el más allá. Aunque estos sueños son de tipos espirituales y no psicológicos, esto no indica igualmente que los mismos no deban ser interpretados. Según el modo en que se nos manifieste la persona en el sueño es un indicio del estado en que se encuentra su alma. Es importante percibir, en este sentido, qué es lo que nos transmite la misma en el sueño, sea tranquilidad, paz y dicha o por el contrario angustia u opresión. Debemos tener presente que para el cristianismo, la elevación plena del alma de una persona fallecida se encuentra ligada a las plegarias de quienes están vivos así como de los ritos que por ellas se realicen para ese fin. Para pedir que oremos por ellas o para manifestarnos su alegría o tristeza son las razones más comunes por las cuales los difuntos se nos manifiestan en los sueños.

Plegarias por los difuntos

La tradición mágica enseña que los difuntos viven este mundo a través de nosotros, y nosotros el cielo (o el estado en que se hallen) a través de ellos. Los lazos afectivos que nos unen no se cortan con la muerte sino que se acrecientan. El lazo de afecto y amor que las personas se tienen es similar al que une a la madre con su hijo en el vientre. Este lazo está vinculado al plexo cardíaco, al centro energético del corazón. Los corazones de quienes se aman se mantienen unidos aun después de la muerte. De algún modo, la muerte eterniza estos lazos. Quienes nos han amado nos aman desde el más allá, quienes nos han cuidado y honrado nos cuidan y honran desde el lugar donde se encuentren. Esto que podemos decir de los lazos de amor podemos decirlo también de los de odio. Quien nos ha querido mal en vida lo hará igualmente en la muerte. Esto puede cambiar ciertamente en la medida en que el alma del difunto sigue haciendo un proceso de ascenso y de purificación en el cual irá de alguna manera ordenando su relación con lo que ha dejado en este plano. Al morir, el alma sigue sintiendo una natural atracción por todo alquello con lo que se ha relacionado en vida, incluso con su propio cuerpo. El alma está de alguna manera en contacto con lo propio que deja aquí. El bienestar de las cosas que ha amado hace feliz al alma del difunto así como el descuido de las mismas o el malestar de los que ha amado en vida los acongoja. Es importante en este sentido, honrar la memoria de los difuntos.

En torno al bienestar del alma del difunto después de la muerte es sumamente importante cumplir con los rituales funerarios propios de su religión. Es también muy trascendente que los cuerpos de los difuntos sean colocados en lugares preparados ritualmente para este fin y evitar tenerlos en las casas o esparcirlos (cuando han sido cremados) en lugares no consagrados. Es costumbre milenaria el consagrar un espacio para enterrar los cuerpos de los difuntos. Estos lugares, los cementerios –llamados también "camposantos"– están custodiados por determinados ángeles, los cuales cuidan que los cuerpos no sean molestados por aquellas criaturas invisibles que pudieran hacerlo. Los cuerpos de los difuntos durante su proceso de putrefacción generan una cierta emisión de energía que atrae a criaturas invisibles que se alimentan de la misma molestando o perturbando de este modo al alma del difunto. Todas estas entidades bajas se encuentran bajo las órdenes del demonio Zazel (o Azazel) el mismo que encontramos en el relato del chivo expiatorio del libro de Levíticos, el mismo al cual se dirige la Divinidad en el Génesis cuando dice: comerás polvo todos los días de la vida. Recalcaremos la necesidad entonces de que el cuerpo de un difunto sea tratado ritualmente y colocado en un lugar santo para su reposo. En torno a esto, la siguiente es la opinión de C. Agrippa:

"La carne abandonada, el cuerpo despojado de vida, se llama cadáver, que según lo expresan los teólogos hebreos queda en poder del demonio Zazel, del que se dice en las Escrituras: "el polvo de la tierra será tu pan". El hombre fue creado polvo terrestre y, por ello, el antedicho demonio se llama señor de la carne y la sangre, mientras el cuerpo no haya sido purificado con justos funerales, y santificado. Es por eso que los antiguos Padres se esmeraron ordenando expiaciones de los cadáveres, de modo que lo que es muy inmundo tenga aspersiones de agua bendita, perfumes de incienso, exorcismos con santas oraciones, iluminación con luces mientras esté sobre la tierra, y sepultura en un lugar santo…".

Muy importante es también el poder "velar" al difunto, lo que implica encender velas consagradas junto a su cuerpo y acompañar al mismo durante este tránsito ya que la muerte no acontece en el momento en que la persona fallece; en este momento la persona comienza a morir, proceso que es similar y analógico al del dormir. Así como no nos dormimos instantáneamente, sino que comenzamos en un momento a dormirnos hasta llegar al sueño, de igual modo, la muerte es un proceso paulatino que comienza con el paro respiratorio[176]. En este proceso en el cual el alma se va desprendiendo del cuerpo son fundamentales los primeros tres días después de la muerte, tres días también analógicos a los que el Cristo ha permanecido en el inframundo antes de resucitar. La costumbre antigua de velar tres días al difunto no es gratuita. Es necesario que las plegarias, las luces y los perfumes guíen y protejan el alma del difunto en su nuevo recorrido y que pueda en esos días despedirse lentamente de los suyos.

El alma de una persona fallecida, al morir, comienza un proceso similar al de la transmutación alquímica. En este proceso el alma irá purificándose hasta hallar la plenitud, estado del alma ligado al concepto de cielo. Para que el alma acceda a este proceso es asistido por los seres de luz y favorecido por las plegarias y rituales realizados por los vivos. Mientras el alma realiza este proceso de "purga" en el cual se va tornando más consciente de la Luz, el alma se halla en el lugar denominado por los teúrgos medievales "purgatorio".

Nuestra plegaria y los ritos funerarios son los mayores asistentes rituales de las almas de los difuntos[177]. Igualmente, los ritos realizados en el momento previo de la muerte son de gran importancia ya que favorecen un buen morir y colocan a la persona bajo la custodia de los seres de Luz que nos asisten en la muerte, los cuales juegan un papel de "parteros del más allá". En la tradición cristiana esta función es ejercida en especial por la Virgen María, San José, San Cristóbal y el arcángel Miguel, quien según C. Agrippa, en el momento de la defunción, a modo de sacerdote, presenta a Dios el alma del difunto[178]. Dado también que las

---

176   Muchos hermetistas han manifestado la analogía existente entre muerte, sueño y olvido. Analogía claramente manifiesta en el relato de la resurrección de Lázaro (Juan 11). Igual vínculo analógico poseen también el resucitar, el despertar y el recordar.

177   Es una costumbre muy arraigada en la tradición religiosa el orar por las almas del purgatorio.

178   *"Y así como el sacerdote mortal sacrifica, en este bajo mundo a Dios, las almas de los animales, desprovistos de razón, por la separación del cuerpo con el alma, de igual manera el arcángel Miguel, sacerdote del alto mundo, sacrifica las almas de los hombres…".* C. Agrippa.

obras fúnebres se hallan bajo la égida del planeta Saturno, en toda obra de este tipo siempre se encuentra presente el arcángel Orifiel, ángel regente de este planeta y sus obras.

El proceso de transmutación en que se encuentra el alma después de la muerte, puede –según lo entienden algunos maestros– estar en sintonía con el que ha de realizar el cuerpo una vez enterrado; proceso en el cual la putrefacción juega un importante papel. La transmutación alquímica implica que lo más bajo y oscuro se torne alto y luminoso; que lo corporal se torne espiritual. Esto es lo que está haciendo el cuerpo enterrado al pudrirse. De algún modo se está "sutilizando", "espiritualizando", adquiriendo diafanidad. Esto nos lleva a recomendar que los cuerpos sean enterrados, para que puedan realizar este proceso antedicho con la mayor naturalidad posible[179].

Novena para la elevación del alma de los difuntos

En especial podemos considerar tres momentos del año en los cuales se reza de manera especial por el alma de nuestros difuntos. Estos días son: el dos de noviembre[180], día de los fieles difuntos y

---

179   "*El oro es llamado el sol, ya que en griego es la luz; él es el cielo de los metales, la espiritualización de la especie. Los metales llegan a ser, por lo tanto, oro; como bajo ciertos aspectos nuestro cuerpo se vuelve espíritu por el trabajo de la fermentación póstuma. La putrefacción nauseabunda y espantosa es, sin embargo, el hada prodigiosa que opera todos los milagros del mundo. Es un grosero error creer que en el hombre el alma abandona el cuerpo con el último suspiro. Ella misma es enteramente carne, ya que la materia es una modalidad en diferentes estados del espíritu, bajo la dependencia de una chispa mayor y más sutil, que es el Dios de cada organismo, y si la Ciencia niega la realidad del espíritu porque nunca ha encontrado traza de él, ella deshonra su nombre. Un cadáver rígido y helado no está de ningún modo muerto en sentido absoluto. Una vida intensa, pero dichosamente inconsciente y sin reflejos sensibles, continúa en la tumba, y es a causa de este horrible y más o menos largo combate que es el Purgatorio de las Religiones– que la materia destilada, sublimada, transmutada y vaporizada por la acción del Sol, lanza el vuelo en el plano amorfo, que tiene sus grados desde el aire hasta la luz elemental, y desde ésta hasta el fuego principio en que todo acaba por resolverse*". Pierre Dujols. (Magophon)

180   La celebración del día de los fieles difuntos el dos de noviembre fue instaurada por abad benedictino San Odilón en el siglo X.

los días en que la persona ha nacido y fallecido[181]. En estos días es importante mantenernos en una cierta actitud de recogimiento tratando de dedicar un tiempo especial al recuerdo de la persona fallecida. Asimismo, dentro del circuito de los días de la semana, todos los sábados, por estar ligados a Saturno, son propicios para pedir por los difuntos.

Existen muchas maneras de pedir por los difuntos, veremos aquí cómo hacerlo a modo de "novena". La misma puede ser comenzada en cualquier momento pero es mejor si lo hacemos alguno de los días antedichos. Durante los nueve días que dura la ceremonia, debemos mantener armado un altar en el cual podemos colocar también una foto del difunto junto a un papel en el que se encuentre escrito su nombre completo. También podemos colocar un ramo de flores junto a la foto. El uso ritual de las flores es muy antiguo y digno de ser tenido en cuenta. Colocar flores como ofrenda a los pies de los seres de Luz es un gesto mágico muy rico en significado y con grandes virtudes energéticas ya que estas siempre poseen una vibración muy alta y atraen seres benéficos. Colocar flores en honor de nuestros difuntos es un gesto muy antiguo. Debemos tener presente en todos los casos que dispongamos del uso ritual de las flores que las mismas sean naturales y no artificiales[182].

Los pasos a realizar son:

- Encienda la vela del altar.
- Trace sobre usted la cruz mágica.
- Recite el Padrenuestro.
- Recite el Avemaría.
- Encienda sobre un carbón encendido una porción de incienso y mirra.
- Recite la siguiente plegaria:

Dadle Señor el reposo a tu servidor (Nombrar al difunto con su nombre completo) y que brille sobre él la luz perpetua. (Se puede repetir tres veces)

---

181 Este día es llamado en algunas tradiciones cristianas: "día de nacimiento al cielo".

182 Ver capítulo V.

- Recite en voz audible el Salmo 23. (El Señor es mi pastor...)
- Recite el Gloria.
- Trace nuevamente la cruz mágica.

Cada día de la novena se debe dejar quemar el cirio completamente. Es muy importante en este ritual la quema del incienso y la mirra. Igualmente importante es en este caso portar ropa clara y limpia.

Esta ritualidad puede realizarse las veces que se considere necesaria, tratando siempre de que la misma se comience en los días ya citados[183].

La conjura

Pasemos ahora a la práctica mágica llamada "conjura". "Conjurar", como lo precisa E. Levi, implica imponer a un espíritu nuestra voluntad gracias a la fuerza de una cadena mágica, de una fe en común.

"Conjurar es oponer a un espíritu aislado la resistencia de una corriente y de una cadena. Conjurare, jurar juntos, es decir, hacer acto de una fe común. Cuando mayor es el entusiasmo de esa fe, más eficaz es el conjuro".

Conjurar implica imponer la propia voluntad sobre un espíritu. Esta voluntad no es la del mago solamente, sino la de su círculo mágico, el cual está íntimamente unido a su cadena. Se puede conjurar a una entidad gracias a la fuerza de los espíritus que se expresan por medio de los signos y los rituales de esa cadena. Esto es así siempre y cuando, quien conjura pertenezca al "círculo" de esa cadena, esto es: que pertenezca por fe o ini-

---

183   Amén de todo lo aquí expuesto, el término "evocación" se utiliza en la magia con el sentido de atraer o llamar a espíritus de una jerarquía más baja, ya que la palabra "evocar" significa "hacer subir".

ciación al grupo de aquellos que creen. Esta idea es la expresada en el Evangelio, cuando aquellos que expulsaban demonios en el nombre de Jesús sin estar ligados a Él por la fe, ni a sus seguidores por la fraternidad, eran atormentados y maltratados por los mismos espíritus que buscaban conjurar. Es por esto que las conjuras suelen comenzar con la frase: "Yo te conjuro en el nombre de…".

Según E. Levi, una conjura debe siempre realizarse por medio de la elaboración de un "círculo mágico de protección", el cual es un signo del círculo conformado por aquellos que poseen una fe en común.

"Se puede estar sólo para evocar un espíritu, pero para conjurarle es necesario hablar en nombre de un círculo o de una asociación; y esto es lo que representa el círculo jeroglífico trazado alrededor del mago, durante la operación y del cual no debe salir, si no quiere perder en el mismo instante todo su poder".

El simbolismo del tarot también expresa esta idea en su arcano XVI denominado "La Torre", citado anteriormente. La torre es llamada en muchos mazos tradicionales "La casa-Dios", lo que da una idea de templo, de lugar sagrado, el cual es generado por la unión de lo vertical, la cadena, y de lo horizontal, el círculo. Tengamos también presente que la torre es un "círculo mágico que se eleva en lo vertical. Símbolo de la unión de la cadena y el círculo, símbolo de la verdadera conjuración.

Una persona puede, sin estar ligada a un círculo mágico, evocar e invocar a un espíritu pero no conjurarlo.

Existen dos formas de conjurar, una ligada a las entidades de luz y otra a las de oscuridad. En ambas el conjuro posee un carácter imperativo. En toda conjura los espíritus son constreñidos a obedecer ya que se los está ordenando por medio de dos fuerzas: la de espíritus superiores a él, y la del círculo al que pertenece la persona.

En la primera, el mago atrae por la fuerza de los signos, gestos y nombres sagrados (entre otros elementos) a los espíritus de luz que están ligados a su cadena. Este tipo de conjuro puede ser llamado "conjuro del lado derecho".

En el segundo modo se encuentran los conjuros que podemos denominar "del lado izquierdo", en los cuales el mago puede expulsar o dominar a aquellas criaturas que puedan molestar o dañar al hombre o a sus obras. En los casos menores nos referimos en especial a los elementales y en las situaciones más graves a entidades más complejas como fantasmas o entidades de cultos invocados en la brujería. En este sentido, el exorcismo es un conjuro por medio del cual una persona, perteneciente a una cadena e iniciada por la jerarquía espiritual de su círculo, puede expulsar al demonio de personas o lugares. Tengamos presente que en la tradición religiosa el exorcista recibe una ordenación específica para este fin.

El conjuro de los cuatro

En la magia se aplica como comienzo de toda ritualidad de importancia, el muy famoso "Conjuro de los cuatro", el cual permite expulsar de un lugar a los elementales negativos o delimitar su influencia, para que estos no obstaculicen la labor a realizar.

A pesar de que este poderoso conjuro es muy conocido y difundido, el mismo no puede ser utilizado en toda su eficacia más que por iniciados, ya que para poder realizar el conjuro de manera correcta, es necesario utilizar la vara, la espada, la copa y pantáculo debidamente elaborados y consagrados. Coloco igualmente la plegaria de este importantísimo conjuro para aquellos que la desconozcan:

"Caput mortuum, imperet tibi Dominus per vivum et devotum sepentem.
¡Cherub, imperet tibi Dominus per Adam Jot-chavah!
Aquila errans, tetragrammaton per angelum et leonem!
¡Michael, Gabriel, Raphael, Anael!
FLUATUDOR per spiritum ELOIM.
MANEAT TERRA per Adam IOT-CHAVAH.
FIAT FIRMAMENTUM per IAHVEHEJ-ZEVAOTH.

FIAT JUDICIUM per ignem in virtute MICHAEL.

Ángel de los ojos muertos, obedece o disípate con esta santa agua.

Toro alado, trabaja, o vuelve a la tierra si no quieres que te aguijonee con esta espada.

Águila encadenada, obedece a este signo, o retírate ante ese soplo.

Serpiente movible, arrástrate a mis pies o serás atormentada por el fuego sagrado, y evapórate con los perfumes que yo quemo.

Que el agua vuelva al agua; que el fuego arda; que el aire circule; que la tierra caiga sobre la tierra por la virtud del pentagrama, que es la estrella matutina, y en el nombre del tetragrama que está escrito en el centro de la cruz de luz. Amén."

El conjuro de los cuatro es quizás uno de los rituales más difundidos fuera del ámbito estrictamente mágico. Esto ha ocurrido en gran medida por el hecho de que Goethe lo incluyera en el *Fausto*[184].

Encontramos en esta plegaria el tono imperativo de todo conjuro, expresado por los términos: ¡obedece, retírate, arrástrate!

Este conjuro popularizado por E. Levi es un clásico conjuro del lado izquierdo, al igual que el siguiente "conjuro de los siete".

El conjuro de los siete

Este conjuro –también difundido por E. Levi– implica expulsar por medio de las fuerzas angélicas y los nombres de Dios a siete tipos de energías negativas representadas por siete demonios cuyos nombres son: Chavajoth, Belial, Samgabiel, Adrameleck, Lilith, Nahemah y Moloch.

Hemos marcado en el conjuro, en **negrita,** los nombres de los siete arcángeles planetarios. Veremos que aquí se manifiesta una clara relación entre estos ángeles y ciertos Nombres Divinos con

---

184   Se lee en el texto de Goethe decir al doctor Fausto: *"...emplearé ahora el conjuro de los cuatro: ¡Que arda la Salamandra! ¡Que la Ondina se enrosque! ¡Que desaparezca el Elfo y que el Duende trabaje!..."*

los cuales están relacionados. Los nombres angélicos presentes en esta conjuración corresponden a la tradición de la magia cristiana transmitida a nosotros por el Abate Tritemus en su "tratado de las causas segundas".

Dado que no sólo los espíritus de luz, sino también los de oscuridad están clasificados sobre el esquema de los siete planetas, este conjuro permite imponer la voluntad del mago sobre la totalidad de fuerzas negativas existentes ya que siete es el número de la creación y de lo total.

He aquí el conjuro de los siete:

*"¡En nombre de **Michael**, que Jehová te mande y te aleje de aquí, –Chavajoth!*

*¡En nombre de **Gabriel**, que Adonai te mande y te aleje de aquí, Belial!*

*¡Por **Sanael** Zebaoth y en nombre de Eloim Gibor, aléjate, Adrameleck!*

*¡En nombre de **Raphael**, desaparece ante Elchim, Sachabiel!*

*¡Por **Zachariel** y Sachiel-Méleck, obedece a Elvah, Samgabiel!*

*En el nombre divino y humano de Schaddai y por el signo del pentagrama que tengo en la mano derecha, en nombre del ángel **Anael**, por el poder de Adán y Eva, que son Jotchavah, retírate Lilith; déjanos en paz, Nahemah!*

*Por los santos Eloim y los nombres de los genios Cashiel, Sehaltiel, Aphiel y Zarahiel, al mandato de **Orifiel**; ¡retírate de nosotros Moloch! nosotros no te daremos nuestros hijos para que los devores".* Amén.

E. Levi indica utilizar este conjuro antes de consagrar los talismanes ya que estos están ligados a la fuerza de los siete planetas y por ende a la virtud del número siete, el sagrado septenario.

Con respecto a las entidades negativas antes citadas (Chavajoth, Belial, etc), la magia nos enseña –nuevamente por medio de la pluma del E. Levi–, que los nombres de estos espíritus no conforman entes individuales, sino "legiones" y fuerzas múltiples:

"Es preciso acordarse bien, sobre todo en las conjuraciones, que los

nombres de Satán, de Beelzebut, de Adramelek y de los demás, no designan unidades espirituales, sino legiones de espíritus impuros".

Con respecto a las conjuraciones de la derecha, daremos –del mismo libro de E. Levi– como ejemplo la "invocación de Salomón", la cual es una auténtica conjura de luz, tomada da la cábala mágica, impregnada de la virtud de los nombres Divinos y angélicos.

Invocación de Salomón

"¡Potencias del reino, colocaos bajo mi pie izquierdo y en mi mano derecha!

¡Gloria y eternidad, tocad mis hombros y llevadme por las vías de la victoria!

¡Misericordia y justicia, sed el equilibrio y el esplendor de mi vida!

¡Inteligencia y sabiduría, dadme la corona; espíritus de Malkhut, conducidme entre las dos columnas sobre las cuales se apoya todo el edificio del templo; ángeles de Netzach y Hod afirmadme sobre la piedra cubica de Yesod!

¡Oh Gedulael! ¡Oh Geburael! ¡oh Tiphareth,

Binahel, sed mi amor, Ruach Chokmael se tu mi luz, Sed lo que tu eres y lo que tu serás!

¡Oh Ketheriel!

Ishim asistidme en el nombre de Shaddai Cherubim, sed mi fuerza en nombre de Adonai Beni Elohim, sed mis hermanos en nombre del hijo y por las virtudes de Tzabaoth Elohim, combatid por mi en nombre de Tetragrammaton

Malachim, protegedme en nombre de Jeovah,

Seraphim, depurad mi amor en nombre de Eloah Chasmalim, iluminadme con los esplendores de Elohi y Schechinah

Aralim, obrad, Auphanim, girad y resplandeced;

Chaioth ha Qadosh gritad, hablad, rugid mugid, Qadosh, Qadosh, Qadosh, Shadai,

Adonai, Iod Chavah, Eheieh Asher Eheieh.

Hallelu Iah, Hallelu Iah, Hallelu Iah. Amen

La gran evocación

Nos queda hacer una somera referencia aquí a la evocación conocida como "gran evocación".

Como ya hemos dicho: el fin de la evocación es "solicitar la presencia de un ser de Luz y su manifestación sensible". La búsqueda suprema de la magia ceremonial, la "gran obra" de la misma, es conocida como "la gran evocación", "evocación magna" o "gran operación". Esta es aquella en la cual un ser de luz puede manifestarse de manera sensible ante el mago.

La gran evocación requiere de una importantísima preparación la cual puede llevar años, y las condiciones necesarias para poder llegar a realizarla con efectividad no son sencillas de adquirir, las mismas hacen al conocimiento mágico, la elaboración ritual de herramientas, la disposición de un lugar adecuado así como a la preparación psíquica y a la formación espiritual. El cuarto libro de C. Agrippa junto al *Heptámeron* de Pedro de Abbano son los textos más clásicos en que se han apoyado la inmensa mayoría de los magos tradicionales para realizar esta ritualidad. Como ocurre con todos los rituales de este orden, los mismos no son recomendados para personas no preparadas, para los cuales el agotamiento psicofísico, el autoengaño o el fracaso están garantizados.

Las consagraciones y su regla

Debemos dedicar un espacio especial a una de las cuestiones fundamentales de la magia práctica, las consagraciones.

La consagración correcta de las herramientas, objetos rituales y lugares es fundamental para que estos posean verdadero poder. Es regla de la magia no utilizar ningún elemento ritual que no haya sido debidamente consagrado ya que la consagración no solamente aporta una determinada energía, sino que protege al objeto consagrado de ser "contaminado" por fuerzas negativas. Otro aspecto fundamental de consagrar una herramienta, es el de "dirigir" su energía hacia una función dada.

La práctica nos ha permitido comprobar que la tradición mágica no se equivoca, al considerar que existe una gran diferencia entre la virtud mágica que posee un elemento consagrado de otro que no lo está. Tengamos presente, para comprender esto cabalmente, que según esta misma tradición, los espíritus invisibles, no perciben los objetos tal como nosotros lo hacemos, sino que lo que estos perciben es la carga energética de los mismos, la cual fue dada a los objetos por quienes los han creado. Así es que un espíritu invisible (por ejemplo: un duende) no ve una silla, sino la cantidad y calidad de energía que su autor colocó en esa silla al realizarla. De este modo, un objeto que ha sido elaborado de manera noble, con elementos igualmente nobles, vibra de un modo mucho más elevado de aquel que ha sido hecho de forma descuidada y con materiales viles. Una espada, una copa o un talismán (por ejemplo) que han sido elaborados y consagrados de manera canónica, según las reglas de la tradición mágica, vibran en el astral de un modo mucho más intenso que aquellos que fueron elaborados y consagrados fuera de estas. Esto es tan así, que –como ya hemos dicho– según la magia tradicional, un mago no debería operar en sus obras de arte, más que con elementos consagrados, privándose para su labor de aquellos que no lo están. Es esta la opinión de Papus:

"Nunca el magista debe servirse de un instrumento, ni quemar un perfume, ni usar fuego o agua que no se hayan consagrado.

La consagración, es una especie de magnetización de los objetos, por el efecto combinado de la palabra y del gesto".

Esta concepción de la magia que se basa en el poder de los rituales no es aceptada por todas las escuelas mágicas modernas. Algunos estudiosos de la ciencia mágica han considerado que las consagraciones y otras prácticas rituales de la magia son innecesarias. Notamos una cierta tendencia propia de algunas escuelas contemporáneas de quitar de la magia todo elemento o ritual, hasta llegar a la práctica de una *"magia sin magia"*. Es este el caso –por ejemplo– del teosofista Enediel Shaiah quien opina que las ritualidades de la magia no operan cambios sobre la realidad sino tan sólo sobre el psiquismo del operador, razón por la cual –según su entender– el mago puede prescindir de ellas a las que denomina "inútiles ropajes".

Es un error común, en la concepción de la magia moderna, confundir magia con "psicurgia", confundir lo mágico con lo psíquico. Una magia sin ritualidad ya no es propiamente magia.

Veamos la opinión de Enediel Shaiah, precisamente como comentarista de Papus:

"Los perfumes sólo ejercen particular influir en el que los aspira, y que las consagraciones influyen sugestivamente sobre el que las hace o las presencia, y éste es su verdadero efecto.

Todo este lujo de purificaciones, consagraciones, días propicios, etc., etc., no nos ha resultado de empleo indispensable en nuestras prácticas, y ni siquiera hemos visto que conceda ninguna ventaja apreciable. Aun a costa de repetir lo dicho en anteriores notas, insistiremos en decir al lector, que puede en sus experimentos hacer caso omiso de oraciones, aspersiones, conjuraciones y otras ceremonias, en la seguridad de obtener los resultados que pueda obtener. Mientras la Magia no se desprenda de todos esos inútiles ropajes, continuará siendo supersticiosa y charlatanesca, bajo el dominio, en determinada especie, de supuestos magos".

No creo necesario aclarar que aunque autores como el mencionado consideren que es "tradicional" despojar al arte mágico de todas sus ritualidades, la magia estrictamente tradicional hace un uso permanente de estas y en especial de la "consagración". A modo de ejemplo de la importancia que la magia tradicional otorga a los rituales, dentro de los cuales se encuentran los de consagración, podemos citar la opinión de Giordano Bruno. El mago italiano en su: *De magia*, enumera las distintas prácticas que un mago debe conocer. Entre estas se encuentra: conocer *"la fuerza de las consagraciones, por lo que respecta al practicante, a la oración y al ritual".*

Avala asimismo la práctica mágica de la consagración y sus virtudes la opinión de C. Agrippa. El mago alemán enseña la auténtica opinión "tradicional" sobre las consagraciones y su regla o canon. Para que un elemento pueda ser consagrado de manera canónica, se debe tener presente que el objeto a consagrar haya sido realizado de manera correcta "según la tradición del arte mágico". Así es que –por ejemplo– un talismán que fuera consagrado bajo los auspicios de determinado planeta, debe primeramente haber sido elaborado de manera correcta, con los metales y los signos de ese planeta. La consagración permite –en términos alquímicos– que determinada fuerza espiritual, invisible, "coagule" en un elemento material, visible, el cual fue debidamente elaborado con este fin. En este sentido el arte correcto de la consagración es parte de la "magia magnética", aquella que enseña el modo de "imantar" de manera correcta los elementos materiales de fuerzas espirituales. Podemos decir así que la consagración es el escalón supremo de la imantación mágica.

Veamos aquí la enseñanza tradicional sobre el misterio de la consagración según C. Agrippa:

*"La Consagración es una sublimación de experiencias por la que el alma espiritual, atraída por proporción y conformidad, es infusa en la materia de nuestras obras, preparada con el rito legítimo **según la tradición del arte mágico**; y nuestra obra es vivificada por el espíritu del entendimiento.*

La eficacia de las consagraciones se cumple por dos cosas principalmente; a saber, por la virtud de quien consagra y por la virtud de la oración y la ceremonia que sirve a la consagración; en la persona se requieren santidad de vida y poder de santificar; la naturaleza y el mérito dan la primera cosa; la segunda se adquiere por la iniciación y la dignificación, de lo que hablamos en otra parte; además, la persona que consagra debe conocer en ella, por una fe firme e inquebrantable, ese virtud y ese poder".

Según lo enseña la tradición, la consagración correcta no es solamente aquella que es realizada según las plegarias y ritualidades correctas, sino que a esto debe sumarse el hecho de que quien consagra debe estar debidamente consustanciado con la cadena mágica a la que pertenece, poseyendo una "fe inquebrantable". Aquí nos referimos también al tema de la "dignificación". El mago auténtico es aquel que ha adquirido la dignidad necesaria por medio de una vida consagrada a la Luz. Siguiendo esta idea, la consagración realizada con iguales plegarias por distintas personas no posee la misma fuerza mágica. Aquel que está más cerca de la luz posee un mayor poder mágico que quien está más lejos. La forma de vida y la iniciación son el modo tradicional por medio del cual el mago alcanza la dignificación necesaria.

Para consagrar debidamente un objeto o una herramienta mágica es necesario tener en cuenta los tiempos astrológicos que corresponden a ese objeto. Uno de los mayores errores comunes con respecto a las consagraciones es el de considerar a todas estas como perennes. A ciencia cierta, el poder temporal de una consagración, está ligado a factores astrológicos. Dependiendo del aspecto astrológico que se elige para una consagración, se determina la duración y calidad energética de la misma. Una herramienta o un objeto consagrado en el tiempo astrológico correcto, posee una fuerza mágica inmensamente mayor a aquel que ha sido consagrado sin este criterio.

No nos cansaremos de repetir la importancia del factor astrológico en la eficacia del arte mágico. Ya C. Agrippa manifestaba que muchos magos se veían privados de los resultados esperados al no respetar o trabajar correctamente según los astros, así el maestro de Colonia afirma que *"...muchos descuidan de hacer esto y cometen muchos errores al levantar las figuras de los cuerpos celestes y por ello se ven privados del fruto que esperan..."*.

Le recomiendo, estimado lector, si desea profundizar en los arcanos del arte mágico, que enriquezca y ahonde sus conocimientos astrológicos. Esto le permitirá mejorar su labor y realizar las consagraciones de los elementos de manera adecuada. Para quien ya posea una cierta comprensión de la ciencia astrológica, coloco a continuación los modos en que debe trabajarse en torno a los tiempos que se deben tener en cuenta para las diferentes consagraciones.

La consagración más sencilla es aquella en la cual se observa como referencia el Signo Ascendente. Dado que los signos del ascendente se repiten en su totalidad cada veinticuatro horas, esta es la consagración más sencilla y posible de realizar. Su efectividad es considerada para no más de una lunación, veintiocho días hasta un año.

Otro aspecto sencillo para realizar una consagración con un cierto criterio astrológico es observar el día de la semana y su relación planetaria. En este caso se potencia el poder mágico de la consagración.

Se puede trabajar respetando también el criterio de "las horas mágicas". En este caso se potencia aún más la carga energética de la consagración.

La consagración que se realiza utilizando a la Luna como referente cuando esta está en los signos y las casas astrológicas que son afines al elemento a consagrar. En este caso, si a esto le sumamos el criterio de las horas mágicas, la consagración se torna muy potente y su duración es de un año o más.

Una de las consagraciones más eficaces es aquella que se realiza observando la posición del Sol en los signos y casas. En este caso, la consagración es muchísimo más poderosa que en los anteriores y más aún si sumamos la posición de la luna y las horas mágicas. Esta consagración posee una virtud de años.

Podemos también realizar nuestras consagraciones según la posición de los planetas en los signos. Esta consagración es la más correcta y canónica. Para esto se debe colocar a los planetas en sus signos de regencia o exaltación, evitando asimismo aspectos negativos de Saturno y Marte. Dado que los planetas lentos, Saturno y Júpiter demoran meses y años para llegar a estos puntos, se utiliza muchas veces la Luna en su lugar. Este artificio se realiza siempre y cuando el planeta en cuestión, no se encuentre en mala posición celeste. Debemos tener presente que cuando remplazamos a los planetas por la Luna la eficacia no es la misma que cuando los planetas se encuentran en sus signos. Estas consagraciones perduran durante muchos años. La duración de las mismas están ligadas a los llamados "ciclos de los planetas".

Finalmente, la consagración más eficaz es aquella que se realiza observando los tiempos sagrados de la religiosidad en la que el operador está inserto. Si a esto le sumamos los aspectos astrológicos y de arte antedichos, la consagración puede considerarse perenne, esto siempre y cuando el elemento consagrado no se desconsagre por haber sido tratado de manera incorrecta.

En el presente libro nos hemos referido a las consagraciones de diversos elementos como talismanes, círculos mágicos, espacios, perfumes, vestiduras, etc… cada cual en sus capítulos correspondientes.

Bendición y maldición

Una de las mejores definiciones de lo que es la brujería es aquella dada por Papus que dice que *el maleficio, embrujamiento o hechizo es el envenenamiento –o tentativa de envenenamiento– del astral de un ser por el odio o rencor de otro.* Es básicamente en esto que se diferencian las obras de la magia de las de la brujería. La magia es una obra espiritual basada en el concepto de bendición, lo que implica dirigir Luz hacia el astral de una persona. Esta Luz redundará para ella en beneficios de todo tipo tanto para su persona como para sus obras. Se debe tener presente que la fuerza motivadora de la magia es el amor. La brujería, por el contrario, implica dirigir a la persona corrientes de odio con el claro deseo de dañarla. El odio es el "combustible" que mueve a la brujería. Por esto es la dimensión del odio lo que hace efectivo o no un trabajo de brujería. Podemos decir con certeza que todas las técnicas y rituales de la magia son un modo de condensar, irradiar y dirigir la Luz por medio del amor. La brujería, por el contrario, se basa en aplicar técnicas por medio de las cuales condensar, aplicar y dirigir el odio. Amor y odio son las fuentes humanas de la magia y la brujería.

Existen en principio dos tipos de brujería las cuales Papus denomina **brujería inconsciente y consciente.** La primera es aquella que se puede realizar sin necesidad de rituales ni ceremonias ni invocaciones. Nuestras palabras, deseos y pensamientos, cuando están basados en la maldad o el desamor, son, sin que nos demos cuenta, una forma de brujería, una forma de *maleficio* ya que la misma palabra según la cábala fonética indica *el oficio de hacer el mal.* Esta palabra nos habla del fruto final de la brujería que es hacer el mal, operar el mal. Contrario a esto, la magia es una ciencia y un arte basada en el *beneficio,* el oficio de hacer y operar el bien. Este operar el bien o el mal es muy posible también por medio de la palabra la cual posee un poder inconmensurable. Cuando operamos el bien por medio de la palabra cargada de Luz estamos ejerciendo una *bendición*, lo que implica (siguiendo aquí también las reglas de la cábala fonética) decir el bien, *hacer el bien por medio de la palabra.* En este mismo sentido, cuando la palabra es portadora de odio, la misma es una *maldición.* Así es que por medio de la palabra se puede ejercer el mal, es una forma de *hacer el mal por medio de la palabra.*

Dice Papus: *Hablar mal de un ausente, tratar de perjudicarle sin saberlo él, son maleficios verbales. Pensar que le ocurra alguna desgracia a un ser al que se cree demasiado feliz, es un maleficio mental. A todo esto se le puede denominar el maleficio inconsciente.* Suele ocurrir (y en una gran medida) que las personas sufran las consecuencias de este tipo maleficio al cual se le suele subestimar en sus consecuencias sin entender que sus efectos son verdaderamente nocivos. Cuando aquellas personas que deberían ayudarnos y cuidarnos en vez de esto nos maltratan, corremos un serio riesgo de dañar nuestra energía positiva lo que nos llevará a padecer problemas de todo tipo. Que quien deba bendecirnos (padres, hijos, cónyuges, amigos) no lo haga, nos desvitaliza. Desear, pensar y hablar el mal es lo que llamamos comúnmente brujería inconsciente la cual genera egrégores, fuerzas de energía negativa grupal a las que ya nos hemos referido.

El segundo tipo de brujería es la que denominamos consciente en el sentido de que es realizada a conciencia con el claro objetivo fin de dañar. Hacer el mal es el fin último de la brujería. Dice al respecto Papus: *Tal es la característica del maleficio: tratar de sembrar alrededor de seres felices la desgracia terrestre por medio del pensamiento o por la acción.*

Las formas por las cuales es posible dañar por medio de la brujería a una persona son casi infinitas y las mismas han variado en el tiempo y las culturas pero sin perder su esencia que es la de hacer el mal, maleficiar.

El poder de la maldición radica en gran medida en la calidad del lazo que existe entre las personas. Cuanto más grande es la cercanía más fácil es influir sobre el otro. La plegaria de la madre por el hijo posee un poder inconmensurable. Igualmente los malos deseos de quienes están cerca y poseen vínculo son extremadamente poderosos. La maldición de las personas allegadas es la peor forma de maldad ya que el lazo hace que la energía negativa penetre en el astral personal de quien la padece casi sin ningún esfuerzo. E. Levi opina al respecto:

Es una tradición y una creencia invencible entre el pueblo, la de la eficacia de las bendiciones o de las maldiciones paternales o maternales. En efecto, cuando mayores son los lazos que unen a dos personas, más terrible es el odio que se tengan entre sí en sus efectos. El tizón de Altheo quemando la sangre de Meleagro, es en la mitología, el símbolo de este poder terrible. Que los padres se percaten de estos dioses para que no enciendan el infierno con su propia sangre. No es nunca un crimen el perdonar y es siempre un peligro y una mala acción la de maldecir.

Hemos recalcado el poder de los lazos en la magia y la brujería. Quien opera una obra de odio hacia otra persona está obligado a hacer que esta lo odie, de lo contario el lazo no se generará y sólo lograra que su propia maldad le "rebote". Por esto es que se debe instaurar siempre en la magia el "orar por los enemigos" fórmula infalible para no ser dañados. Nuestro consejo dado aquí está lejos de ser una invitación a la ingenuidad ya que el ingenuo no ve el mal que lo acecha, razón por la cual también se torna víctima de la maldad de los otros. Quien perdona no ignora la maldad sino que la trasciende dejando de ser víctima y sin ser el victimario.

Brujería y carga residual

Uno de los peores males que se puede padecer es la acumulación de energías negativas a la que denomino "sobrecarga residual" y la acumulación de trabajos de brujería mal cortados lo que produce lo que llamo "brujería residual".

El permanente contacto con energías negativas va haciendo que la persona acumule pequeñas "dosis" de esta energía la cual se acumula en el astral personal. Esto ocurre en el ámbito de nuestra energía, de un modo analógico a como ocurre en nuestro cuerpo cuando durante mucho tiempo nos exponemos a materiales contaminantes o luego de absorber de manera prolongada los componentes tóxicos de ciertos alimentos y medicamentos o como ocurre con la exposición a material radioactivo. Toda persona que trabaja o convive en ámbitos muy sobrecargados de maldad o de dolor debe evitar a toda costa esta acumulación ya que estará configurando un residuo energético que podría ocasionarle a la larga una enfermedad, si es que este se aloja en un órgano o en una función psicofísica. Para esto es imprescindible realizar purificaciones frecuentes y mantener una cierta norma de vida. No es casual que muchas personas que han ejercido, por ejemplo, la sanación o la asistencia espiritual, enfermen en un momento muy gravemente. En muchos de estos casos la sobrecarga residual es la culpable. Por esto es recomendable decir que quien quiera asistir a otras personas debe tener presente que el cuidado de sí misma es parte de este hacer. Lavar la ropa con agua y vinagre, purificar los lugares de trabajo, orar diariamente, mantener nuestra conciencia limpia. Todo esto es necesario si no queremos perecer ante la maldad o el dolor acumulados. Junto a una purificación personal es muy recomendable la purificación del lugar de trabajo al terminar el día esparciendo algún perfume de purificación para quemar para este fin tal como lo vimos en el capítulo siete.

Es también fundamental tener en cuenta esta regla: *No existe la protección perfecta, dado que el contacto con la oscuridad siempre deja un residuo energético.* Esto que puede resultarnos una opinión desalentadora en realidad oculta un misterio ligado al servicio. No podemos hacer el bien sin entrar en un mínimo contacto con la oscuridad. Claramente nos enseña el Maestro en el Evangelio: nadie está tan limpio que no tenga los pies sucios[185]. Quien desea hacer el bien debe aceptar convivir con el mal. No se horroriza el médico del dolor de sus pacientes. Quien desea el bien debe acercarse a los que sufren. *Es una ley mágica: el bien y el mal se atraen para operar el bien.* Cuando el paciente está dispuesto el médico aparece. Cuando el médico desea sanar la enfermedad lo atraerá ya que su misión no es negarla sino resolverla. En esto se basa la palabra de Jesús "no he venido por los justos sino por los pecadores".

Por otro lado, muchas veces ocurre que las personas han sufrido largamente el contacto con energías ligadas a la brujería lo cual no es gratuito para su tono vital. Suele pasar que las obras de brujería dejen un cierto registro en el astral personal de la víctima. Cuando esto ocurre, la persona cree estar siendo trabajada cuando muchas veces ya está liberada de los trabajos de brujería que ha padecido. Cuando esto ocurre es que se ha conformado una "larva". Para evitar esto es fundamental que la persona se purifique por medio de baños y que se proteja debidamente.

El rebote y el retorno

Toda energía que es enviada hacia una persona puede ser absorbida o devuelta por ella. Esto ocurre con las energías de luz y las de oscuridad. La energía que no ha cumplido su cometido sigue igualmente activa y busca siempre retornar a su emisor ya que existe entre quien emite y quien recibe un lazo simpático.

Cuando un individuo dirige una energía negativa hacia otro, esta puede penetrarlo y entrar a su astral personal. Si esto ocurre, el envío de energía ha cumplido su cometido. Pero, contrario a esto, puede ocurrir que la víctima de estas energías nocivas se

---

185   *Jesús le dijo: El que está lavado, no necesita sino lavarse los pies, pues está todo limpio; y vosotros limpios estáis, aunque no todos. Juan 13: 10. Biblia Reina-Valera.*

encuentre debidamente protegida. En este caso, las energías, al no poder entrar al astral de la víctima, retornan a su emisor como un balón que ha chocado contra una pared generando en este aquello que espera le ocurriera a su víctima. Este es el famoso "rebote". La brujería funciona (como también la magia) gracias a que es un sistema de vínculos y relaciones. Para que una persona pueda dañar a otra es necesario que se cree un "lazo simpático". Para esto, se debe establecer un vínculo acorde a lo que se desea generar. Así es que si una persona quiere "atar" atrayendo sexual o emocionalmente a otra por medio de la brujería debe lograr primero que la persona a quien dirige esta atracción la desee de algún modo. Si esto no ocurre, el trabajo rebota y acontece que el emisor recibe su propia energía creyendo que es la de su víctima. En este caso, el emisor, en vez de lograr que su víctima la desee irremediablemente, se va a ver envuelta en un deseo cada vez más irrefrenable hacia su víctima, deseo que la atará a ella a esta persona aunque la misma no manifieste ningún interés por ella. Es un hecho muy común que la persona que recibe la energía del rebote, no distinga que es de ella misma sino que crea que es una emisión de su víctima, así es que en el caso anterior, la persona que recibe su propio deseo creyendo que es deseo del otro lo que la llevará a acrecentar en su interior la creencia de que su víctima está interesada en ella. En estos casos, es común que la persona que padece el rebote se llene de especulaciones con respecto a esto. Siguiendo este mismo ejemplo, podemos entender lo que pasaría si la víctima accede al deseo de la persona que lo ha trabajado para atarlo con brujería. En este caso, los trabajos entran a su campo de energía personal y la persona sí sentirá en alguna medida aquello que quien lo ha trabajado desea. Para que esto ocurra debe haber consentimiento de la víctima. *La brujería no inventa los sentimientos, sólo los amplifica y cristaliza.* Nadie ata a quien no se deja atar. Nadie desea u odia por efecto de la brujería.

Las personas muy protegidas, cuando son atacadas por energías de oscuridad generan sin desearlo un rebote. Esta es una de las consecuencias negativas de las protecciones ya que el rebote no hace desaparecer la energía girada a la persona sino tan sólo la reenvía. En muchos casos, esto hace que el emisor crea que su víctima le está enviando esa energía y refuerce el trabajo de brujería. Esto se basa también en la idea de que el mal cree que todas las personas son malas. Quien hace un trabajo de brujería y recibe la fuerza de un rebote no suele percibir que esto se debe a la virtud espiritual o la protección de su víctima sino que lo adjudicará a que esta lo está también trabajando. Por esto, hay que lograr que la energía nociva no rebote sino que se "transmute". Esto hace que ya no pueda volver a ser utilizada para el mal de la víctima ni para el uso del emisor. El proteger sin generar rebote es una de las más grandes enseñanzas de la magia sagrada y esta es manifestada por Jesús en el Evangelio cuando dice:

Pues yo os digo: Amad a vuestros enemigos y rogad por los que os persigan[186].

Es imprescindible que aprendamos la regla de orar por los enemigos ya que esta es la única forma mágica de evitar el rebote sin dañarnos ni dañar a otros. Quien teme padecer un trabajo de brujería o una maldición, debe orar por quienes lo atacan. De este modo, refuerza su propia luz y disminuye la oscuridad que gira en torno al vínculo. Este es un importantísimo elemento si deseamos erradicar de raíz un trabajo de brujería: ora por tus enemigos… finalmente, el Evangelio es también el más alto y claro texto de magia sagrada.

Hemos dicho que la energía de maldad o de odio, las maldiciones enviadas hacia una persona pueden rebotar si esta no las absorbe. En el caso de las bendiciones, si estas no son tomadas por la persona, retornan a su emisor favoreciéndolo. Dice Jesús en el Evangelio de Lucas cuando envía a sus discípulos a llevar la bendición a los lugares donde él iba a ir: *En la casa en que entréis, decid primero: "Paz a esta casa". Y si hubiere allí un hijo de paz, vuestra paz reposará sobre él; si no, se volverá a vosotros.*

---

186   Mateo 5: 44.

El auto/embrujamiento

Es una cuestión muy interesante el hecho de que muchas personas posean los síntomas de padecer un trabajo de brujería sin realmente tenerlo. Esto se debe en muchos casos a un auto/embrujo el cual se genera por un convencimiento de la persona de que porta un maleficio. Esta situación suele amplificarse cuando a la persona se le diagnostica el supuesto embrujo en una consulta de tarot o por otros medios. Los auto/embrujos se manifiestan en las consultas adivinatorias como trabajos de brujería reales siendo muy difícil para un inexperto el poder distinguirlos del auto/embrujo. Si una persona cree fehacientemente que otra determinada persona le ha hecho un mal, es muy posible que en una consulta de este tipo se le confirme esto incluso con la descripción de quien supuestamente lo ha dañado. El hecho de que se pueda ver en una consulta –sea por medio del tarot, la radiestesia u otro medio– un trabajo de brujería con claridad, no implica necesariamente que este exista en lo real. Muchas veces su existencia se encuentra en el mismo campo de conciencia del consultante a modo de auto/embrujo, el cual es un convencimiento férreo y poderoso de poseer ese trabajo. Convencimiento muchas veces basado en un temor justificado dadas las condiciones negativas del vínculo existente entre el consultante y la persona a quien se señala como el embrujado. Debemos tener en cuenta aquí una cuestión fundamental de la adivinación y es que aquello que fue visto una vez tenderá a verse otras veces ya que ha dejado una impronta en el astral.

Aunque nos cueste aceptarlo, muchas personas se manifiestan más ansiosas de que se les diagnostique un trabajo de brujería que de lo contrario. La brujería es en muchos casos la mejor excusa que algunas personas encuentran para no trabajar sobre sí mismas y realizar cambios. Para estas personas, todo aquello que les acontece que pueda ser desfavorable se debe a los supuestos trabajos de brujería que terceros les han girado. De este modo, la responsabilidad de sus males siempre es de otros.

Es una verdad: la brujería existe, pero también es verdad que no siempre está presente en la vida de una persona y que aun estándolo no siempre es determinante ya que no toda brujería es efectiva o por lo menos no siempre lo es en la medida que quien la realiza lo desea. Esto está condicionado por muchos factores como por ejemplo el nivel de protección de la víctima. Muchas veces se tiende a ver trabajos de brujería donde no los hay. De este modo se los está creando ya que el auto/embrujo produce efectos similares a los de un embrujo real ya que atrae del plano astral energía de brujería que se adhiere a la persona que se considera trabajada. Un auto/embrujo acciona en la vida de una persona con consecuencias similares a las del embrujo real atrayendo desgracias, pérdidas, enfermedades, etc.

A su manera, el auto/hechizo es una larva por lo que se puede erradicar del mismo modo que estas, siguiendo las recomendaciones dadas en el capítulo referido a ellas.

La calidad de la intención

Es sabido que la carga de intención con que se realiza una obra mágica redunda en la calidad energético espiritual de esta. Como diría E. Levi: *Cuanto más difíciles sean las prácticas mayor efecto producen…* el esfuerzo, la intención, la voluntad y la fe siempre son recompensados con el éxito. Esto es tan así en la magia como en la brujería. Es lamentable pero es cierto que no siempre se realizan esfuerzos de igual magnitud para hacer el bien que para hacer el mal. Las personas dedicadas a la brujería suelen realizar grandes esfuerzos tanto en lo humano como en lo ritual, esfuerzo que no siempre es puesto en igual magnitud por quienes operan con la Luz. Es una verdad que el bien vence al mal. Pero también es parte de esta verdad el comprender que no se vence el mal cuando quien aplica el bien lo hace de manera displicente o con una voluntad y una fe pobres[187]. Así es que no se vence al mal

---

187   En la práctica mágica la carga de voluntad no es operativamente fuerte si no se encuentra unida a una verdadera pureza de intención.

con el solo deseo ni con la sola intención. En una lucha espiritual siempre vence el más fuerte. Si quien hace el bien posee más fuerza, virtud, pericia y fe que quien hace el mal, logrará vencer y la Luz prevalecerá; pero si quien hace el mal, practica el mal de manera más fuerte que quien hace el bien, podemos intuir qué pasará... Dice Jesús en el Evangelio que *los hijos de este mundo son más astutos con los de su generación que los hijos de la luz.* Quien quiera combatir el mal desde la magia debe necesariamente poseer una Fe y una confianza en sus herramientas superior a la de sus contrincantes. Asimismo, es necesario un gran amor al arte mágico y una importante pericia.

Junto a esto no nos cansaremos de repetir que ***nunca se combate el mal con el mal, quien así lo hiciere ya no lo está combatiendo sino que está favoreciéndolo.*** Cuando se combate la brujería con más brujería se entra en un círculo vicioso interminable en el que, seguramente, todos saldrán dañados.

CAPÍTULO XII

Magia y alquimia

> "La mesa de los laboratorios debe volver a devenir un altar".
> *Rudolf Steiner*

La gran obra alquímica

Dentro de las ciencias y artes mágicas se encuentra la alquimia, la cual se basa en la práctica de la "transmutación". La transmutación es definida –en especial por los alquimistas rosacruces del siglo XX– como "la ciencia de elevar las vibraciones". El ideal supremo de la alquimia ha sido definido bajo el título de "Gran obra"; esta implica alcanzar el bien supremo de la alquimia que es la "Piedra filosofal".

Las prácticas alquímicas son definidas en torno a que estas se realicen en los diferentes reinos. Quizás la práctica alquímica más difundida es la "alquimia metálica", la cual implica la transmutación de los metales más viles en más elevados, lo que es definido como la transmutación del plomo –el más bajo de los metales– en oro. El oro es el metal solar; posee, en el plano metálico, la misma carga vibracional que posee el Sol en el mundo astral. El Sol es, para la magia y la alquimia, mucho más que un astro, ya que el mismo es el corazón del cosmos visible y una imagen visible de aquel Sol que no vemos pero que ilumina espiritualmente a todas las criaturas, esto es: Dios mismo. Aquí otra vez depositaremos nuestra mirada en la pluma de C. Agrippa, quien define de este modo las virtudes espirituales del astro rey, e indica a este como imagen celeste de Dios.

"Este mismo sol, entre los otros astros, es imagen y estatua del príncipe supremo, como luz verdadera de uno y otro mundo (el terrestre y el celeste), y simulacro perfecto de Dios, cuya esencia nos señala al Padre, al esplendor del Hijo y al calor del Espíritu Santo: y esto de tal suerte que los académicos no cuentan con nada mejor para poder demostrar más vívidamente la esencia divina. El sol representa a Dios con tanta armonía que Platón lo llama Hijo de Dios visible; Jámblico, imagen de la inteligencia divina; y nuestro Dionisio dice que es la estatua transparente de Dios".

El Sol está ligado al misterio de la luz y el de lo divino. De hecho, la palabra latina con que definimos el halo luminoso de los santos es "aura", la cual es cercana a "oro" y a la palabra hebrea *aur*, (אור) que significa luz. La ciencia alquímica persigue el ideal de la obtención del oro, la obtención de la luz.

Amén de la alquimia metálica, existe una alquimia vegetal o "alquimia verde", llamada "Espagiria". La Espagiria es la verdadera medicina sagrada de Occidente, de la cual ha derivado (entre otras) la actual homeopatía. Para aquellos que están familiarizados con las técnicas naturales de sanación ligadas a la tradición hindú, podemos equiparar a la Espagiria (salvando las diferencias puntuales) con el ayurveda.

La alquimia verde propone, gracias al influjo de las fuerzas astrales y espirituales, elevar la vibración de las plantas y obtener así de ellas un mayor poder medicinal.

El término "Espagiria" es atribuido a uno de los mayores alquimistas antiguos, el célebre Paracelso. La palabra Espagiria está formada por dos términos: separar y unir, o como se define en la práctica alquímica "Solve y Coagula". Una medicina o un preparado sólo pueden ser definidos como "espagíricos" cuando han pasado por un proceso de "muerte y resurrección". Este proceso, implica el manejo de determinadas técnicas de tipo químicas dentro de las cuales juega un papel preponderante la de la destilación.

Dado que este libro no está dedicado a la alquimia, no nos referiremos a esta más que en su relación con la práctica mágica con la cual posee un estrecho vínculo.

Magia y alquimia

Toda obra mágica es, de algún modo, una labor alquímica, ya que la práctica del arte mágico eleva la conciencia del mago y por ende, su propia energía. Este es un proceso que puede ser considerado una "transmutación alquímica de la conciencia". Entre la labor alquímica y las prácticas del arte mágico existe un claro paralelismo. Un mago debe conocer y aplicar técnicas y secretos ligados a la práctica alquímica y viceversa. Me permitiré aquí citar al maestro portugués José Medeiros, un espagirista actual, quien en su libro *Alquimia Vegetal* realiza un esclarecedor paralelismo entre la labor alquímica y la práctica del arte mágico.

"En la magia ceremonial, el ritual es el medio de activar y controlar Energías a fin de conseguir producir efectos e influenciar situaciones.

En la Alquimia Operativa, la manipulación es el medio de provocar alteraciones y transmutaciones sobre la materia.

La magia es el Arte de controlar las energías, reconduciendo la Vida a su proyecto original, purificándola de las influencias externas que la puedan haber alterado o condicionado.

Tal como la Alquimia, intenta eliminar lo superfluo, aislando y purificando su esencia".

La acción de la manipulación alquímica sobre la materia, es analógica a la del ritual del arte mágico sobre las energías. Es así que, conociendo un proceso, se puede comprender el otro. Conociendo los diversos pasos por los que la materia pasa en la transmutación alquímica, se pueden vislumbrar los diversos modos en que la energía es transmutada en la magia gracias al poder de las fuerzas que operan en los rituales. De igual modo, aquello que acontece en el "horno alquímico", acontece también en las situaciones sobre las que un mago opera.

Un viejo axioma alquímico reza que:

"Para hacer oro se debe tener oro".

Siguiendo esta idea, podemos comprender por qué muchas obras de la magia operativa se ven frustradas: para lograr algo por medio del arte mágico, es necesario poseer algo de ello que se desea. La magia no puede inventar los acontecimientos, sólo puede (siguiendo una terminología de la alquimia) multiplicarlos. De hecho, la acción de la magia o de la fuerza espiritual sobre los acontecimientos y obras humanas es comparada en el Evangelio con "la acción de la levadura sobre la masa". La acción del arte mágico no puede realizar algo que no esté presente ya, aunque más no sea en potencia. Una vez que esta levadura está presente, aquello que permanecía inmóvil, muerto o estancado, comienza, gracias a la fuerza del espíritu, a prosperar y dar frutos.

Lamentablemente, existe en el "egregor" de la alquimia actual, un gran prejuicio hacia la magia. Es común que quienes practican la alquimia desconozcan la magia, pues esta no posee el renombre de la primera. Asimismo, debo adherir a la idea del alquimista Jean Dubuis (citado por José Medeiros): de que *"nadie es Alquimista sin ser Mago…"*.

El proceso transmutatorio de la materia, es también analógico al que ocurre en el alma del mago operativo.

En el laboratorio alquímico, los metales son calentados y trabajados en el horno o "crisol alquímico" a fin de que por medio de diversas operaciones, estos se tornen oro. Se atribuye a los metales más luminosos –de los cuales el oro es el mayor y más perfecto– el estar "más cocidos" en detrimento de los más bajos o "más crudos".

En lo que hace al ámbito de la magia, la práctica ritual transmuta lenta y paulatinamente la conciencia del mago –al igual que el fuego lo hace en el horno con los metales– tornándola menos plomo y más oro, haciendo que esta se "cueza" y abandone su estado "crudo".

Los alquimistas cristianos han definido la acción del fuego como el agente y fuente de toda transmutación por medio de la interpretación del anagrama I.N.R.I. escrito según el evangelio en hebreo, latín y griego sobre la cruz de Cristo, entendiendo que este significa:

"La naturaleza es íntegramente restaurada por el fuego".

Así es definida la potencia de este elemento –el más alto de todos en su vibración– la cual es analógica en su acción sobre la materia a transmutar en el laboratorio alquímico, a la del Espíritu sobre el alma humana.

Existe en la actualidad una práctica alquímica desacralizada, la cual debe ser considerada más como una "híper química" que como alquimia propiamente dicha, ya que esta última implica una cosmovisión religiosa, en el sentido de ser integradora de los tres mundos, el divino, el humano y el natural.

Una alquimia sin Dios no es alquimia y en caso de existir, la misma se aparta de los patrones tradicionales de la práctica alquímica, dentro de la cual es fundamental la llamada *Invocato Dei*. Esta implica colocar la labor personal bajo el amparo de la divinidad. La obtención de la piedra, así como todo logro en la práctica alquímica o mágica, se obtiene como una gracia de Dios. Esta es dada a quienes han adquirido la dignidad necesaria, dignidad que sólo es obtenida por medio del trabajo y nunca por la sola especulación.

El laboratorio mágico-alquímico posee de hecho tanto una mesa o laboratorio, donde se encuentran los aparatos y elementos que el alquimista debe manipular, así como un altar u oratorio, centro y corazón vital de todo el trabajo. Un oratorio sin su "mesa de trabajo" no es un oratorio mágico, y un laboratorio sin altar, no es tampoco un laboratorio mágico-alquímico. Esta concepción sagrada de la alquimia la encontramos tanto en alquimistas y espagiristas antiguos como en muchos de los más actuales.

La invocación a Dios es el "alfa y omega" de toda obra alquímica o mágica. Ella es el punto de partida y de llegada, ya que Dios es la fuente y también el fin de la cualquier labor iniciática.

Es cierto que Rudolf Steiner ha dicho: *"la mesa de los laboratorios debe volver a devenir un altar"*, de igual modo, digo, los altares deben volver a tornarse mesas de trabajo, pues de este, y no de otro modo, se cumple el axioma alquímico: "ora y trabaja…".

Debemos referirnos aquí nuevamente al valor mágico de la plegaria de la cual dice Papus que es *"una ceremonia mágica de primer orden y por ella debe principiar el estudiante toda práctica"*. Existe un modo de practicar la oración según las reglas de la magia, a ella nos referimos en el capítulo correspondiente a las plegarias de la magia.

El trabajo en el oratorio mágico coloca al mago en contacto con fuerzas celestes, las cuales lo irán tornando cada vez más celestial. Esto remite a una de las mayores leyes de la magia, la cual nos enseña que **el trato con cualquier tipo de entidad nos va convirtiendo lentamente en similares a esta**. En el caso de la religión, este proceso se obtiene por medio de la práctica de la "adoración", cuyo fin es "tornarnos dorados", gracias a la contemplación de aquel que es el "Oro", aquel quien es la "Luz".

El mago, dado que diariamente está en contacto con seres de luz, se va paulatinamente iluminando, trasmutando. Así es como el trato con los ángeles, irá aportando al mago características angélicas. Este proceso es conocido como angelización del mago. Esta es una ley mágica llamada "ley de similitud", la cual debe ser también tenida en cuenta con respecto al trato con espíritus oscuros. El contacto asiduo con estos opera en la persona una transmutación invertida, una transformación en la cual se irá asemejando a los seres que se invoca y adquiriendo sus mismas estructuras psíquicas, en este caso oscuras. Ocurre aquí una "demonización" de la persona. Esta es la opinión de muchos magos antiguos, entre ellos Agrippa. También se ha expresado en este sentido E. Levi dando a entender que quien desee ver al diablo, ¡no tiene más opción que tornarse malo… y mirarse al espejo! Podemos también decir: ¡Quien quiera ver un ángel que se torne ángel! La práctica mágica cumple esta función; la de iluminar y transmutar la conciencia del mago gracias al contacto con la Luz y sus criaturas. Este proceso es un proceso alquímico que opera en el alma del mago. Este es, asimismo, tal como lo verifica la práctica mágica, verdaderamente cierto y ciertamente lento.

Los rituales mágicos operan sobre el alma del mago para que este pueda ser un espejo fiel de aquello que desea ver. Esta es la razón por la que el órgano de visión espiritual, el ojo del alma con el cual el mago percibe, es llamado "translúcido". El ojo del alma debe ser limpiado pues sólo lo luminoso puede ver la luz.

El ojo del alma es llamado por von Eckhartshausen el "sensorium". Este es, en la persona humana, el órgano de percepción espiritual, el cual fue cerrado como consecuencia de la caída adámica. La práctica mágica debe intentar abrir este ojo, para otorgar la reunificación del hombre con Dios. Esta unión, conocida por el hermetismo como "reintegración", implica el reconocimiento y la restauración de la dignidad originaria con que Dios creó al hombre. Asimismo –según el mismo von Eckhartshausen– una de las funciones de los rituales religiosos y de la práctica religiosa bien entendida, es la apertura de este "sensorium":

"En la apertura del 'sensorium' espiritual, está el misterio del hombre nuevo, el misterio del renacimiento y de la unión más íntima del hombre con Dios; es el fin más elevado de la religión aquí abajo, de esta religión cuyo destino más sublime es unir a los hombres a Dios, en espíritu y en verdad".

Guía de maestros

Agrippa Enrique. C. *Alemania* (1486/1535)
Alberto Magno. *Alemania*. (1193/1280)
Antoine Courth de Gebelin. *Francia*. (1725/1784)
Antoine Fabre d' Olivet. *Francia*. (1767/1825)
Arnau de Vilanova. *Aragón*. (1238/1311)
Arthur Eduard Waite. *Estados unidos*. (1857/1942)
Barreth Francis. *Inglaterrra* (siglo XVIII)
Blaise de Vigenére. *Francia* (1523/1596)
Bruno Giordano. *Italia*. (1548/1600)
Dioniso Areopagita. *Grecia* (siglo I)
Eckhartshausen Kar von. *Alemania*. (1752/1803)
Eliphas Levi. *Francia*. (1810/1875)
Eugenio. L. Canseliet. *Francia*. (1899/1982)
Jacob Boheme. *Alemania*. (1575/1624)
Jacque Gaffarel. *Francia*. (1601/1681)
Johannes Trithemius. *Alemania*. (1462/1516)
Louis-Claude de Saint Martin. *Francia* (1743/1803)
Martinez de Pasqualy. *Francia*. (1727/1779)
Mebes. G. O. *Rusia*. (1869/1930)
Osvald Wirth. *Suiza*. (1860/1943)
Papus. *España*. (1865/1916)
Paracelso. *Alemania*. (1493/1541)

Paul Sedir. *Francia*. (1871/1926)
Pedro de Abano. *Italia*. (1250/1315)
Peladan Josepin. *Francia*. (1858/1918)
Pico della Mirándola. *Italia*. (1463/1494)
Postel Guillermo. *Francia*. (1510/1581)
Saint Yves D' Alveydre. *Francia*. (1842/1909)
Stanislas de Guayta. *Francia*. (1861/1897)

Bibliografía

Agrippa, Cornelio. *Filosofía oculta*. Kier. Buenos Aires. 1991.

Alberto Magno. *Los admirables y maravillosos secretos de la naturaleza*. Índigo. España. 2002.

Amadou, Robert. *El ocultismo. Esquema de un mundo viviente*. Pentaclo. Buenos Aires. 1963.

Ambrosio, San. *Los sacramentos y los misterios*. Buenos Aires. 1953.

Andrés Azcárate. R. P. *La flor de la liturgia*. Editorial litúrgica argentina. Buenos Aires. 1932.

Annick de Souzenelle. *El simbolismo del cuerpo humano*. Kier. Buenos Aires. 1980.

Annick de Souzenelle. *La letra, camino de vida. El simbolismo de las letras hebreas*. Kier. Buenos Aires. 1995.

Anónimo. *Aesh Metzareph o el fuego purificador*. Muñoz Moya y Montavetra. España. 1987..

Anónimo. *La clave mayor del rey de Salomón*. Traducción de S. Lidell Mac Gregor Mathers. Versión digital.

Anónimo. *Los arcanos mayores del tarot.* Herder. España. 1987.

Antenor Dal Monte. *La alquimia.* Rumbo. Montevideo. 2004.

Arnau de Vilanova. *Discurso sobre el nombre de Dios.* Obelisco. Barcelona. 2005.

Arola, Ramón. *Simbolismo del templo.* Ediciones obelisco. Barcelona. España. 1986.

Barbault, André. *El conocimiento de la astrología.* Dédalo. Buenos Aires. 1979.

Barbault, Armand. *El oro de la milésima mañana.* Sirio. Málaga. 1986.

Barret, Francis. *El mago.* Ibis. España. 1990.

Beda, el venerable. *De templo salomonis liber.* Versión HTML. Versión digital.

Biblia de Jerusalén. Desclee de Brouwer. Bilbao. 1975.

Biblia. Antigua Versión de Casidoro de Reina y Cirpiano de Válera. Edición de The Gideos International. 1983.

Blaise de Vigenére. *Tratado del fuego y de la sal.* Índigo. Barcelona. 1992.

Boehme, Jacob. *De signatura rerum.* Muñoz moya Montavetra. Barcelona. 1984.

Bruno, Giordano. *De la magia, de los vínculos en general.* Cactus. Buenos Aires. 2007.

Burckhardt, Titus. *Alquimia.* Plaza y Janes. Barcelona. 1976.

Butler, Walter Ernest. *El mago. Su entrenamiento y su trabajo*. Luis Cárcamo. España. 1980.

Cabrol, Fernando. O. S. B. *La antigua oración de la iglesia. Compendio de liturgia*. Excelsa. Buenos Aires. 1947.

Cahagnet, L. A. *Magia magnética*. Teorema. Barcelona. 1984.

Canseliet, E. *La alquimia estudiada sobre sus textos clásicos*. Luis Cárcamo. Madrid.1981.

Cattiaux, Louis. *El mensaje reencontrado*. Sirio. Málaga. 1996.

Colecchio, Miriam. *El oráculo de los ángeles*. LEA. Bs. As. 2008.

Corsetti, Jean-Paul. *Historia del esoterismo y de las ciencias ocultas*. Larousse. Buenos Aires.1993.

Corvalan, Fernando. *La proporción áurea*. RBA Coleccionables S.A. España. 2010.

Crollius, Oswaldus. *Tratado de las signaturas*. Obelisco. España. 1982.

Crow, W. B. *Las propiedades ocultas de las plantas*. Lidium. Buenos Aires. 1984.

d'Olivet, Fabre. *La lengua hebrea restituida*. Upasika. Versión digital en PDF.

De Abano, Pedro. *El heptameron*. Version HTML.

de Biasi, Jean-Louis. *El martinismo. Servidores desconocidos del cristianismo*. Manakel. Madrid. 2006.

de Boron, Robert. *El mago Merlín*. Edicomunicación. 1996. Barcelona.

de Morales, Gaspar. *De las virtudes y propiedades maravillosas de las piedras preciosas.* Editora nacional. España. 1977.

Della Mirándola, Pico. *Conclusiones mágicas y cabalísticas.* Versión digital en PDF.

Della Mirándola Pico. *Discurso sobre la dignidad del hombre.* Longseller. Buenos Aires. 2003.

Dionisio aeropagita. *La jerarquía eclesiástica.* Losada. Buenos Aires. 2001.

Dumond. *Manual de astrología moderna.* Kier. Buenos Aires. 1989.

Dumond. *Astrología predictiva.* Kier. Buenos Aires. 1989.

Eckhartshausen Kar von. *La nube sobre el santuario.* Visión libros. Barselona. 1978.

Eliade, Mircea. *De herreros y alquimistas.* Alianza editorial. Madrid. 1996.

Eliade, Mircea. *Lo sagrado y lo profano.* Labor. Colombia. 1957.

Eliade, Mircea. *Mito y realidad.* Labor. España. 1992.

Eliphas Levi. *Dogma y ritual de la alta magia.* Kier. Buenos Aires. 1995.

Eliphas Levi. *La clave de los grandes misterios.* Eyras. Madrid. 1981.

Eliphas Levi. *Las clavículas de Salomón.* Edaf. España. 1992.

Eliphas Levi. *El gran arcano del ocultismo revelado.* 1995.

Eliphas Levi. *Los misterios de la Kabbala*. Humanitas. España. 1990.

Frazer, James George. *La rama dorada*. Fondo de cultura económica. México. 1998.

Fulcanelli. *El misterio de las catedrales*. Plaza y Janes. España. 1972.

Fulcanelli. *Las moradas filosofales*. Versión digital en PDF.

Fray Luis de la Concepción. *Práctica de conjurar*. Humánitas. Barcelona. 1996.

Fray Jerónimo Feijoo. *Uso de la mágica*. Índigo. España. 2003.

Gaffarel, Jacobo. *Los profundos misterios de la cábala divina*. Sirio. España. 1990.

Ghyka, Matila C. *El número de oro. Los ritos*. Poseidón. Buenos Aires. 1968.

Gichtel, Johann Georg. *Theosophia práctica*. Obelisco. España. 2003.

Goethe. *Fausto*. Ediciones libertador. Buenos Aires. 2003.

Herwegen, Ildefonso. *Iglesia, arte y misterio*. Guadarrama. Madrid. 1957

Hiriart Corda, Julio C. *Enseñanzas del esoterisno occidental*. Kier. Buenos Aires. 1982.

Huynen, Jacques. *El enigma de las vírgenes negras*. Plaza y Janes. España. 1977.

Junius, Manfred M. *Introducción a la alquimia de las plantas me-*

dicinales. Luis Cárcamo. Madrid. 1981.

King, Francis y Skinner Stephen. *Técnicas de alta magia*. Luis Cárcamo. Madrid. 1990.

Kramer, Heinrich – Sprenger Jacobus. *El martillo de los brujos*. Orion. Buenos Aires. 1975.

La Maya Jacques. *Tu casa es tu salud*. Sirio. Málaga. 1993.

Lanza del vasto. *La subida de las almas vivas*. Kier. Buenos Aires. 1982.

León Magno. *Enchiridión*. Edaf. Madrid. 1993.

Lods, Adolphe. *La religión de Israel*. Hachette. Buenos Aires. 1939.

Maeterlinck, Mauricio. *El gran secreto*. Círculo latino. Barcelona. 2006.

Marcus Manilius. *Astronomicón*. Barath. España. 1982.

Mariño Ferro, Xosé Ramón. *La llave de la astrología*. Edicomunicación. Barcelona. 1989.

Marqués Catalina. *Letanía hermética de María*. Obelisco. España. 2003.

Martínez de Pasqualy. *Tratado de la reintegración de los seres*. Luis Cárcamo. Madrid. 2002.

Martinez – Otero, Luis Miguel. *Comentarios al Mutus Liber*. Cárcamo. España. 1986.

Mebes. G. O. *Os arcanos maiores do tarô*. Pensamento. San Pablo. 2006.

Medeiros, José. *Alquimia vegetal.* Pergaminho. Portugal. 2007.

Mellie, Uyldert. Metales mágicos. *Usos y propiedades esotéricas de los metales.* Edaf. España. 1982.

Montfaucon de Villars. *Conversaciones con el conde de Gabalis sobre las ciencias ocultas.* Rodolfo Alonso editor. Buenos Aires. 1975.

Papus. *Alquimia. Tradición que no murió.* Kier. Buenos Aires. 1977.

Papus. *El libro de la suerte.* Humanitas. Barcelona. 1997.

Papus. *El tarot de los Bohemios.* Kier. Buenos Aires. 1992.

Papus. *Iniciación astrológica.* Humanitas. España. 1995.

Papus. *La cábala. Tradición secreta de occidente.* Humanitas. España. 2001.

Papus. *Tratado elemental de ciencia oculta.* Kier. Buenos Aires. 1995.

Papus. *Tratado elemental de magia práctica.* Kier. Buenos Aires. 1992.

Paracelso. *Catecismo alquímico.* Edicomunicación. España. 1993.

Paracelso. *Libro de las ninfas, los silfos, los pigmeos, las salamandras y los demás espíritus.* Obelisco. España. 1973.

Paracelso. *Los siete libros de la Archidoxia mágica.* Humanitas. España. 1994.

Pérez, Fausto. *Fundamento histórico y filosófico del esoterismo griego.* Campo. Montevideo. 1934.

Postel, Guillermo. *La clave de las cosas ocultas*. Índigo. Barcelona. 1997.

Pseudo Agrippa. *La magia de Arbatel*. Versión digital en PDF.

Ptolomeo, Claudio. *Tetrabiblos y el centiloquio*. Las mil y una ediciones. España. 1981.

Ragon, Jean Marie. *Curso filosófico de las iniciaciones antiguas y modernas*. Versión en PDF.

Ragon, Jean Marie. *La misa y sus misterios*. Versión en PDF.

Ragon. J. M. *Signos del zodíaco y fiestas religiosas antiguas y modernas. Letanías de Jesús y María, o del Sol y la Luna o de los principios macho y hembra*. Muñoz Moya y Montavetra. España. 1990.

Rony, Jerome Antoine. *La magia*. Editorial universitaria de Buenos Aires. Buenos Aires. 1979.

Roob, Alexander. *Alquimia y mística*. Tascher. España. 2006.

S. L. Mac Gregor – Mathers. *El libro de la magia sagrada de Abra-Melin*. Kier. Buenos Aires. 1995.

Saint Yves D' Alveydre. *El arqueómetro*. Editorial solar. Bogotá. 1980.

Schure, Eduard. *Tratado de Cosmogonía*. Humánitas. Barcelona. 1990.

Sedir, Paul. *Claves secretas: los últimos días de Jesucristo*. Edicomunicación. España. 1995.

Sedir, Paul. *El misterio del sacrificio*. Versión en PDF.

Sedir, Paul. *Las plantas mágicas.* Edicomunicacion. Barcelona. España. 1991.

Seudo Maslama. *Picatrix.* Pdf. Oran, Abril / Mayo 1978. Marcelino Villegas.

Thierry-Maertens. *Fiestas en honor a YAHVE.* Cristiandad. Madrid-1964.

Tritemo. *Tratado de las causas segundas.* Sirio. Málaga. 1990.

Waite, Arhur Edward. *Ocultismo al desnudo.* Kier. Buenos Aires. 1979.

Wirth, Oswald. *El ideal iniciático.* Kier. Buenos Aires. 1994.

Wirth, Oswald. *El simbolismo astrológico.* Saros. Buenos Aires. 1958.

Wirth, Oswald. *El simbolismo hermético.* Saros. Buenos Aires. 1958.

Wirth, Oswald. *El tarot de los imagineros de la edad media.* Teorema. Barcelona. 1986.

Wolfram, Jansen. *Ocultismo.* Lumen. Buenos Aires. 1988.

Índice

Prólogo 7

Capítulo I
Magia y Religión 9

Capítulo II
El poder de los ritos religiosos 35

Capítulo III
El poder de las plegarias y las plegarias de poder 73

Capítulo IV
Las plegarias de la magia 87

Capítulo V
El espacio sagrado 109

Capítulo VI
Los cuatro
instrumentos mágicos 141

Capítulo VII
Las herramientas
de la magia 157

Capítulo VIII
La astrología y el tiempo sagrado 191

Capítulo IX

Los espíritus de la magia 217

Capítulo X

Los talismanes 293

Capítulo XI

Prácticas tradicionales de la magia 353

Capítulo XII

Magia y alquimia 393

Anexo

Guía de maestros 401
Bibliografía 403